アスリートのための
分子栄養学

星 真理・著

はじめに

　世の中には様々なスポーツがあり、多くの人々がそれらスポーツの恩恵を受けています。スポーツをする方々の目的も様々です。健康管理として、ストレス解消として、ダイエットのため、そして勝つために。

　勝つためのスポーツを競技スポーツと言いますが、勝つためには様々な努力がはらわれます。体力の限界に挑戦するのですから、その特性から怪我と紙一重とも言えます。しかし怪我をしてしまってはその競技で勝つ事が困難になるばかりでなく、競技そのものを続ける事さえ困難になってしまいます。

　怪我を回避し、やる気を養い、体力の向上をし続けながらスポーツを続けるにはどうしたらいいのでしょう。

　その方法の一つが栄養だと言えます。いや、栄養はそのどれにも深い関わりがあります。今日の練習で使われた組織を修復し、次回の練習迄に更に強い体を作り、競技会当日に最大のパフォーマンスを提供するための強い精神力を養う。その全てに栄養が大きく関わっています。

　この本は、そんなスポーツに関わる全ての方々に読んで戴きたい一冊です。

　この本を出版するに当たり、私と関わって下さった多くの皆様、特に、分子整合栄養医学を1から優しく教えて下さり、暗闇の中の一灯となって下さったNPO法人分子整合栄養医学協会理事長の金子雅俊先生、連載から出版までずっと見守ってくれた株式会社BELLz代表取締役の吉田真人氏、時にくじけそうになる私をいつも明るく励まし続けてくれた日本ハイインテンシティトレーニング協会会長の安田強氏、そして私をいつも愛してくれている両親に感謝致します。

2014.1.1

星　真理

推薦の言葉

　この度、トップアスリートの一人（元ベンチプレス日本記録保持者）である星真理さんが『スポーツ選手のための勝つ!!　分子栄養学』を上梓されます。

　最近、漸くスポーツ界で栄養の働きの重要性が認識され始めましたが、アスリートのコンディショニングやパフォーマンスへの関与についての理解は充分とは言えないのが現状です。

　この著書には、従来の栄養学の教科書では見られない最新の栄養アプローチの有意義さや情報が実践的な観点から満載されています。

　勝負の成績で最後の1秒は、栄養によって決定されると言います。この本が、スポーツ指導者ならびにアスリートにとって、トレーニングの上で必要な時に適切なアドバイスを与えてくれると思います。

分子栄養学研究所所長
NPO法人分子整合栄養医学協会理事長
金子雅俊

CONTENTS

はじめに／2
推薦の言葉／3

第1章：従来の栄養学と分子栄養学の違い —— 10
分子栄養学とは 10
アメリカにおける栄養療法の現状 11
KYB 運動とは 11
メガビタミン療法 11
決め手はドーズレスポンス 12

第2章：タン白質 —— 14
異化と同化 14
なぜ摂取不足が起こるの？ 15
では運動選手はどのくらい？ 15
プロテインスコアと DNA 16
タン白質摂取の難しさ 19

第3章：血液検査の必要性 —— 20
ホメオスターシス 20
"基準値"って何？ 21
フェリチンという項目 22
何項目の検査？ 22
どのくらいの間隔で検査するの？ 23
科学をミカタに！ 23

第4章：脂質代謝 —— 24
脂質の種類と働き 24
中性脂肪 (トリアシルグリセロール・TG) 25
脂肪酸 (R-COOH・FA) 25
トランス脂肪酸 26
脂肪の消化と吸収 27
脂肪肝 27

目　次

脂肪の代謝 28
脂肪合成の原料は糖質 28

第5章：エネルギー代謝に役立つ栄養 — 29

ビタミンB群（Vitamin B Complex） 29
B群が不足する原因／29

核酸（Nucleic Acid） 31
ヘム鉄（Heme iron） 32
コエンザイムQ 10（CoQ 10: Coenzyme Q10） 32
CoQ10は抗酸化物質／33　CoQ10はアスリートに不可欠／33

ガルシニア・カンボジア（Garcinia Cambogia） 34
HCAによるエネルギー代謝の促進／34

第6章：疲労と栄養対策 — 35

活性酸素（reactive oxygen species） 35
フェントン反応／35　スポーツ障害とフリーラジカル／36

クレアチンフォスフォキナーゼ（CPK） 37
筋疲労とBCAA 37
ストレスとグルタミン 38
筋肉痛に頭痛薬？ 39
オスグッド・シュラッター病（成長痛） 39

第7章：貧　血 — 40

鉄の働き 42
体内の鉄の動き 42
鉄の摂取不足と吸収低下 43
鉄需要の増大 45
出血や溶血による鉄喪失 45
総合的なアプローチの重要性 46

第8章：糖質代謝と低血糖 — 47

ブドウ糖の分解と生成 47

肝グリコーゲン 47
筋グリコーゲン 47
血糖の調節 48
ストレスと高血糖 48
低血糖症 49
　食原性低血糖の原因／52　機能性低血糖の原因／52　低血糖を招かない為に…／52

第9章：ビタミン - 1 ——————————————————— 54
水溶性ビタミン① - ビタミンC 54
　ビタミンCの主な働き／54
水溶性ビタミン② - ビタミンP 57
水溶性ビタミン③ - αリポ酸 57
ビタミンC等の抗酸化物質を再活性させる 57
イノシトール 57
　脂肪肝にイノシトール／58　情報伝達がスピーディーになる！／58　精神疾患にもイノシトール／58

第10章：ビタミン - 2 —————————————————— 59
脂溶性ビタミン① - ビタミンA（Vitamin A） 59
　柑皮症／59　ビタミンAの働き／60
脂溶性ビタミン② - ビタミンE 61
　トコフェロールとトコトリエノール／61　ビタミンEの主な働き／62　ビタミンEの必要量／65

第11章：ミネラル -1 ——————————————————— 66
ミネラルとは 66
ミネラル① - カルシウム（Ca : Calcium） 66
　カルシウムの吸収／67　カルシウムとマグネシウムはブラザーミネラル／68　カルシウムパラドックス／68　骨とカルシウム／69　カルシウムの必要量／70　最後に／71

第12章：ミネラル - 2 —————————————————— 73
ミネラル② - マグネシウム 73
　マグネシウムの欠乏は、多くの慢性疾患の元／75　マグネシウムの代謝／75
ミネラル③ - カリウム 75
　カリウムとナトリウムはブラザーイオン／76　カリウムの体内調節／76　カリウムもストレスに弱い！／77　血圧の調節、水分バランスの調節／77　カリウムの摂取量／78

第13章：ミネラル - 3 — 79

ミネラル④ - 亜鉛 — 79
亜鉛がたくさん使われている組織／79　亜鉛もストレスで?!／80

ミネラル⑤ - 銅 — 81

ミネラル⑥ - マンガン — 82

ミネラル⑦ - セレン — 82

ミネラル⑧ - クロム — 83

ミネラル⑨ - ヨウ素 — 83

ミネラル⑩ - モリブデン — 83

ミネラル⑪ - コバルト — 83

第14章：生物性成分 -1 — 84

EPA（Eicosapentanoic Acid ＝エイコサペンタエン酸） — 84
ビタミンEと一緒に／85　プロスタグランディンの供給源／85　薬より凄い?!／86　炎症を抑える／86

DHA（Docosahexaenoic Acid ＝ ドコサヘキサエン酸） — 86
DHAの働き／87　生殖能力に、母乳に／87　網膜機能の維持／87

コンドロイチン硫酸（Chondroitin Sulfate） — 87

グルコサミン（Glucosamine） — 87

第15章：生物性成分 - 2 — 90

レシチン　〜フォスファチジルコリン〜（Lecithin:Phosphatidylcholine） — 90
脳の神経伝達物質／91　血中脂質を正常に保つ／91　ビタミンEを一緒に／92　肝臓の代謝機能を正常に保つ／92　細胞膜を守る／92　卵を食べるとコレステロールが上がるのか？／92

コエンザイムQ 10（CoQ10：Coenzyme Q10） — 93
心臓の働きを高め、血流をスムーズに／93　エネルギー産生に不可欠／93　細胞を活性酸素による酸化から守る／93　いつ摂るのか？／94　筋肉の膜を守り、パフォーマンスを向上させる／94　歯周病に／95　教科書には載ってないけど…／95

第16章：植物性成分 - 1 — 97

リノレン酸（Linolenic Acid） — 97
α-リノレン酸／98　血脳の健康に／98　γ-リノレン酸／98　女性ホルモン様作用／99　抗炎症作用／100

カロチノイド（C arotenoids） — 100

ルテイン・ゼアキサンチン／100　リコピン／100　β-カロチン／100　アスタキサンチン／100　クリプトキサンチン／101

アントシアノサイド（Anthocyanoside） 101
現在報告されている主な作用は…／101　プロアントシアニジン／102

コンプレックスで!! 103

第17章：植物性成分-2 — 104

ノコギリヤシエキス（Saw Palmetto） 104
前立腺が肥大する原因は…／104　女性にも！／105

大豆イソフラボン（Soy Isoflavone） 105
男性にも！／107

オリーブ葉エキス・エキナセア（Olive Leaf Extract・Echinacea） 108
免疫力を強化／108　耐性菌という敵／108　エキナセア／109

第18章：植物性成分-3 — 110

フコイダン（Fucoidan） 110

β-グルカン（β-Glucan） 111

イチョウ葉エキス（Ginkgo Biloba） 111
活性酸素を退治する！／112　脳の血流を改善／113　認知症の改善／113　栄養はリンクしている／114

ナットウキナーゼ（Natto-kinase） 114
ラクナ梗塞／114　納豆に含まれる成分／115　肥満は要注意！／115　「凝固系」と「線溶系」／116　ナットウキナーゼの働きは‥‥／117

第19章：植物性成分-4 — 118

MSM(メチルスルフォニルメタン＝Methyl Sulfonyl Methane) 118
痛みや炎症に届くMSM／118　MSMとは／118　老化と共に減少／119　痛みへの複合作用／120

キャッツクロー エキス（Cat's Claw Extract） 121

ボスウェリア セラータ（Boswelia serrata） 122

シリマリン・クルクミン・ピペリン（Silymarin・Curucumin・Piperine） 122
シリマリン／124　シリマリンは肝臓細胞膜を守る／124　クルクミン／124　ピペリン／125

第20章：植物性成分-5 — 126

ギムネマ(Gymnema Sylvestre) 126

グアバ葉エキス（Psidium Gujava） ... 126
グアバ葉エキスの働き／127
ガルシニア・カンボジア（Garcinia Cambogia） ... 128
HCAによるエネルギー代謝の促進／128
食物繊維 ... 129
食物繊維の主な作用は…／130　不溶性食物繊維／130　水溶性食物繊維／131

第21章：腸内環境について ―― 132

プロバイオティクス（Probiotics） ... 132
腸内細菌は個体差がある／133　腸内細菌は陣取りゲームをしている／133　腸内細菌と人は、共生関係にある／133　プロバイオティクスとプレバイオティクス／133　悪玉菌が増える、主な原因／／134　せっかく摂った善玉菌も腸まで届かないと意味がない／135　消化管の機能が低下していませんか？／135　負のスパイラル／136　消化管の健全化／136

第22章：コンディショニングと競技パフォーマンス ―― 138

トレーニング効果を上げる ... 138
カーボローディングって ... 139
栄養摂取してるのに脂肪肝？ ... 139
減量！ ... 141
ストレス ... 141

おわりに／143

第1章 従来の栄養学と分子栄養学の違い

　私は20代の時、パワーリフティングというスポーツに出会いました。バーベルなど持った事も無かった私ですが、やればやっただけ、自分の体に結果が出るのが楽しくて、気がついたら深みにハマってしまいました。一時は大会にも出ていました。そんなパワーリフティングの選手だった頃、あるセミナーで知り合った妙齢のご婦人から「あなた、スポーツやっているんだったら栄養素を摂らなきゃだめよ」と言われました。その頃はまだ、"サプリメント"という言葉は普通に使われてはいないフレーズでしたから、このご婦人は"栄養素"という単語を使ったのでしょう。

　そんなことを言われるまでもなく、サプリメントの必要性は分かっていましたが、頭で分かっている事と、その様に生きている事とは別物です。

　「食卓に並んでいるものを残らず食べたらそれで健康」という時代はいつまでだったのでしょうか。現在、コンビニに行った事はない、清涼飲料水を飲んだ事はない、ファストフードを食べた事もインスタント食品を食べた事も、いや加工食品も添加物も摂った事はない、なんて人は恐らく存在しないでしょう。それくらい私達の食生活も文化的生活も変わっています。

　さて、先述のご婦人と知り合ってから、私は分子栄養学、正式には分子整合栄養医学というものの存在を初めて知りました。ここで分子整合栄養医学について少しお話ししょう。

分子栄養学とは

　「分子栄養学」は1954年にノーベル化学賞、1963年に同平和賞と二度のノーベル賞を受賞し、アインシュタインと同等の天才と並び称される米国人化学者ライナス・ポーリング博士が付けた呼び名です。日本では正式には「分子整合栄養医学」（Ortho-Molecular Nutrition and Medicine）省略して「分子栄養学」と呼ばれています。

　従来の栄養学は「欠乏の栄養学」と言われています。日本の栄養所要量はビタミン欠乏症にならない程度の量を指導しています。例えばビタミンCは壊血病にならない程度の10mgを所要量（現在の所要量は100mg）と言い、ビタミンB１は脚気にならない程度に米ぬかを食べましょう、的な話です。

　しかし実際には体格、性別、年齢、吸収力、病気、

ストレス、生活環境など様々な条件で、ヒトの必要栄養量はそれぞれ大きく違うはずです。

分子栄養学ではこれを個体差といい、ポーリングは「個体差は20：1だ」と言いました。つまり、1日100mgのビタミンCで足りる人もいれば、20g（20,000mg）摂らなければ足りない、という人も存在するという事です。

そのため、「食卓に並んでいるものを・・・」的な発想では本当にその人に必要な量を摂取する事は出来ないという事になります。ではどうすれば？…、から発明されたのがサプリメントです。

日本で分子栄養学が紹介されてからまだわずかに30年足らずですが、だからといってサプリメント先進国のアメリカでも歴史がそう長いわけではありません。

アメリカにおける栄養療法の現状

日本と同様にアメリカでも食品に効能効果を唱える事は、食品・医薬品・化粧品法（FDC法）違反として取締まりの対象になりました。

しかし1975年、マクガバン上院議員が「栄養改善によって、心臓病の25％、糖尿病の50％、肥満の80％、ガンの20％程度が減少できる」というレポートを全米科学アカデミーに提出しました。

そして、対症療法のみの現代医学の治療法に疑問を持ち始めた人々が、KYB運動を通じダイエタリーサプリメントについて学び、全人口のおよそ50％もの人が栄養（サプリメントや機能性食品を使って）摂取するまでに至ったのです。

このような経緯があって、アメリカ政府は従来の政策を転換し、健康情報を広く提供する事が国民の利益（健康）につながると判断し、食品ラベルの活用に積極的な姿勢を見せる様になりました。そして食薬区分を明確にし、食品のラベルと効果を可能にする「ヘルスメッセージ」の規則がつくられ、「栄養表示教育法」が成立したのです。正式には栄養補給食品・健康・教育法（DSHEA）といい、1994年、当時の大統領クリントンが法案にサインしました。

これを受けて、アメリカのケロッグ社というシリアルの有名会社が、商品のパッケージに"食物繊維を摂取する事は大腸ガンの予防になります"と唱い、売り

ライナス・ポーリング

上げを伸ばしたという話があります。

KYB運動とは

先進国アメリカであってさえ、このような経緯を辿ってやっと市民権を獲得したサプリメントです。

ポーリングが提唱した50年代、60年代にはまだまだ理解されるにはほど遠い状態でした。「もしアメリカがポーリングの研究を迫害しなかったらポーリングはノーベル賞を3つ取っただろう」とう人もいたくらいです。しかしポーリングはそんな環境にあっても諦めず、「家庭の主婦が分子栄養学を勉強したら家族の健康に違いが作れる」と、主婦を対象に寺子屋的な教室を開いたのでした。KYBはKnow Your Bodyの略です。自分の健康を自分で知って、自分で管理していきましょう、という健康自主管理運動です。ポーリングのこの草の根運動は現在のアメリカにも強く根を張り、DSHEAが制定されるより何十年も前から、スーパーマーケットの棚には既にサプリメントが並んでいたのは、70年代、80年代にアメリカに行った方々なら良く知っている事でしょう。

メガビタミン療法

分子栄養学の歴史を語っているとあと3章くらい必要になってしまいますので、この辺りで打ち切ります。さて、ポーリングが個体差を埋めるために利用したツールであるサプリメントは、摂取量が決め手です。ポーリングが提唱した量は、従来の栄養学では考えられない様な大量であった為に、危険だとまで言う人が

いましたが、実際にその量を摂取すると薬理効果といわれる効果を発揮する、それにはその量の摂取が必要、とポーリングは言ったのです。この時ポーリングが使用した「メガ」という聞き慣れない言葉を「大量の」と訳して、ポーリングの提唱している療法はおかしいという説も飛び出しました。しかしこれは誤訳で、「至適量」と訳されるべきだったのです。

多くのトップアスリートの皆さんなら、少なめに摂取してもサプリメントは効果を発揮しない事を、ご自身の体で体験されている事でしょう。

決め手はドーズレスポンス

では個体差の至適量はどうやって見つけるのか？現在一番わかりやすい方法は血液検査でしょう。

これは追って述べる事にしますので、ここではドーズレスポンスについて説明しておきます。

ドーズとは量、レスポンスは効果です。特定の栄養素を摂取した場合、量と効果の関係は正比例を想像します。しかし実際は表のようになります。つまり、ある一定量にまで達しないと効果はゼロに等しく、至適量に達した時に、驚くほど効果を発揮する、という状態です。そしてそれ以上摂取した場合は、至適量に達した時ほどではありませんが緩やかに上昇します。

自分の至適量が分からない場合は、まずガッツリ摂取してみて、効果を感じたら少しずつ量を減らし、納

栄養素の効果

ドーズレスポンスカーブ

効果／量

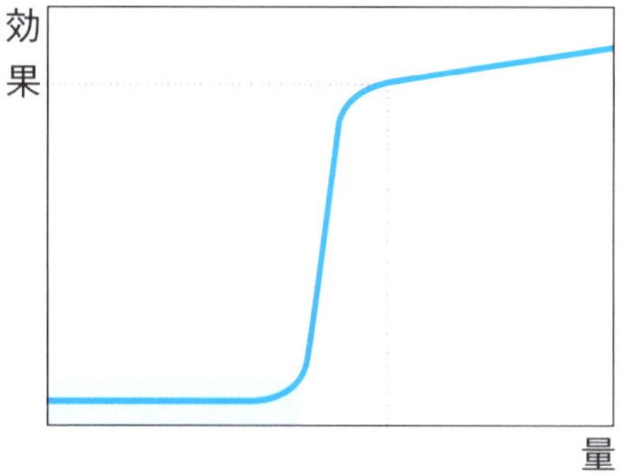

栄養素は少量摂っただけでは
ほとんど効果が現れにくい

個体差を考慮した栄養素の

至適量（オプティマムドース）
組み合わせが大切

薬は少量で効果を現しますが、逆に副作用も心配です。栄養素は生体内物質ですから安心ですが、その人によって必要量が違います。

栄養素のドーズレスポンスカーブをご覧ください。"ドーズ"とは量を、"レスポンス"とは反応・効果のことを意味します。

この図は、縦軸は効果、横軸は量を示していますが、栄養素の効果は少量では現れにくく、ある程度の量を満たした時点で効果が現れています。この量を至適量と言い、一般的には大量と思われがちですが、分子栄養学的なレベルでみると、その人に適した量なのです。

その栄養素の量的レベルを達するためには、食事に含まれる栄養素の量ではまかないきれないのです。ダイエタリーサプリメントによる栄養素の量の確保が必要となります。

例えば、枯れそうな花に水を与えるとき、スポイトで水を与えても生き返りません。ジョーロやバケツで大量に水を与えることによって生き返るのです。このことは人間の身体でも言えるのです。

得できる効果まで減らすのが良いでしょう。それでも実際には他の栄養素との働きがリンクしている事や、ストレスなどで吸収力が落ちている場合、環境の変化などで需要量が一時的に増えている場合もありますので、あくまで目安です。

アメリカオリンピック委員会（USOC）の調査では、2000年シドニーオリンピック代表選手の91％、2002年ソルトレイクオリンピック代表選手の92％が複合ビタミン・ミネラルを主としたサプリメントを摂取している事が分かりました。

日本ではJISSがそれに遅れる事6年の2006年、日本代表選手を対象としたサプリメントに関するアンケートで、82％のアスリートがサプリメントを摂取していたと発表しています。これを見ても、日本のサプリメント事情はまだまだ欧米には追いついていない感があります。

分子栄養学の大まかな歴史と考え方はご理解いただけたでしょうか？

興味のある方は、分子整合医学ビタミン情報センター（Orthomolecular Vitamin Information Centre）または国際分子整合栄養医学協会（International Society for Orthomolecular Medicine）などでも情報を提供していますので、アクセスしてみて下さい。

第2章 タン白質 (Protein)

　それでは、私たちの体に必要な、様々な栄養について述べていきましょう。ここではタン白質についてお話しさせて戴きます。

　「プロテイン (Protein)」はタン白質の化学名です。ギリシャ語の「第一番目」を意味するプロストに由来し、その名の通り身体の土台となると同時に、血液やホルモン、酵素なども作る大切な栄養素です。筋肉、骨、内臓諸器官、血液、ホルモン、酵素、そして皮膚や毛髪に至るまで全てタン白質で出来ています。

　それ以外にも、他の栄養素と結びついて必要な場所まで運ぶ、キャリアタン白という働きがあります。他の栄養素をしっかり摂っていても、タン白質が足りない為に必要な場所で使えない、という事が起こります。例えば、ビタミンAと結びついて運ぶタン白質をRBP（レチノール バインディング プロテイン）と言い、同じ様に、カルシウムと結びついて運ぶタン白質をCBP（カルシウム バインディング プロテイン）と言います。これは、体内でその栄養素を使う場所に運ぶ為だけに作られた、いわば専用車みたいなものです。ですから、当然タン白質が不足すると、身体の至る所で不具合が出て来ます。

異化と同化

　人間の身体は体タン白（体内のタン白質）の「異化と同化」を繰り返しながら生命を維持しています。人間の身体は60兆個もの細胞で組織されていて、常に古い細胞が壊され（異化）、新しい細胞に作り替えられて（同化）います。成長期には同化が異化を大きく上回って進み、高齢になってくると異化が同化を上回って進み始めます。

　体タン白の「異化＝同化」の状態であれば健康を維持できますが、タン白質の摂取量が不足しますと「異化＞同化」となり、これが続けば身体の不具合（＝病気）につながる訳です。

　身体の構成成分の60％はタン白質無しに作る事は出来ないと言われていますから、手術や放射線照射などで徹底的に細胞を破壊してしまわない限り、適切な栄養補給によって健康回復、維持、スポーツパフォーマンス向上が可能です。筋肉は

桶の上部に凹凸がなく、平らなほど栄養が高いタン白質になります

アミノ酸スコア100が重要！

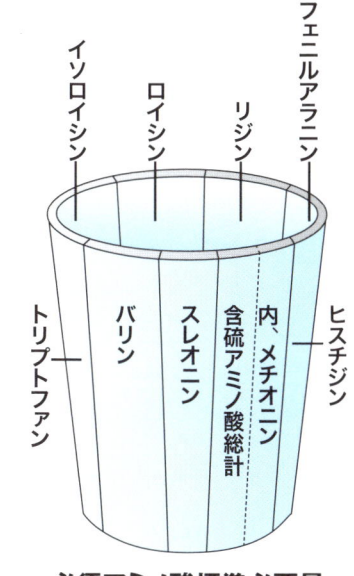

（左の桶：必須アミノ酸標準必要量）
イソロイシン／ロイシン／リジン／フェニルアラニン／トリプトファン／バリン／スレオニン／含硫アミノ酸総計（内、メチオニン）／ヒスチジン

必須アミノ酸標準必要量
バランスの良い、理想的な桶

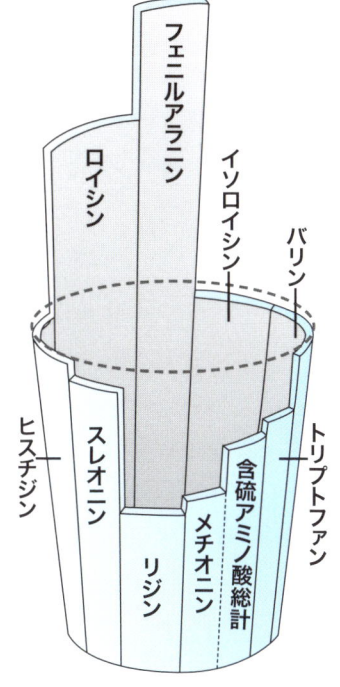

（右の桶：小麦粉タン白質必須アミノ酸組織）
ロイシン／フェニルアラニン／イソロイシン／バリン／トリプトファン／含硫アミノ酸総計／メチオニン／リジン／スレオニン／ヒスチジン

小麦粉タン白質必須アミノ酸組織
バランスが崩れた不完全な桶

9種類の必須アミノ酸のバランスのことを、アミノ酸スコアという、それぞれのアミノ酸がすべて必要量を満たしていれば、アミノ酸スコア100となる。しかし、1つでも必要量を満たしていなければ、アミノ酸スコアも減少する。
例）必須アミノ酸の1種類だけが必要量の60％しか満たない場合、アミノ酸スコアは60となる

もちろん、怪我の回復や、骨、軟骨も作り替えが可能なのです。

しかし、タン白質は摂り溜めが出来ません。口から摂ったタン白質は、体内でまずアミノ酸に分解され、器官や臓器、組織、細胞、血液など必要な所に運ばれ使われます。カロリーとしての余剰分は全て脂肪という形で体内に貯金されます。面白い事に、食べた余剰カロリーは、栄養素の質（タン白質、糖質、脂質）に関係なく、全て脂肪で貯蓄されるのです。でも残念ながら、使う時には体脂肪をタン白質には換えられません。ですから、昨日ガッツリ肉を食べたから今日は野菜だけで良いワ、とはいかないのです。その日に必要なタン白質が身体に入ってこなければ、大事などこかの部分、例えば筋肉や骨、赤血球中のタン白質などを壊してリサイクルするのです。毎日摂取するタン白質が貴方の必要量に満たなければ、いくら練習をばっちりやったとしても、競技パフォーマンスはだんだん下がり、ひいては怪我の元になるでしょう。

なぜ摂取不足が起こるの？

この飽食の時代に栄養の摂取不足なんてまさか？とお思いの方もいらっしゃるでしょう。しかし、私がこの仕事をして多くの方々の血液データを拝見して、タン白質が充足していた方は10％にもなりません。そのくらい、タン白質の必要量は皆さんの思っている以上に多いのです。

成長期の子供や運動選手を除き、一般的には体重1kg当たり約1gのタン白質の摂取が毎日必要です。体重70kgの人なら毎日70g強のタン白質を摂取する事が必要、という訳です。

では運動選手はどのくらい？

以前オリンピック選手を調査した報告では、海外の選手は体重1kg当たり約2.5g～3.5gのタン白質を摂取していましたが、同じ報告で日本選手はなんと1.5gという結果で、唖然とした事を

タン白質が多く含まれる食品

動物性

牛肉 100g＝20g

魚1匹（100g）＝20g

卵1個＝6.5g
黄身のみ 3.5g

植物性

豆腐 200g＝12g

納豆1パック（50g）＝8g

食品	アミノ酸スコア
牛肉	80
アジ	89
豆腐	51
大豆	56
卵	100
牛乳	74
ペプタプロテイン	99.99

覚えています。1.5gという数値は、一般の人と摂取量がそう変わりないという事です。

この報告は10年以上前の話です。最近では国内でもサプリメントが普及し、栄養を重視するコーチ、選手も増えてきましたから、そんなにひどい事はないと思います。

読者の皆さんなら、運動レベルにも依りますが、体重1kg当たり2g～3gの範囲が良いのではないでしょうか？至適量を見つけるには、まず可能であれば体重1kg当たり2g～2.5gを摂取しながらトレーニングをしてみて下さい。パフォーマンスが上がり、体脂肪率が上がらなければその量が貴方の至適量といえるでしょう。体脂肪率が上がれば、余剰カロリーがあるという意味ですから、摂取量を0.5g程度減らして様子を見てみましょう。

プロテインスコアとDNA

食品に含まれるタン白質について説明しましょう。

タン白質を多く含む食品の代表は、動物性なら肉、魚、卵でしょう。植物性なら豆、豆製品（豆腐、納豆、きな粉）などです。

タン白質はアミノ酸の集まりでその形を作っています。自然界には多くのアミノ酸がありますが、人間に必要なアミノ酸は約20種類あります。牛には牛の、マグロにはマグロのアミノ酸の配列があり、この配列順は親から貰います。この配列順の設計図をDNAと言います。

貴方には貴方のDNAがあり、牛を食べた時、まず牛の配列を切って、それを貴方用の配列順に並べ替えをします。だから貴方が牛を食べても牛にならないのです。

この配列順を並べ替える作業をすると、牛にとっては完璧でも、人間にとっては「余り」が出ます。この「余り」を除いた、使える部分を得点で表したのが、「プロテインスコア（又はアミノ酸スコア）」です。

表を見て戴ければ分かりますが、動物性の食品はプロテインスコアが高いのですが、植物性では低いです。実は、植物性の食品にはメチオニンというアミノ酸がありません。先程の配列並び替えの時、人間は必ず最初にこのメチオニンを必要とします。この事から、メチオニンは別名「開始アミノ酸」と呼ばれています。人間に必要不可欠な

タン白質の分類

タン白質は、構造タン白質と機能タン白質に分類され、機能タン白質はその働きの違いから、下図のように分類される

構造タン白質
- コラーゲン（骨、皮膚、歯、爪、毛髪など）
- 細胞構成タン白質（筋肉、皮膚、内臓など）
- 核タン白質（DND、RNA の材料）

身体の構成成分

機能タン白質

- 消化酵素（アミラーゼ、ペプシン、トリプシンなど）
- 種々の代謝を行う補酵素

酵素として代謝に関与

- アクチン、ミオシン（筋肉）
- 細胞骨格など
- ＢＣＡＡ

収縮性タン白質

- 抗体
- 補体
- フィブリノーゲン（血液凝固）など

生体の防衛に関与

- インスリン、グルカゴン
- 成長ホルモンなど

ホルモンとして代謝を調節

- アルブミンなど

アミノ酸の貯蔵

- アルブミン
- ヘモグロビン
- リポタンパクなど

栄養素や酸素の運搬

- タン白質 1g あたり 4kcal のエネルギー

エネルギー源としても働く

- LDL レセプター
- インスリンレセプターなど

レセプターの構成成分（情報伝達）

タン白質の種類と例

種類	（例）
タン白質＋糖	免疫グロブリン コンドロムコタンパク
タン白質＋金属（Fe）	フェリチン
タン白質＋核	ヒストン　＊
タン白質＋ヘム	ヘモグロビン
タン白質＋脂質	HDL、LDL

＊DNA に結合するタン白質

メチオニンの無い植物性食品はその為、スコアが低いのです。

最近の植物性プロテインのサプリメントは、メチオニンを添加してスコアを100になる様にしている物が殆どです。

余談になりますが、その意味でも植物性のタン白食品を食べる場合は、動物性のタン白食品を一緒に摂取するとスコアが上がり、タン白質を有効に摂取出来ます。例えば、冷や奴を食べる時には鰹節をたっぷり掛けるとか、肉豆腐やすき焼きなどもそうですね。私の大好きな沖縄料理のゴーヤチャンプルは、豆腐と豚肉、卵とゴーヤを炒めるといったタン白質豊富なメニューでお勧めです。

ここで牛肉を例にとってご説明しましょう。生の牛肉100ｇ中には、約20ｇのタン白質が含まれています。しかし、加熱調理しますと約半分のタン白質は壊れてしまい（タン白質は熱により壊れると白っぽくなり、固くなります）、使えなくなります。

先程プロテインスコアについて説明しましたが、牛肉のプロテインスコアは80です。20ｇ×0.5×0.8＝8ｇとなります。100ｇの牛肉を加熱調理して食べると、約8ｇの使えるタン白質を摂取出来ます。

仮に体重70kgの選手が牛肉だけでその日に必要なタン白質をまかなうとすれば、一日当たり約1.8kgもの肉を食べなければならない事になり、現実として不可能でしょう。

この事からも、食事だけでタン白質の一日の必要量を摂取する事が、いかに大変かをご理解戴けるでしょう。サプリメントというツールを上手く使いこなして、必要量を確保して下さい。

殆どの日本人が、一日当たり10ｇ〜30ｇの、

健康な身体をキープするには "異化＝同化" の維持が不可欠！

1日あたり体重1kgにつき1〜1.5ｇ必要

例）体重50kgの人の場合、1日50〜75ｇのタン白質が必要

身体が必要とするタン白質の量は，体内での，利用率や日々の精神的ストレス（プレッシャー等）および身体的ストレス（筋力トレーニング等）によって増加する

異化＝摂取した食物から、エネルギーを産生および身体の中で消化すること
同化＝摂取した食物から必要な組織を作ったり、エネルギーを貯蔵したりすること

健康な身体をキープするには "異化＝同化" の維持が不可欠！

各消化酵素が正常に産生・分泌されていれば、高分子であるタン白質も分解され、小腸で吸収される。しかし、ストレスや疾患によって消化酵素の産生・分泌が低下するとタン白質の消化・吸収が阻害される

タン白質の低分子化＝負担の少ない消化吸収

分子量：炭素の質量（12）を基準とし、分子の質量を相対的に表した量。タン白質の分子量は10,000以上である

タン白質　高分子（※1ポリマー）
↓
ペプタイド　高分子が分解された状態
↓
アミノ酸　低分子（※2モノマー）

※1 多数のモノマーが結合した化合物
※2 化合物が結合する際の基本単位

タン白質の摂取不足状態にあると言われています。実年齢以上に老化の進行が見られる人、練習を頑張っているのにパフォーマンスの上がらない人は、長期に渡る栄養欠損、特にタン白質の摂取不足が原因かも知れません。

タン白質摂取の難しさ

プロテインパウダーを摂取するとお腹が張る、という方がいます。

ステーキを食べたら胃がもたれた、という経験をお持ちの方もいらっしゃいますよね。これと全く同じで、大量のタン白質を一度に摂取したら、消化の能力が付いていけない人はお腹が張ったりガスが出たりするでしょう。その場合は一回の摂取量を減らし、日内の摂取回数を増やす「少量頻回」という方法で摂取してみて下さい。

例えば、毎食後、食間の10時や15時、練習後、寝る前等、何回かに分けて少しずつ摂取してみて下さい。

また、胃酸の分泌や胃の状態に問題がある場合もあります。ヘリコバクター・ピロリ（通常ピロリ菌と呼ばれている）の抗体検査や、胃酸の状態をみるペプシノーゲンなどの検査をしてみる事をお勧めします。タン白質の補給が必要な人ほど消化吸収能力が低下していて、意外に十分量を吸収出来ていません。同じ量を食べていても、吸収力の高い人と、そうでない人では、身になる量が違うという事です。

また、市販されているプロテインパウダーの多くは、タン白質の分子量（＝アミノ酸の鎖の長さ、又は分子の大きさ）が非常に大きな物が使われています。このような、大きな分子量の補給食品は、消化吸収されにくいので小腸内に溜まり、お腹の張りやガス発生の原因を作ります。購入の際には、タン白質の分子量の大きさにも注意しましょう。分子量が1万以下の低分子加工の物をお勧めします。

ガスが出る方について、もう一言。

タン白質が胃や小腸で上手く消化されないまま大腸に送られると、大腸の悪玉菌の餌になり、メタンガスを発生させます。これが臭いガスの原因です。少量頻回で摂取する事はもちろん、腸内細菌叢を整える為に野菜や海草類、キノコ類を沢山食べる事や、ダイエタリーファイバーの機能性食品を利用する事も良いでしょう。また、腸内の善玉菌を育てるラクトフェリンも有効です。

プロテインを摂り始めたら太ってしまった、だから「プロテインは太る」と言う方がいます。正確には太ったのではなく、体重が増えたのではないでしょうか？　体重増加がイコール太るですか？

タン白質の補給で、今まで不足していた筋肉や骨などの体組織が充実し、その結果、体重が増える事があります。「太る」とは体脂肪が増えた事を言い、体重増＝太るではありません。それについては「なぜ摂取不足が起こるの？」の項で述べた通りです。プロテインは脂肪分解酵素（リパーゼ）の主成分となりますので、太るどころか減量に不可欠の栄養素です。

第3章 血液検査の必要性

　普段の生活で体調不良があって病院へ行くと、血液検査をされる事があります。データの状態で「なになに病です」、なんて病名がつけられたりします。現在、病院で行われている血液検査は、この「病名の確定」が目的として行われているものが殆どです。それ以外には健康診断として行いますが、こちらも「病気でない事の確認」に行っています。

　第1章で、KYB運動についてお話しましたが、このKYB運動の基本にあるのが血液検査です。しかし、通常の病院で行われている血液検査より遥かに多い項目を調べる事で、詳しい身体の状態が分かります。

　さて、人間の身体にはホメオスターシス（生体恒常性）がありますが、ホメオスターシスを簡単に説明しましょう。

ホメオスターシス

　ホメオスターシス（生体恒常性）は、"身体をいつも良い状態に保とうとする力"です。これは自律神経、ホルモン、免疫がバランスよく保たれる事で維持されていて、この状態なら病気になりにくいと言えます。例えば、お風呂に入っても北風に当たっても体温は一定です。これは、ホメオスターシスが体温を一定に保とうと、血管を広げたり収縮したりして調節している訳です。この様に、ホメオスターシスは身体の至る所にあり、そのお陰で人間は簡単に重病になったり死んだりしない様になっています。

　しかし、栄養欠損、ストレス、加齢（年齢が増える事）、感染などによりこのバランスが乱れ、ホメオスターシスが乱れると、病気になってしまいます。例え病気になったとしても、栄養補給して栄養状態が改善したり、免疫が向上すれば、病気の悪化を防いだり、体力の回復につながります。つまり、病気にかかっても、また病気にならない為には、自律神経、ホルモン、免疫のバランスが大切であり、それには栄養欠損の改善が大きく関与している訳です。これはまた、健康管理の人と体力の限界に挑戦するアスリートでは、そのレベルは全く違うとも言えます。

初診スクリーニング

TP（総タン白）	UA（尿酸）	B（好塩基球）
タン白分画 A/G	BUN（尿素窒素）	E（好酸球）
ALB	CRE（クレアチニン）	N（好中球）
α₁	Na（ナトリウム）	白血球像 St（桿状核球）
α₂	K（カリウム）	Seg（分葉核球）
β	Cl（クロール）	L（リンパ球）
γ	Ca（カルシウム）	Mon（単球）
T-Bil（総ビリルビン）	Mg（マグネシウム）	〈小計51項目〉
D-Bil（直接ビリルビン）	Fe（鉄）	
TTT	CRP定量	【尿検査】
GOT	HbA₁c	ジアセチルスペルミン
GPT	UIBC	タン白
ALP	フェリチン	糖
LDH	WBC（白血球）	ウロビリノーゲン
ChE（コリンエステラーゼ）	RBC（赤血球）	比重
γ-GTP	Hb（ヘモグロビン）	ビリルビン
AMY（アミラーゼ）	Ht（ヘマトクリット）	pH
BS（血糖）	MCV	ケトン体
T-Cho（総コレステロール）	MCH	潜血反応
HDL-Cho（HDLコレステロール）	MCHC	
TG（中性脂肪）	PLT（血小板数）	血圧
FFA（遊離脂肪酸）	RET（網状赤血球）	《合計61項目》

全身状態を知るためには最低限必要な項目です

※労働安全衛生法の検査項目：青色の項目＋心電図＋X線検査＝13項目

血液は身体の情報の宝庫であり、異常が見つかれば病気や怪我を未然に防ぐ事が出来ます。ホメオスターシスが乱れると、血液成分は変化し、データにも如実に現れます。しかし、データの変化と自覚症状は必ずしも一致しません。今、身体の中で何が起こっているのかを知るためにも、例え自覚症状が無くても、詳しい血液検査が必要なのです。

血液検査は、身体の壊れ具合（どこにどの程度の障害があるか）や、時にはどんな治療方法が必要か、などを見つける事が出来ます。逆に、病気でない事を確認する為や、どんな栄養がどのくらい不足しているのかも知る事が出来ます。

"基準値"って何？

血液検査をすると、よくデータの横に「基準値」というのがあります。それに入っているかいないかで、一喜一憂していませんか？　実は基準値は、検査をする検査会社や検査機関でそれぞれ違います。それは、それぞれの検査会社が、独自に健康と思われる人たちを集め、その人達の検査結果の平均値から決定しているからです。

同じ数値でも、こっちの検査機関では基準で、あっちの検査機関では病気、ではおかしな話です。という事は、基準値に入っているから健康とは限らないし、入っていないから不健康、又は病気だとも限らない、と言えます。その位、実は健康であるという数値には個人差があると言えます。つまり、基準値は個人の正常値を示したものではないのです。

その為、分子栄養学研究所では、項目によって多少「基準値」と外れたデータの判読の仕方をしています。

フェリチンという項目

私がお勧めする項目に、フェリチンというものがあります。通常はガンの進行状況をみる項目としてしか余り知られていません。しかし、分子栄

※血液検査の数値は個体差が大きいため、基準値は『個人の正常値』を示したものではありません。

養学研究所では、研究所が独自の血液検査を始めた25年程前から、貧血、特に鉄欠乏性貧血の検査項目として見て来ました。

鉄欠乏性貧血は、鉄というミネラルが足りなくなる事で起こる貧血です。恐らく、貧血の中で最も多くの人がかかっている種類の貧血でしょう。しかし、頭痛やめまいだけでなく、鼻や喉の不快感、洗髪時に髪が抜けやすい、寝起きが悪い、むくみや湿疹、イライラするなど、貧血の症状はとても多彩であるため、症状の原因が貧血であるとは見逃されている事が多いのではないかと思います。鉄欠乏性貧血は、特にマラソンや持久系のスポーツでは不可欠の検査項目です。しかし、貧血とはエネルギー不足の状態ですから、持久系だけではなく、どんなスポーツでもパフォーマンス低下の原因や怪我の元になります。

欧米に比して肉類などタン白質の摂取量が低い日本人、特に女性の鉄欠乏性貧血は顕著で、研究所が過去に指導させて戴いたマラソンチームや有名メダリストランナーでさえも、ひどい鉄欠乏性貧血の人が沢山いました。

ここで誤解してもらっては困るのは、貧血でも走れるという意味ではありません。一度や二度の試合なら無理もきくでしょうが、長くトップアスリートを続ける事は困難だし、仮に頑張れたとしても、怪我に泣く事になる、という事です。

日本の女子マラソン選手寿命が短いのは、これが一番の原因ではないかと、私は密かに思うのです。読者の皆さんは、持久系のスポーツとは余り関係ない方もいらっしゃるでしょう。しかし、先ほどからしつこく言っていますが、貧血は万病のもとであり、怪我の元でもあります。調子が上がって来たと思ったら怪我に泣く、なんて事になってしまいかねません。せっかく始めたスポーツで、健康になるならともかく、不健康になってしまっては元も子もありません。貧血、特に鉄欠乏性貧血には十分、気をつけて下さい。

貧血については、また別の章で述べますので、ここではそれ以外の事についてお話ししていきましょう。

何項目の検査？

分子栄養学研究所が、健康状態を知る上で推奨している検査項目は、全部で最低61項目あります。通常の健康診断では、保険適用の項目で、だ

いたい10～13項目です。しかし、少ないピースを集めたジグソーパズルで全体像を推察するのは、難しい事です。可能なら、たとえ保険適用外の自費検査であったとしても、身体全体を知る上で、是非調べてほしいものです。

どのくらいの間隔で検査するの？

時々、「血液検査？ ああ、何年か前にした事ありますよ」という話を聞きますが、検査のデータは、あくまでその日の"点"です。データによっては一日の中で変動するものもあります。何度か定期的に検査を重ねる事で、点と点がつながり、その人自身の"基準値"が見えてくるのです。

また、検査結果から栄養不足が見つかれば、栄養補給をしてデータがどのように変化したか、確認する必要があります。

血液は約3～4ヶ月で入れ替わります。今ある血液は、ずっとあなたの血管の中を流れているのではなく、約3～4ヶ月したら別のものと（殆どが）入れ替わっているのです。だから約3～4ヶ月、遅くとも6ヶ月後を目安に再検査をして再チェックをして下さい。

健康診断の観点からは、自覚症状や目立った悪いデータのない状態で、6ヶ月から1年に一度は血液検査をするのが良いでしょう。

大会に出場する選手なら、大会前とオフシーズンではストレスの状態、練習量、摂取栄養摂取量や体重など、環境や体調が大きく変わりますから、時期を決めて検査するのが良いでしょう。早期の怪我を予測したり、改善に必要な栄養補給の量も分かりますから、自信を持って大会に臨めると思います。

定期的な検査は、健康を自分で知り自分で管理する、健康自主管理（つまりKYB）運動にとって必要不可欠なものです。早期の病気の発見や、病気・怪我の予防、今摂取している栄養の量が的確か、身体の回復より練習量が多すぎて身体が壊れていないかなど、重要な情報がたくさん隠されています。血液検査は、これまでの「今、病気かどうか」を見る検査から、将来の健康の可能性を見たりする、健康管理に欠かせないものになって行くと思います。

科学をミカタに！

栄養状態は、その人の気分ややる気や、時には性格にさえも、実は深く関わっています。血液データは、それをかなり正確に読み取る事が出来るツールだと思います。

しかし、"科学の子"と言われた鉄腕アトムが誕生して、もう随分経ちましたが、国内スポーツの世界はまだまだ科学的とは言えないと思います。科学をもっとミカタに出来れば、例えばドーピングに代表される様な危ない物に頼る考え方も、もっと減らせられるのでは、と私は考えます。

第4章 脂質代謝

さて、脂肪という言葉を聞くだけで「必要ない、余計な物」的に考えがちですね。脂肪と言ったら、体内の脂肪で一番最初に想像が付くのは皮下脂肪、内臓脂肪でしょう。

しかし、脂肪には色々種類があり、働きも様々あります。今回はそれも含めて見て行きましょう。実は脂肪の項の勉強は、私達研究所のインストラクターでも「難しくて分からない」という方々が沢山います。なるべく皆さんにも分かりやすくお話ししますから、付いて来て下さいね。

脂質の種類と働き

脂質の主な種類と働きは、大きく分けて次の6つに分類されます。

① エネルギーの貯蔵、エネルギー源としての働き（中性脂肪）

脂質は1g当たり9kcalのエネルギーを発生します。

中性脂肪は単に脂肪と呼ばれる事もあり、皮下脂肪として主に脂肪組織に蓄えられたり、血漿中にリポタン白質として多量に存在したりしています。皮下脂肪は体温の拡散を防ぎ、体温を一定に保つ働きがあります。

また、代謝に必要なエネルギー源の貯蔵形態でもあります。

その他、クッションとして臓器保護の役割も果たしています。

② 細胞膜や細胞内の微細な膜構造の構成成分（リン脂質、糖脂質、コレステロール等）

細胞の表面である細胞膜の40％は、脂肪で出来ています。

また、脳神経組織の構成成分としても重要な働きしています。

③ 貯蔵エネルギーの移動型物質（リポタン白、遊離脂肪酸）

脂肪は体内を移動する途中で様々な形に代謝され、姿を変えていきます。

④ ステロイドホルモン（コレステロール）の構成成分

コレステロールは②の働きの他に、胆汁酸やステロイドホルモン、ビタミンDの原料となります。

⑤ 脂溶性ビタミンやホルモンを構成している（VA、VD、VE、VKなど）
⑥ プロスタグランディンなどの生理活性物質の前駆物質として、生合成の原料となる（特殊な脂肪酸）

　細胞膜はリン脂質で出来ています（②参照）。そのリン脂質の原料となる脂の種類によって、プロスタグランディンやロイコトリエンという名前の物質が作られます。プロスタグランディンには多数の同族体（親戚のような、似た様な物質）があり、多彩な生理活性物質としてホルモンに似た働きをします。

　第2章のタン白質の時にも言いましたが、どんな物を食べても、カロリーオーバーになれば脂肪として貯金されます。それは、金利の高い銀行に預けるのと同じ。エネルギーに変える時は、1g当たりのエネルギー量は脂肪が一番高いからです。

　人類の進化の歴史は飢餓との戦いでした。飽食の時代になったのは、まだ100年経つか経たないかでしょう。その為、人間は余剰カロリーを脂肪として蓄える様に進化して来ました。明日食物が手に入るかどうか分からない環境だったから、生き延びる為には入ったカロリーを大事に大事に貯金するのです。進化のメカニズムは簡単には変わりません。

中性脂肪 (トリアシルグリセロール・TG)

　中性脂肪の構造は、グリセリンという物質に炭素の鎖がつながった形をしています。鎖が1本のものをモノシアルグリセロール、2本のものをジシアルグリセロール、3本のものをトリシアルグリセロールといいます。モノは数字の1、ジは2、トリは3を意味しますから、名前は長いですが想像つきますね。

　1、2、3それぞれ働きは異なりますが、通常は3のトリアシルグリセロールを中性脂肪と呼ん

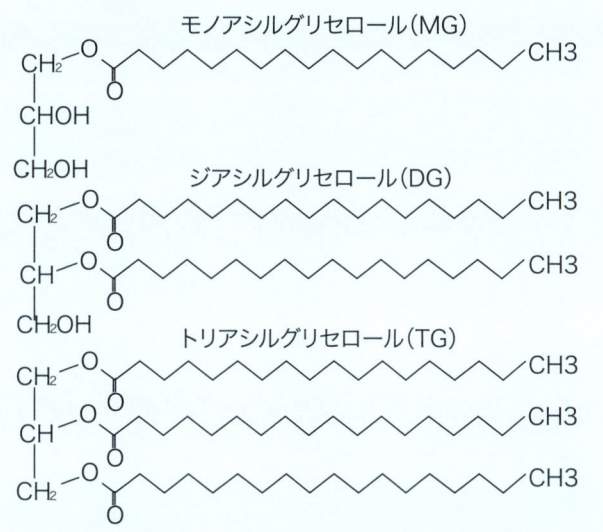

でいます。中性脂肪を単に「脂肪」と呼ぶ時もあります。

　中性脂肪は酸やアルカリ、酵素などで加水分解され、グリセロールと脂肪酸に代謝されます。

脂肪酸 (R-COOH・FA)

　脂肪酸は、炭素が長く繋がった鎖に水素原子が結合した形をしています。結合の形によって飽和脂肪酸と不飽和脂肪酸に分けられます。

　その名の通り、構造上飽和しているものを飽和脂肪酸と呼びます。飽和している脂肪は冷えると固まる性質を持っています。バターやラードなどがその代表です。

　一方、不飽和の脂肪は冷えても固まりません。冷蔵庫に入れても固まらない、植物性の不飽和脂肪酸の代表格はリノール酸やリノレン酸です。植物や種子などに含まれるものが多いですね。動物性では魚油などに含まれる事が多いエイコサペン

タエン酸(EPA)やアラキドン酸なども、不飽和脂肪酸として有名です。不飽和脂肪酸は構造上、二重結合という形の部分があります。それは言ってみれば"空の手"がある様なもので、酸素と結びつきやすい形をしています。ここに酸素が結びつくと、酸化した脂となります。"不飽和脂肪酸は酸化しやすい"と覚えて下さい。

また、不飽和脂肪酸は体内で作れないものが多いため、必須脂肪酸と呼ばれています。

不飽和脂肪酸は、その形によって名前が違うように、働きも随分違います。二重結合の位置によって、ω(オメガ)6系とかω3系とかと呼ばれ分類されています。従来、ω6系のリノール酸は、唯一の必須脂肪酸と理解され、またコレステロール低下作用が強調されていたため、現在は過剰摂取になりがちで、むしろそれが問題になっています。

皆さんの中にも、植物性の脂肪は皮下脂肪や内臓脂肪にはなりにくく、動物性の脂肪は見た目の通り皮下脂肪や、ドロドロ血液の原因になるような気分がする方が多いのではないでしょうか？それは実は、単なる気分の問題なのです。

戦後の日本の健康指導は、
①カロリー制限
②糖質制限
③アルコール制限
④バターはNG、マーガリンはOK
⑤野菜を沢山摂る
⑥運動する
⑦肉はNG、魚はOK
といった内容でした。これによってコレステロール値を下げて心疾患を予防する、というのが目的だったのです。ところが、それによってコレステロール値をコントロールしたところ、実際には心疾患での死亡率が上昇した、という驚くべき結果が15年もの追跡調査で分かりました。しかし、前記の①〜⑦の全てが悪いという訳ではありません。ここで関係しているのは④と⑦、つまり"脂

リノール酸の多量摂取による副作用

1. 生体膜の機能(流動性、透過性)の変化
2. 種々のプロスタグランディンのインバランス
3. 催石性(胆石)の亢進
4. がん細胞(乳がん、結腸がんなど)のプロモーター効果
5. 免疫抑制効果、感染増加
6. 細胞(例えば皮膚細胞)の老化促進
7. 細胞受容体の機能変化
8. 食細胞機能の低下
9. グラム陽性菌の殺菌

シス型の二重結合は、その場で折れ曲がるが、トランス型は直線的な構造となり、飽和脂肪酸と類似する

表4．シス型とトランス型

肪摂取のバランス"だったのです。

体内でコレステロールが沢山存在するところは、脳と神経です。脳のレセプターの材料であるセロトニンという物質が低下すると、うつ症状が出ます。最近では、コレステロールの低下とうつ病の関係を調査する研究が盛んに行われています。この事からも、コレステロールの摂取は、ただやみくもに減らせば良いという訳ではない、という事が分かります。

トランス脂肪酸

さて、ここまでで、炭素の並び方で色々な"脂肪"が存在する事が分かりましたが、二重結合の曲がり方が違う事によっても、性質が異なる脂肪があります。

食物には、シス異性体とトランス異性体があります。略してシス異性体をシス型、トランス異性体をトランス形という事もあります。天然の食物はシス型をしています。トランス型は、ある腸内

微生物や植物油の工業的処理によって不飽和脂肪酸の一部に水素を添加した形をしています。簡単に言えば、シス型は天然物、トランス型は加工食品、と考えて下さい。トランス型の食品の代表格は、マーガリンやお菓子の材料に使われるショートニングです。男性の方にはショートニングという名前はあまり馴染みがないかも知れませんが、ドーナツやクッキー、ケーキの材料などに広く使われます。お菓子作りが趣味の方ならよく知っている材料です（この本はスポーツ選手向けの本ですが、果たして読者の中にどれだけの「お菓子作りが趣味」という方がいるのかは分かりませんが…）。

従来、トランス脂肪酸はヒトには悪影響がないと考えられてきました。

しかし近年、細胞膜の構造に変化を与え、細胞機能に悪影響を与える事が指摘され、摂り過ぎは危険だと言われています。例えば、中性脂肪やLDLコレステロールの上昇、HDLコレステロールの低下などが報告され、過剰摂取は心疾患の増悪が懸念されています。そういう意味でも、トランス脂肪酸こそは、なるべく摂りたくない脂肪と言えます。

そうは言っても、甘いものが大好きな方は多いでしょう。身体の中で一番重要な栄養素は、第2章でお話したタン白質です。体内でタン白質が慢性的に不足していると、身体は"大事な栄養が来ないのなら、せめてカロリーだけでもくれ！"と、糖質を要求します。疲れると甘いものが欲しくなりますね。その時は、トランス脂肪酸の「お菓子」ではなく、是非タン白質食品を入れてあげて欲しいのです。例えば、ゆで卵や、焼き鳥などはどうでしょう。また、過剰に摂取された糖質は、脂肪に変換されて脂肪組織などに蓄えられてしまいます。だからトランス型は摂らんす…あ、オヤジギャグ？

脂肪の消化と吸収

脂の種類の話はまだまだありますが、これ以上話を続けると本を閉じてしまう人が続出してしまうかもしれませんので、次は脂肪の代謝についてお話しましょう。

脂肪は舌の背面にある腺から出る、舌リパーゼという酵素の作用により胃内で消化が始まり、主な消化は小腸で行われます。脂肪は水に溶けませんから、胆嚢から胆汁が出て来て脂肪と混ざり、乳化（ミセル化）された後、膵液中のリパーゼによって消化されます。ですから、胃酸の出の悪い人、胆嚢を取ってしまっている人、肝臓の悪い人（胆汁は肝臓で作られる）などは脂肪の消化が困難になり、長年続けば脂肪栄養が慢性的に不足した状態になります。脂肪の消化が上手くいかない人は、便に脂が浮く事があります。特に40歳以上の中高年や、普段から低脂肪食を心がけている方は胆汁が出にくくなって行きます。このような方が脂肪分の多い食事をすると、上手く吸収されずに排泄されてしまうからです。脂肪に溶ける栄養素、例えばビタミンA、ビタミンE、ビタミンD、コエンザイムQ10などが慢性的に不足していきます。不足をサプリメントで補う場合でも、乳化（ミセル化）されたものを摂る事をお勧めします。

胆汁は食物繊維によって体外に排泄されますが、食物繊維の摂取が少ないと体内でリサイクルされます。しかし、実はどんどん排泄して新しい胆汁を作る方が身体の代謝としては活発といえますし、食物繊維の摂取は大腸ガンの予防にもなります。肉も野菜もしっかり食べましょう、という事ですね。健康法は世の中にたくさんあります。肉は控えて野菜を沢山食べましょうという健康法もありますが、私は両方しっかり摂るべきだと思います。

なお、最近注目されているC14以下の中鎖・短鎖脂肪酸（炭素の鎖が短いタイプ）は門脈を経由して肝臓に直接取り込まれます。

脂肪肝

ここでちょっと脂肪肝についてお話しておきます。

肝臓の細胞には多くのグリコーゲン（糖質エネルギー）が蓄積されています。でも肝臓の中性脂肪貯蔵量は正常の肝臓ではとても少なく、肝重量

の1％以下しかありません。何らかの代謝異常によって脂肪が異常に蓄積されると脂肪肝になります。脂肪肝はエコーで見るよりも早く、血液データに現れます。基準値内であってもGOTよりGPTが上回っていたら（GOT＜GPT）、脂肪肝はもう始まっています。

　しかし、肝臓は"沈黙の臓器"と言われるように何の自覚症状もありませんから、「脂肪肝がありますね」と言われても「それがどうした」くらいに思っている人もいるかも知れません。脂肪肝の原因は様々ですがその殆どは生活改善で健康な肝臓に戻ります。
・アルコール→禁酒
・タン白質摂取不足（痩せているのに内臓脂肪が高く、ぶよぶよしている）→タン白質摂取
・糖尿病→減量
・肥満（肝臓や脂肪がリポタン白として分泌できる能力を超えて脂肪合成が増加する）→減量
その他、C型肝炎などでも脂肪肝になる事があります。

　肝臓に必要以上の脂肪が溜まると肝臓の働きは低下し、益々太りやすくなります。太り出すと加速度が付く、というのはこの状態です。そうなる前に折り返し地点で帰ってきて欲しいものです。例え体重性のスポーツで増量が必要でも、食べ方には注意して下さいね。

脂肪の代謝

　小腸から吸収された脂質は、タン白質と結合して各組織に運ばれます。ここでも、脂肪を運ぶ為に"タン白質のトラック"が不可欠なのです。前にも述べましたが、脂肪を分解する酵素（リパーゼ）もタン白質から作られます。ですから、タン白質は脂肪の代謝に欠かせないのです。
　脂肪酸の代謝は細胞の外膜で別の物質に代謝され、更にミトコンドリアの内膜でまた代謝され、やっと細胞の中（マトリックス）に入ります。この内膜での代謝に欠かせないのがカルニチンというアミノ酸です。カルニチンが体内で作られる為にはビタミンCが必要ですので、ビタミンCが不足すると脂肪が上手く代謝されない、という事になります。なにやら風が吹くと桶屋が・・・的なお話しですが、栄養の代謝は殆ど、このようなリンクした関係を作っています。近年、慢性疲労性症候群の原因はビタミンCの欠乏によるカルニチン代謝異常が考えられています。中高年になるとカルニチンが作られにくくなっていく事も知られていますので、ビタミンCは多めに摂取する事をお勧めします。手っ取り早くカルニチンをサプリメントで摂る方もいらっしゃいますが、原価はカルニチンよりビタミンCの方が遙かに安いです。同じお金を使うなら効率よく使いたいですね。

脂肪合成の原料は糖質

　最初の中性脂肪の項でもお話した通り、脂肪が体内で合成されるには糖（グルコース）が欠かせません。グルコースがグリセリンとなり、そこに炭素の鎖がくっつくと中性脂肪の出来上がりです。
　また、代謝の行われる細胞の膜とミトコンドリアの中では、前駆体、中間物質、補酵素などが大きく関わってきます。特にアセチル-CoA、ATP、NADPH、α-グリセロリン酸を生合成する代謝経路には炭水化物が欠かせません。食べた脂肪の量ではなく糖質の量が、脂肪蓄積の鍵となるのです。糖を摂りすぎたら脂肪になる、と考えて下さい。

第5章 エネルギー代謝に役立つ栄養

ビタミンB群（Vitamin B Complex）

　代謝のビタミンといえば、忘れてならないのが、ビタミンB群です。ビタミンB群には色々な種類があり、B1、B2、B3、ビオチン（VH）、B6、B12、葉酸などの名前を持っています。生命活動の源であるエネルギー産生に欠かせないビタミンB群は、あらゆる種類の酵素の補酵素として相互に作用しているため、単体では効果を発揮しにくいです。つまり、効果的にエネルギー代謝をするには、複合(コンプレックス)摂取が望ましいという事になります。詳しくは表を見て下さいね。

　筋肉や脳を含む、体内全ての組織がエネルギーを使います。細胞が利用できるエネルギーの形をATP（アデノシン三リン酸）といいますが、これを作り出す材料がビタミンB群です。ビタミンB群や酵素が充分にあると、乳酸がピルビン酸に代謝され、ATPを作り出します。ビタミンB群や酵素が不足すると、ブドウ糖がうまく代謝されずに不完全燃焼を起こします。これが乳酸となって体内に蓄積します。疲労物質である乳酸は、疲労や筋肉痛、肩こりなどの原因になります。トレーニングをしていて、なかなか疲れが取れないとか、筋肉痛が激しい、という方はビタミンB群の不足を疑って下さい。

B群が不足する原因

①食品の精製、加工、保存によってB群の含有量が低下する

　加工食品によって人類は便利な食生活を送る事が出来るようになりましたが、モノには反対の面がある事を知る、重要です。

②消費量の増加。慢性の炎症、感染症、悪性腫瘍、ストレス、甲状腺機能更新症、過度のアルコール摂取、妊娠、授乳、カフェイン飲料の過剰摂取、加齢、過食など

　何でもそうですが、"良い"と言うとそればっかり食べる方がいます。お酒、コーヒーなどでも過剰は禁物です。

③特定の薬物摂取によりビタミン吸収、作用が阻害される

■ビタミンB群

ビタミンB群	主な作用	欠乏症	吸収阻害因子
ビタミンB1 (チアミン)	脳の発達・神経機能に密接な関係を持つ 糖代謝を司り、疲労、脚気の回復に働く 免疫系機能の維持に重要	ウェルニッケ・コルサフ症候群(中枢神経疾患)、脚気(末梢神経障害)	葉酸不足 アルコール 経口避妊薬
ビタミンB2 (リボフラビン)	酸化還元反応を助ける ブドウ糖を脳のエネルギーに変える際の補酵素(FDA)になる 粘膜(特に呼吸器系)の機能維持に必要 成長ホルモンの生合成に関与 鉄代謝に関与	小児では成長・知能障害 口角口唇炎、脂漏性湿疹 角膜血管新生 貧血(造血低下)	薬物摂取(抗生物質、抗精神剤、経口避妊薬) アルコール
ナイアシン (ビタミンB3)	多くの酸化還元酵素の補酵素として働き、エネルギー代謝に関与 抗糖尿病作用 免疫系機能の維持に重要 脂質、コレステロール代謝、脂肪酸やステロイド合成(NAD)関与 ブドウ糖を脳のエネルギーに変える際の補酵素(NAD)になる	ペラグラ うつ病 舌炎 食欲不振 不眠症	エストロゲン ストレス タンパク質不足 リノール酸の過剰摂取 アルコール ※ナイアシンはトリプトファンからも転換されるが、上記によってその転換が阻害される
ビタミンB5 (パントテン酸)	皮膚や粘膜の維持 神経や副腎皮質の機能維持	成長障害、体重減少、皮膚・育毛障害、副腎機能低下、末梢神経障害、消化器障害、抗体産生障害、生殖機能障害、低血糖症	パントテン酸は多くの食物に存在するため、欠乏症はあまり見られないが、加工食品ばかりとったり、ストレス過多になると不足する可能性がある
ビタミンB6 (ピリドキシン(食品用)) (ピリドキサール・ピリドキサミン)	アミノ酸の吸収と代謝に働く 脂質の代謝に関与 様々な神経伝達物質合成酵素(GABA等)の補酵素 免疫系機能の維持に重要	多彩な精神神経症状 ホモシステイン血症の原因となり、糖尿病性の血管病変を増悪させる 脂漏性湿疹、ペラグラ様皮膚炎	アルコール タバコ 経口避妊薬
ビタミンB12 (コバラミン)	血液中のヘモグロビンの合成とアミノ酸の代謝に作用する 葉酸を活性体へ変換する DNA合成に関与 ホモシステインサイクルのメチル基供与体	巨赤芽球性貧血 糖尿病性網膜症や末梢神経障害の悪化 ハンター舌炎、色素沈着	ヘリコバウダー・ピロリ菌感染、胃摘出、萎縮胃、制酸剤の服用による酸、ペプシンの分泌障害 タンパク質・カルシウム不足 腸内細菌の異常増殖
葉酸	DNA、RNA合成に関与 胎児の成長(特に中枢神経系の発育)に関与 ホモシステインサイクルのメチル基供与体	赤血球の再生作用が低下し、体重の減少や記憶力の低下を招く 新生児の二分脊椎等の神経管異常 ホモシステイン血症の原因となり、糖尿病性の血管病変を増悪させる 色素沈着、口唇炎	腸疾患 薬物(抗痙攣剤、経口避妊薬) アルコール タバコ 透析
ビオチン	インスリン分泌や糖の輸送に関与すると言われている 免疫反応や細胞分化の誘導に関わる 糖新生、脂肪酸の分解・合成に関与	不足するとアトピー性皮膚炎の一因となる 脱毛 血中コレステロールやビリルビン値の上昇	抗生物質の長期服用

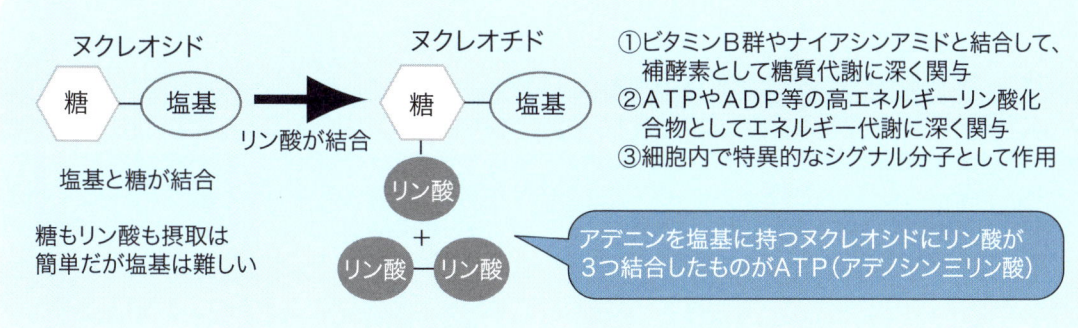

例）経口避妊薬、L-ドーパ、ステロイド、制酸剤（胃薬など）、抗痙攣（けいれん）剤、抗がん剤など。

日本人は世界一胃薬の消費が多いと言われます。沢山食べて消化剤を飲む、なんて乱暴な使い方をしている人も見たことがあります。その前に出来る事があるのでは？

③静脈注射。高カロリー輸液を静脈注射する場合、糖の代謝を円滑に行うにはビタミンB群が必須であるため、消費量が増える。

元気な時に行うとドーピングとなる場合があります。でも体調不良で入院したら高カロリー輸液を点滴された、という経験はあると思います。そんな時、ビタミンB群が不足する事を考える方は、実はとっても少ないのです。高カロリー輸液の中に入っていれば良いのに。でも、入っていないんです。だから、必ず別に摂る必要があります。

⑤抗生物質の長期服用

ビタミンB群は腸内細菌によって生合成されるが、抗生物質の長期服用によって腸内の細菌嚢が乱れ、ビタミンB2などの含有量が減少します。

年末の忘年会シーズンになると口内炎が治らない、なんて経験、ありませんか？ 簡単に言うと、ストレスが増えた時や、薬を飲んだ時、外食や飲み会が増えた時は、ビタミンB群の消費量が増えているので、摂取量を増やして下さい。

また、B群の働きには精神・神経症状に関与しているものがあり、慢性的なB群欠乏症が精神疾患と勘違いされ、強い抗精神病薬を飲んでいる方もいると聞きます。うつ病や不眠症を疑う前に、B群（特にナイアシン）欠乏を疑ってみて下さい。それから、糖質を代謝する方が、タン白質を代謝するよりビタミンB群を多く使います。お腹が空

くと、つい糖質栄養（麺、パン、ご飯、お菓子、果物など）で補っている方は、ビタミンB群の慢性的な欠乏が起こりやすいです。スポーツバーなどの軽食も、味を良くするために、意外に多くの糖質が入っています。食べてはいけない訳ではありませんが、B群欠乏には注意して下さいね。

核酸（Nucleic Acid）

核酸は細胞の核内に存在するDNA（デオキシリボ核酸）とRNA（リボ核酸）があり、それぞれが生物にとって重要な遺伝子現象をつかさどっています。

核酸の主な働きは、
①細胞活性作用
②抗酸化作用
③抗炎症作用
④心血流改善作用
⑤腸内フローラ（細菌嚢）の改善作用
⑥免疫増強作用
などがあります。

細胞はどのようにして作られるのでしょう。一つは、遺伝子という設計図を元に、DNAが材料を揃えて肝臓で作ります。しかしこの場合は、材料が全て揃わないと作る事が出来ない、大変手間の掛かる方法です。これをドゥノボ合成と言います。一方、DNAの二重らせん構造を半分に開いて、半分をコピーし、遊離核酸や核酸成分を材料として肝臓以外の組織で作るのが、サルベージ合成と言います。こちらはコピーなので割と簡単に作れます。

言ってみれば、新しい家を造るのに、さら地か

ら作る方法と、中古住宅をリフォームする様な違いです。掛かる材料費も、日数も、かなりお得と言えますね。しかしお得な合成方法には、核酸が不可欠なのです。

核酸の基本単位であるヌクレオシドとヌクレオチドには、核酸成分以外の働きもあります。

ヌクレオシドは5つの糖と塩基が結合して作られます。ヌクレオチドはアデニンを塩基に持つヌクレオシドに、リン酸が1個から3個結合したものです。特に3個結合したものを、ATPと言い、エネルギーの元となります。ATPは、ビタミンB群の項でも出てきましたね。

ヘム鉄 (Heme iron)

人は酸素を身体内に取り込む事で様々な生命維持活動を営んでいます。その酵素は、ヘモグロビンと結合した状態で血液中を移動します。このヘモグロビンは、ヘム鉄化合物とタン白質が結合して出来ています。

ヘム鉄については、後の項で貧血を取り上げますので、その際に詳しく述べようと思います。ここでは簡単に説明しましょう。

鉄はとても吸収の難しいミネラルの一つです。鉄がないと即、貧血の原因となりますが、貧血の症状はめまいや立ちくらみだけではありません(P41の貧血チェックを参照)。

鉄は銅から作られるセルロプラスミンという専用トラックで運ばれます。体内で鉄は銅と連動して働く事が多いので、鉄と銅はブラザーミネラルとも言われます。

また、鉄は無機(鉄がむき出し)の状態では粘膜を荒らします。その為、タン白質と結びついて安全な形で運んだり、使ったりする必要があるので、鉄の代謝にはタン白質が欠かせません。体内、特に筋肉組織に酸素を供給している赤血球の素ですから、鉄不足はエネルギー不足となります。

朝、起きられない、すぐ疲れる、だるい、昼間によく眠くなる、などの症状がありましたら、鉄欠乏性貧血、エネルギー不足を疑って下さい。

赤血球とコラーゲンが作られる時はどちらも、鉄、タン白質、それにビタミンCが関与します。

コラーゲンは筋肉と腱、腱と骨などを繋いだり、血管の回りにコイル状に巻きつき、血管の弾力を保ったりします。皆さんご存じの通り、コラーゲンはお肌にも沢山あります。鉄やタン白質が足りないと筋や腱の断裂など、怪我の元になったり、アザが出来やすくなったりします。因みに、外からコラーゲンを飲んだり食べたりしても、このような仕組みでコラーゲンを作り直しますので、余り関係ありません。それよりはタン白質や鉄、ビタミンCをしっかり摂る方が、遥かにお肌は綺麗になりますよ。お試しあれ。

コエンザイムQ 10
(CoQ 10: Coenzyme Q10)

心臓は、全身に血液を送り出すために絶えず活動しています。寝ている時も、起きている時も、意識していなくてもちゃんと動いてくれないと困りますよね。その活動のエネルギー源となっているのが、コエンザイムQ 10(CoQ10)という補酵素です。CoQ10は体内で作られますが、CoQ10の消耗が著しい現代の日常生活では、サプリメントの様な形で積極的に補給する事が望ましいです。食物から摂れる量は1日10mg程度ですが、健康維持に必要な量は100mg以上と考えられています。イワシなら20匹以上食べなければなりませんから、やはりサプリメントを効果的に利用して下さい。

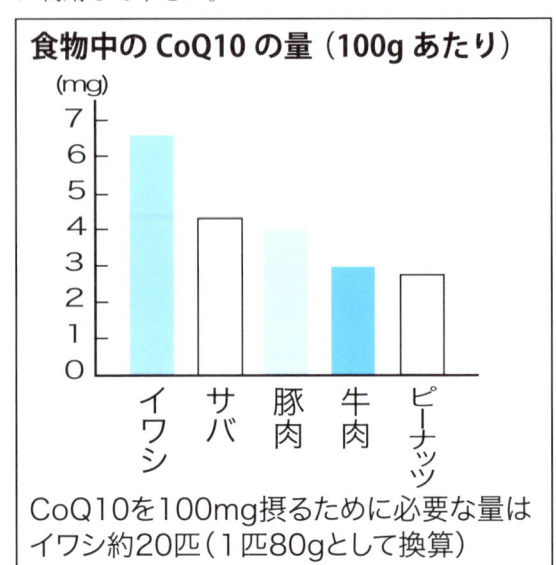

食物中のCoQ10の量(100gあたり)

CoQ10を100mg摂るために必要な量はイワシ約20匹(1匹80gとして換算)

第5章：エネルギー代謝に役立つ栄養素

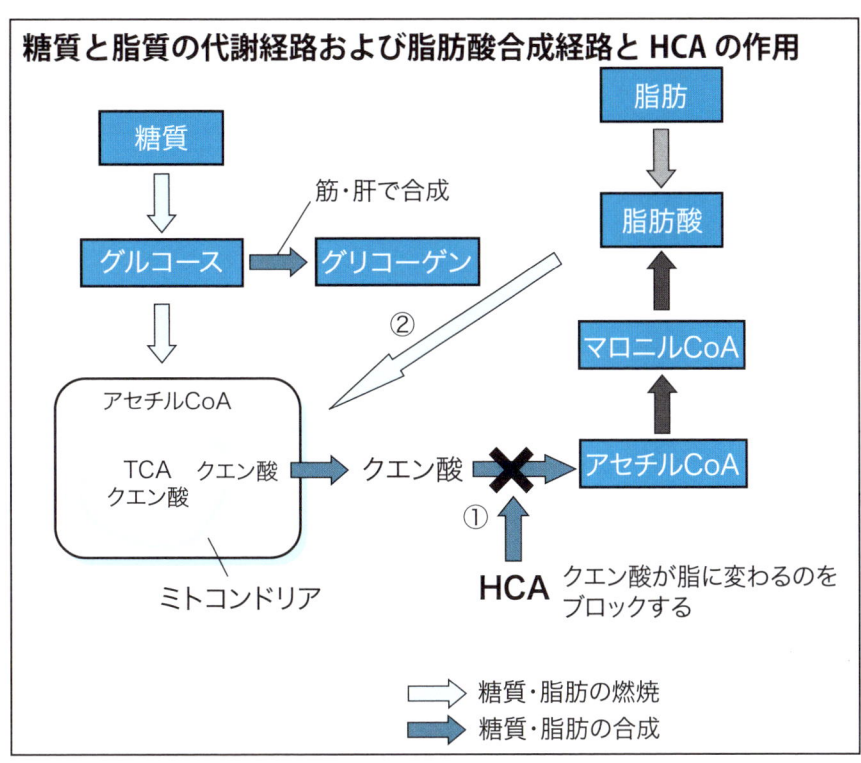

　CoQ10は、エネルギーを作る場所である細胞のミトコンドリアに約50％、核に約30％、小胞体に約20％分布します。心臓、特に心筋の膜や腎臓、脾臓などミトコンドリアが沢山存在する場所に多く存在します。心臓疾患の治療にCoQ10が使われるのはそういう訳です。

　体内では20歳頃をピークに、加齢と共に減少します。不足すると、ミトコンドリアが最も多く存在する心臓のエネルギーが弱まり、心臓のポンプ機能が疲労します。すると血液を送り出す力（心拍出量）が弱まり、1回の拍動で押し出される血液量が減る為、血液が末梢まで行き届かず、手足の先が冷えたり、脚がむくんだりなど、様々な症状が出現する事になります。年を取ると、走ると息切れするという話を良く耳にしますが、それもCoQ10の体内含有量減少が原因かもしれません。

CoQ10は抗酸化物質

　エネルギー産生に深く関与しているCoQ10ですが、細胞を活性酸素による酸化から守る働きもあります。老化を早めたり、様々な疾病を引き起こす原因と考えられているのが、細胞膜の酸化です。その酸化の引き金となるのが、活性酸素（フリーラジカル）です。CoQ10はそれらを無害化したり、酸化された物質を分解して細胞のダメージを修復したりします。

　抗酸化物質には、良く知られているものにビタミンE、ビタミンC、カロチノイド、ポリフェノール、グルタチオン等がありますが、CoQ10は最も重要な抗酸化物質の一つです。

　細胞の中で特に酸化されやすいのが、細胞膜の主成分である脂質です。CoQ10は、脂質の酸化を防いでいる重要な物質であるビタミンEに作用し、抗酸化力を強化します。しかもCoQ10がなくなると、ビタミンEが有っても脂質の酸化作用は抑制できないことが分かっています。つまり、CoQ10はビタミンEの酸化を抑制する作用と、脂質過酸化物の酸化反応を抑制する、二つの働きがあるのです。ビタミンEやビタミンCが無くなるより先にCoQ10が無くなるわけですから、ビタミンEやビタミンCの欠乏が見られたら、既にCoQ10は体内にほとんど無い、と思って下さい。

CoQ10はアスリートに不可欠

　ハードなトレーニングによって筋繊維から栄養が漏れたり、呼吸によって体内に活性酸素が大量

に発生したりします。そこでCoQ10の補給による抗酸化は欠かせなくなります。

また、パフォーマンス向上や持久力の持続には、エネルギー代謝を促進するCoQ10を是非摂りたいですね。CoQ10は筋肉の膜を守りますので、怪我も予防してくれます。

その他、CoQ10が不足するとエネルギー産生に支障が起こりますから、以前消費出来ていたエネルギーを身体が消費出来なくなり、同じ量を食べていても太りやすくなったりします。運動＋CoQ10で、エネルギー消費量を高めましょう。減量期の疲労を取ったり脂肪消費を高めたりして、理想の身体を作りましょう。

ガルシニア・カンボジア (Garcinia Cambogia)

体脂肪対策の話が出ましたので、エネルギー産生とは直接関係しませんが、ここでHCA（ハイドロキシクエン酸）の話をします。ガルシニア・カンボジアはインド原産の植物で、果実部分から抽出した成分HCAが有効成分です。

HCAによるエネルギー代謝の促進

TCAサイクルというエネルギー代謝の過程で発生したクエン酸は、エネルギーとして利用されないと、脂肪酸合成経路を経て、脂肪として貯蔵されます（全くもって、どこにいっても貯金は脂肪、ですね）。HCAは、この脂肪の生合成を阻害し、脂肪の蓄積を抑制します（①）。

更に、①によってミトコンドリア内のクエン酸濃度が増加し、糖質からのグリコーゲンへの変換が促進され、貯蔵グリコーゲンが増加し、血糖値の安定化、空腹感の抑制、過食防止に役立ちます。

また、脂肪酸の燃焼に抑制的に働くマロニルCoAの濃度が低下する事により、脂肪の燃焼が促進され、エネルギー源として使われます（②）。競技会に向けて減量する方は、試してみて下さい。

第6章 疲労と栄養対策

活性酸素種（reactive oxygen species）

　ヒトが呼吸をする際、細胞のミトコンドリア内、電子伝達系で2分子の水が出来ます。その際、または同時に、1％の活性酸素が発生します。つまり人間は、生きて呼吸している限り、必ず活性酸素を作り続ける事になります。

　反応性に富む酸素種を総称して活性酸素と呼んでいます。その多くはラジカル（1個以上の不対電子を持つ分子あるいは原子）です。一般的には活性酸素はフリーラジカルと同等に扱われています。それは、電子の授受によって容易にラジカルになるからです。

　活性酸素は名前だけ聞くと身体を活性させるものなのかと勘違いしそうですが、身体の中ではガンの元になるなどして、決して良いものではありません。その為、人間の身体にはそういったものを消去するシステムがあります。例えば、スーパーオキサイドジスムターゼ（SOD：superoxide dismutase）やカタラーゼ、グルタチオンペルオキシターゼ（GPx）、グルタチオンSトランスフェラーゼ（GST）などの酵素や、その他の抗酸化物質です。ヒトの身体には、この様に沢山の消去システムが存在しますが、それにはその材料となる物質（食物）が必要となります。

　また、中には1重項酸素などの様に、消去するシステムがないものもあります。その場合は外部から消去できる物質（食物）を摂取しなければなりません。例えば、カロチノイド（ブドウやビルベリーなどに含まれるアントシアニン）や亜鉛（亜鉛はSODを活性させる）などです。

　ヒトの身体は、ストレスを感じたりエネルギーを代謝したりすると酸化します。酸化を科学的にいうと以下の様になります。
①酸素原子と結合する。
②化合物から水素原子（H）が取られる（脱水素）。
③原子またはイオンから電子が取られる。
※還元とは、上記と逆の反応の事です。

フェントン反応

　体内の微量金属の中で、鉄（Fe）や銅（Cu）な

35

フリーラジカルと活性酸素

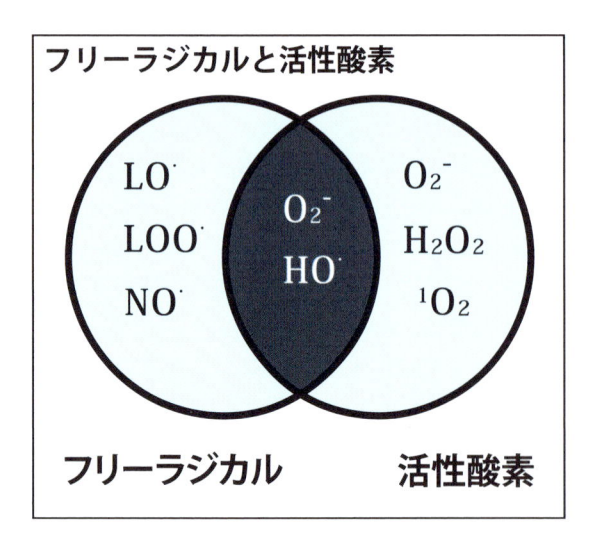

フリーラジカル: LO·, LOO·, NO·
共通: O₂⁻·, HO·
活性酸素: O₂⁻, H₂O₂, ¹O₂

どは複数の不対電子を持ち、他の分子やイオンと簡単に電子のやり取りを行い、複数の酸化還元状態を作る事が出来ます。このような微量金属を遷移金属といい、酸化還元に関する多くの酵素の働きに深く関与しています。

過酸化化合物は、鉄イオンや銅イオンなどの遷移金属があるとその電子を奪って、過酸化ラジカルを作ります。これをフェントン反応と言います。タン白と結合した鉄は安定しています。しかし、活性酸素が存在すると鉄イオンが遊離してしまい、フェントン反応が起き易くなる可能性があります。

また、鉄イオンや銅イオンが不足すると、過酸化水素を還元出来ず、ヒドロキシラジカルに換えてしまいます。これも"ラジカル"ですから、悪い奴ですね。ストレスでヒドロキシラジカルが発生している人は、間接ビリルビン値が上がります。私が血液検査のデータを拝見する人の中では、この、間接ビリルビン値の高い人が最近増えています。それだけ、現代はストレス社会なのだと思います。

しかし、そういう方々に"ストレスで体が酸化しています"と言っても、なかなか体で感じている方は少ないようです。やはり定期的な血液検査で確認する事が望ましいですね。

簡単に言うと、ヒトが肉体的ストレス（激しい運動など）や精神的ストレス（人間関係や環境の変化など）を受けると身体が酸化します。酸化した細胞を還元する事に関係しているのが微量金属やタン白質、ビタミンなどですが、こういった栄養が不足すると還元が追いつきません。

酸化的ストレスの強さに応じて、抗酸化酵素の誘導が起こりますが、抗酸化酵素は加齢によって活性が低下すると言われています。抗酸化酵素の活性の維持には、微量金属やビタミンが必須ですね。現代社会ではヒトは慢性的にストレスを感じています。つまり、慢性的に酸化し続けているわけです。どこかでこの酸化を還元しないと、それが老化を進める事になり、怪我やガンの元になったりする訳です。

話しは少し脱線しますが、ガン細胞は、その一つが出来てから「早期発見ですね」と言われる大きさまで、10年〜20年を要します。その間に体内の消去システムが追いついてくれれば、「がんですね」と言われないで済むわけです。ガン細胞は毎分事に作られる、と言われていますから、消去の栄養素はいくらあっても多すぎる事は無いでしょう。

分子整合栄養医学の父、ライナス・ポーリングは、その時ヒトが必要とする栄養素の個体差（個人差）は1:20だと言っています。つまり、1摂取して足りる人もいれば、その20倍摂取しないと足りない人もいる、という事です。

スポーツ障害とフリーラジカル

ヒトが呼吸する際に活性酸素が発生すると最初に述べました。当然ながら、その消去のシステムも存在します。

しかし、運動時のエネルギーを大量に必要とする場合には、多量に発生した活性酸素は消去システムの許容量を超える事になります。その活性酸素が細胞に障害を与える事は、容易に想像つきますね。

運動をしている時は、筋肉への血流が増加しますので、肝臓や腎臓への血流配分が減少します。血液は酸素を運んでいるわけですから、臓器への酸素供給量も低下します。運動終了後、血流が減少していた組織に血流が急激に増加します。この一過性虚血→血液再灌流の際、活性酸素が発生するのです。

これを消去する栄養素がビタミンA、ビタミン

生理的に生じる活性分子種の名称と表記法

	名　称	表記法
ラジカル	スーパーオキシド	O_2^-
	ヒドロキシルラジカル	$HO\cdot$
	脂質ペルオキシラジカル	$LO_2\cdot$
	アルコキシルラジカル	$LO\cdot$
	チイールラジカル	$RS\cdot$
	二酸化窒素	NO_2
	一酸化窒素	NO
非ラジカル	一重項酸素	$^1O_2$
	過酸化水素	H_2O_2
	脂質ヒドロペルオキシド	$LOOH$
	次亜塩素酸	$HOCl$
	オゾン	O_3

C、ビタミンE、コンドロイチン、グルタチオンです。特に有酸素系の運動をされている方は、多めの摂取をお勧めします。

前章のエネルギー代謝でも述べましたが、エネルギー代謝に欠かせないビタミンB群やCoQ10、抗酸化ビタミンのCやEが欠乏すると、ミトコンドリア内のTCA回路が上手く働かず、疲労物質である乳酸が発生します。乳酸は筋肉組織内に溜まりやすく、筋肉痛や腰痛、肩こりなどの原因となる物質です。ストレッチしたりマッサージしたりして追い出す方法は、対処療法としては有効ですが、根本治療にはなりません。そもそも乳酸を作り出さない様に栄養摂取をする事が大切です。

ビタミンCは使われると酸化しますが、それを還元するのがビタミンEです。しかしそうすると、ビタミンCは還元されますが、今度はビタミンEが酸化してしまいます。この酸化したビタミンEを還元するのがビタミンB群です。還元したビタミンB群は体外に排泄されてしまいます。

ですからビタミンCをたくさん摂取する時には、ビタミンB群もたくさん摂らなければいけない、という事になります。意外に知られていない事です。

このように栄養はそれぞれ単独で働く以外に、リンクして使われます。現代はビタミンCの働きがどんどん発見され、体内での需要量は相当量になっていますが、摂取量はそう増えていません。しかもビタミンCをどんどん摂取すればビタミンB群がどんどん排泄される事になりますから、B群の欠乏まで起こってしまいます。「ビタミンCを摂取する時は、ビタミンB群も一緒に摂る」を忘れないで下さい。

クレアチンフォスフォキナーゼ（CPK）

運動により活性酸素が発生すると、筋肉や筋肉を覆っている膜に障害を与えます。すると、筋肉内の酵素であるCPKが血中に漏れ出します。CPKは、筋肉の壊れ具合と関係しています。血液検査でCPKの高い方は、怪我が近いと思って下さい。私は350IU/ℓをボーダーラインと考えます。CPKが350を超えて4桁までに上昇している人もいます。そういう人は怪我になり易く、またそうなった場合には治りにくいため、注意して下さい。その為にも、定期的な血液検査は不可欠ですね。

筋疲労とBCAA

タン白質のお話しの時、アミノ酸についてはページ数が足らず、お話しする機会がありませんでした。ここでちょっと触れておきますね。

筋繊維には多くのアミノ酸が貯蔵されています。その中でもBCAA（ブランチドチェーンアミノアッシド＝分岐鎖アミノ酸：必須アミノ酸のバリン・ロイシン・イソロイシンの事）と呼ばれるアミノ酸は、体内でも特に筋肉中に多く、筋肉の代謝に深く関与しています。トレーニングをして筋疲労が起こると、脳から修復の命令が来ます。この時、修復に必要なアミノ酸が豊富にあると、修復が速やかに行われる、という事になります。修復はトレーニング終了後約30分で始まりますが、そのタイミングに合わせてプロテインを摂っ

ストレス負荷時のグルタミンの働き

―グルタミン…ストレスの多いあなたに―

ストレスの多い人、風邪を引きやすい人、下痢しやすい人、アスリート、高齢者、減量中の人

グルタミンは、精神的あるいは運動等によるストレスによって需要が高まり、生合成だけでは補うことができなくなる。グルタミンには、多様な作用があるため、補給量が不足すると筋肉の崩壊が進み、筋力が低下するとともに、各種生体防御機能の低下も顕著になってくる

① グルタミンの需要量は、精神的ストレスや運動量による身体的ストレスよって高まる

② ストレスによって身体がダメージを受けると、筋肉中のグルタミンが放出される

③ 放出されたグルタミンは、グルタミンを必要とする組織に運ばれ、様々な機能を発揮し、身体をストレスから守る

創傷治療の促進　免疫能力の維持・向上　腸管バリア機能の維持

生体防御機能の維持

ておくのは難しい事ですし、トレーニング途中にプロテインを摂るのも難しいですね。BCAAをトレーニング終了直後に摂取すれば、丁度タイミング良く修復に使える事になります。

また、BCAAは脳の神経疲労にも使われます。トレーニング時間や競技時間が長い場合に集中力を持続させるためには、BCAAをしっかり摂っておく事をお勧めします。

必要なタン白質は食事とプロテインパウダーで摂り、トレーニング後の修復にはアミノ酸を使うなど、上手に使い分けをして下さい。

ストレスとグルタミン

アミノ酸については別の機会に詳しく述べようと思っていますので、今回はあと一つだけ、グルタミンについてお話しましょう。

グルタミンは非必須アミノ酸ですが、骨格筋のアミノ酸の約60％を占める、身体の中で最も多いアミノ酸です。グルタミンの血中濃度を保つ為、その多くは筋細胞の中に貯蔵されています。最近の研究により、小腸吸収細胞の主要なエネルギー源である事が突き止められ、胃疾患へのアプローチにグルタミンが試みられています。

また、ストレス時には、筋肉中のグルタミン量が約50%も減少します。ストレスに対応する為に筋肉中のグルタミンが使われるからです。ストレスでやつれるというのは、この現象です。

グルタミンの主な働き
① 免疫力の向上
② 筋タン白質の崩壊抑制
③ 筋タン白質の合成
④ 筋力アップ
⑤ ストレスの回避

試合前に体調を崩しやすい人は、グルタミン不足かも知れません。

発育成長期の大腿骨と頸骨

大腿骨

脛骨

筋肉痛に頭痛薬？

さて、筋肉痛の起こるメカニズムは分かりましたが、その対処として鎮痛剤を使う方がいると聞いた事があります。

鎮痛剤にはアスピリン、イブプロフェン、インドメタシンなど様々ありますが、その殆どが痛みの信号を伝える一番元をブロックします。ブロックする力が強ければ強いほど、「よく効く」という事になる訳ですが、実はその痛みを発生させる場所は、CoQ10を産生する場所でもあり、エネルギー産生に大きく関与しているのです。痛みをブロックすればCoQ10を作れなくなる、という事になりますから、どうしても我慢出来ないのでなければ、鎮痛剤は軽々に使うべきではない、と私は思います。これは、生理痛や頭痛などで鎮痛剤を使われる方も同様です。

オスグッド・シュラッター病（成長痛）

成長期には、親から貰ったDNAという設計図を元に身体を作り上げます。この時、材料が足りないと、骨の成長に筋肉や腱の成長が間に合わず、引っ張られた膝や足首に痛みを生じます。成長期の骨は特に関節の近くでよく伸びるため、そこに付いている腱や筋肉が同様に伸びてくれないと引っ張られ、痛みを生じます。以前、100名程の20～30歳代の男性を対象に講義をした時、約20%の方々が「成長痛を経験した事がある」と言っていました。最近、とてもよく聞く症状です。

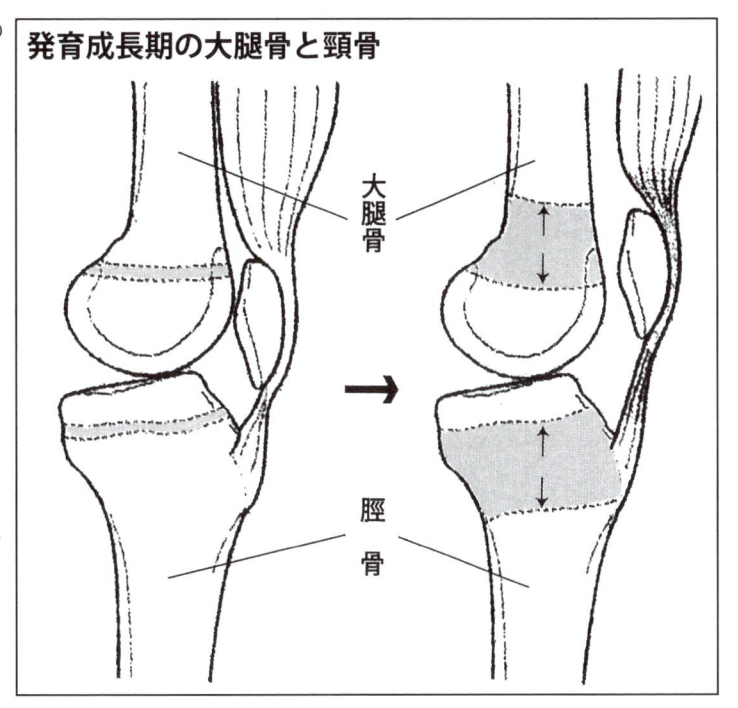

原因は材料不足ですから、腱や筋肉の構成材料であるプロテイン、コンドロイチン硫酸、カルシウム、マグネシウム、ヘム鉄、ビタミンA（マルチカロチノイド）、ビタミンB群、ビタミンC等をしっかり摂取して下さい。出来れば痛みを感じる年齢より以前に、しっかり摂って欲しいものです。成長出来る時期はヒトの一生の中でも限られた期間しかありません。その時、せっかく「もっと伸びなさい」という命令があるのに、材料が無くて背が伸び悩んでいるのは、もったいない事です。

この時に必要な材料が足りないと、骨が正しい形に成長出来ずに歪んでしまう事もあり、そうなると治す事は難しくなります。

子供の頃は、一晩寝たら疲れはリセット出来ていた筈です。大人になってもそんな風にいられたら素晴らしいですね。それが可能なのが栄養と休養のバランスだと思います。しっかり栄養を摂り、ぐっすり眠って、いつまでも若々しい身体を作りたいものです。

第7章 貧血

　今回は女性に多いと言われている貧血についてですが、意外にスポーツ選手にも、多いんですよ。
　貧血には色々な種類がありますが、その中でも今回は、最もポピュラーな鉄欠乏性貧血についてお話ししますね。
　貧血というとすぐ、めまいや立ちくらみを想像しますが、イライラして怒りっぽい、集中力がない、なども貧血を代表する症状の一つです。別表に主な鉄欠乏性貧血の症状をあげました。当てはまる症状の多い人ほど、貧血の可能性が高いでしょう。"えっ、こんな症状も"と思う方もいらっしゃるのではないでしょうか。それ程、貧血の症状は多彩なのです。
　貧血は Common Disease(ありふれた病気)と呼ばれ、あまり重要視されていません。病気の内に入らないと思っている方もいらっしゃるのではないでしょうか？
　でも、スポーツ選手にとって、貧血は致命的と言っても過言ではないと、私は思います。
　貧血は、一般的には症状の事と思われがちですがそうではなく、赤血球、ヘモグロビンの数が減少する事です。赤血球は、身体の隅々まで酸素を届ける仕事をしていますから、赤血球が足りなくなるということは、身体が慢性的な酸欠状態になります。
　体内の細胞が正常に働く為には、酸素は不可欠です。酸素が不足すると、身体はエネルギー欠乏状態となります。全身に現れる様々な症状は、身体が正常に働いていないサインなのです。
　特に、脳は大きさこそ身体全体の1/13ですが、全身の1/3もの酸素を使います。そして、脳の酸素不足イコール中枢神経の機能低下となります。心臓は、赤血球というトラックの台数が少ない状態の時に酸素を身体の隅々まで届ける為には、通常より速く動かして送り出そうとします。その結果、心臓はオーバーワークとなり、心肥大や不整脈を引き起こします。
　すぐ息が上がってしまうのも、スポーツ心臓と言われる心肥大も、貧血が原因です。
　普段から顔色が悪い、寒さに敏感というのも、貧血の人の生体恒常性が働いている証拠です。心臓に使う分の血液を確保する為に末梢血管を収縮

貧血チェック

あらゆる病気の原因ともなる貧血は、自覚症状があまりないので、ほとんどの人が気がつきません。日本赤十字社の調べによると献血者成人女性の20％は献血不適、そのうちの80％もの人が鉄欠乏性貧血だということです

以下の設問に該当するものの多い人ほど貧血対策が必要です

1	立ちくらみ、めまい、耳鳴りがする	17	便秘や下痢をしやすい
2	疲れやすい	18	吐き気がする
3	顔色が悪い	19	胸が痛む
4	風邪にかかりやすい	20	体を動かすと動悸や息切れがする
5	歯茎の出血、体にアザがよくできる	21	まぶたの裏が白い
6	頭痛、頭重になりやすい	22	皮膚が青白く、または黄色っぽくなる
7	注意力の低下、イライラしやすい	23	年齢不相応の白髪を認める
8	のどの不快感	24	くしゃみ、鼻水、鼻づまり
9	洗髪時に毛が抜けやすい	25	口角、口唇炎、舌のしびれと赤味
10	寒さに敏感	26	微熱がある
11	寝起きが悪い	27	月経異常がある
12	食欲不振	28	頻脈
13	神経過敏	29	心収縮期雑音
14	むくみがある	30	安静時呼吸困難
15	湿疹ができやすい	31	心肥大
16	肩こり、腰痛、背部痛	32	倦怠感

●潜在的鉄欠乏症の子供の特色
- 朝起きにくい
- 学校の体育の授業についていけない
- 学校から帰るとゴロゴロしている
- 集中力がない
- 全身のダルさ、肩こり、目眩を起こしやすい
- 食欲不振
- 午後の授業で居眠りをする
- 動悸、息切れが激しい
- 頭痛、頭重を訴える
- 冷えやすい、寒がり

させているのです。その為に、皮膚トラブルや、手足が冷たいなどの症状が出現します。

鉄の働き

貧血の素となる鉄欠乏、その鉄は体内でどんな働きをしているのでしょう。
①赤血球を造る
赤血球はヘモグロビンから造られています。ヘモグロビンはヘム鉄とグロビンというタン白質が結合して造られます。図の様に、赤血球の中には多くのヘモグロビンが存在します。
②体内に酸素を運ぶ
赤血球は身体の隅々まで巡り、酸素を運搬しています。酸素はエネルギーの素となります。
③骨、皮膚、粘膜の代謝に必要
骨、皮膚、粘膜の材料となるのが、コラーゲンです。
コラーゲンはタン白質の細い糸で出来ています。このままでは弱いのですが、これを絡ませ、部分的にくっつけ、編んだ縄の様な状態を作り上げます。この様に、コラーゲンを絡ませて強化するのが鉄とビタミンCです。
コラーゲンは体内の至る所にあります。例えば、血管の周りをコイル状に巻いて、血管の弾力性を保っています。
コラーゲンが不足すると血管の弾力が保てませんから、アザが出来易くなります。
血管をホース、蛇口を心臓に例えて説明しましょう。
ホースの口を潰して蛇口を開けば、水力が増して水が出ます。これは息を止めて瞬間的に力を入れた状態ですね。蛇口(心臓)から大量の水(血液)が送り出され、遠くまで水（血液）を運べます。でも、ホースが古くて、途中でヒビ割れていたらどうでしょう？　そこから水がピューっと漏れるかも知れません。これが内出血、すなわちアザ、です。
私がパワーリフティングの選手だった頃、ヘビーの練習日に、顔にアザが出来る事がありました。初めは何だか分からなかったのですが、一度出来ると次の練習の時も出来る様になるのです。痛くは無いし、数日で消えるので気にしていませんでした。
しかしそれは、毛細血管のコラーゲンが弱くて壊れていた状態です。顔によく見られたのは、顔は表皮が薄いからで、見えないところでは体のあちこちで起きていたに違いありません。人によっては「ヘビースクワットの練習の後に頭痛がする」と言っていたのも、脳の血管のどれかが壊れていたのでしょう。
知らないとは怖い事です。
何なのか知りたくて皮膚科に行ったところ、「ひきつけを起こした赤ちゃんに出る症状」と言われました。「思い当たる事は？」と聞かれ、パワーリフティングをやっている事を告げると、「じゃあそれは止めなさい」と言われました。はぁ〜？選手続けたいから来てるのに〜⁉
その時はアホか！　と思いましたが、西洋医学では治す術が無かったのでしょう。
分子整合栄養医学を勉強してからこのメカニズムを知り、驚きました。顔に出るのは、顔の表皮が薄いから、そこだけ見えるのです。見えない深部でもコラーゲン破壊は起こっている筈です。
そこで、ヘビーの練習の日には、練習前にヘム鉄4mgとビタミンC1,000mgを摂ってから臨むようにしたところ、アザは出なくなりました。
コラーゲンは骨の弾力を保ったり、骨と腱、腱と筋肉を繋いだりもしています。
また、コラーゲンを造る栄養と、赤血球を造る栄養は同じ材料です。貧血であるという事はコラーゲンも不足しているという意味であり、コラーゲンの不足は怪我をし易くします。筋や腱の断裂、疲労骨折などはそのいい例でしょう。

体内の鉄の動き

体内の鉄の総量は3〜4gで、その殆どがタン白質と結合し、安定した状態で存在しています。体内の鉄の約2/3が赤血球中のヘモグロビンにあります。ヘモグロビンは肺で取り入れた酸素を体内組織に運びます。
残りの約1/3は、貯蔵鉄として肝臓や脾臓に存在します。これは金庫の様なもので、体内のヘモ

鉄欠乏性貧血の起こる過程

	正常	潜在性鉄欠乏症	鉄欠乏症	鉄欠乏性貧血 軽度〜中程度	鉄欠乏性貧血 高度
		貯蔵鉄減少	貯蔵鉄消失 血清鉄減少 血清総鉄結合能の上昇	貯蔵鉄消失 血清鉄減少 血清総鉄結合能の上昇 赤血球遊離プロトポルフィリンの上昇	組織鉄減少 貯蔵鉄消失 血清鉄減少 血清総鉄結合能の上昇 赤血球遊離プロトポルフィリンの上昇
一般的な貧血の診断	貧血なし	貧血なし	貧血なし	軽度〜中程度貧血 小球性低色素性貧血	高度貧血 小球性低色素性貧血
正しい貧血の診断	貧血なし	第Ⅰ期	第Ⅱ期	第Ⅲ期	

鉄欠乏性貧血が起こる過程は、第Ⅰ期からⅡ期にかけてフェリチン（貯蔵鉄＝肝臓、膵臓、骨髄に貯蔵されている鉄）がなくなっていき、第Ⅱ期からⅢ期になってようやく組織鉄、血清鉄、赤血球が減少していきます。

従来のヘモグロビン値を計るだけの貧血検査では、第Ⅰ期からⅡ期にかけての存在性鉄欠乏症を発見することはできません。つまりヘモグロビン測定だけでは、予防医学の面であまり信頼がおけません。思春期の子供たちの倦怠感、無関心、学習障害、食欲不振、精神・神経症上の出現には、潜在性鉄欠乏症を疑ってみる必要性があります。

グロビン量が不足すると、金庫内の貯金を崩して使います。

通常、食事から1日に吸収出来る鉄の量は約1mgと言われています。また、汗や尿、便などで排泄される量も約1mgです。

しかし、女性はそれと別に、月経によって1ヶ月に約30mgもの鉄を失います。つまり女性は男性の2倍の量の鉄を失う事になるのですが、摂取量は2倍とは行きません。だから、女性に圧倒的に貧血が多いのです。

摂取する鉄の量が不足すると、まず臓器などに貯金されている組織鉄が減って行きます。

次に貯蔵鉄であるフェリチンが減少しますが、このフェリチン値を調べない限りは、貯蔵鉄が減っているかどうかは分かりません。この時、不定愁訴と言われる様々な症状が出現し始めます。貯金が目減りしてきたサインです。しかし、通常の検査では生活費であるHb（ヘモグロビン）やHt（ヘマトクリット）しか調べませんから、"貧血はありませんね"と診断され、"じゃあこの症状はどこから？"と悩んだ末、精神科の戸を叩く方も少なくありません。

鉄の摂取不足と吸収低下

貧血の原因である鉄の摂取不足ですが、原因は以下の様なものが考えられます。
① 偏食。
　肉や魚には多くの鉄がタン白質と一緒に存在しています。

女性のライフステージと鉄欠乏性貧血

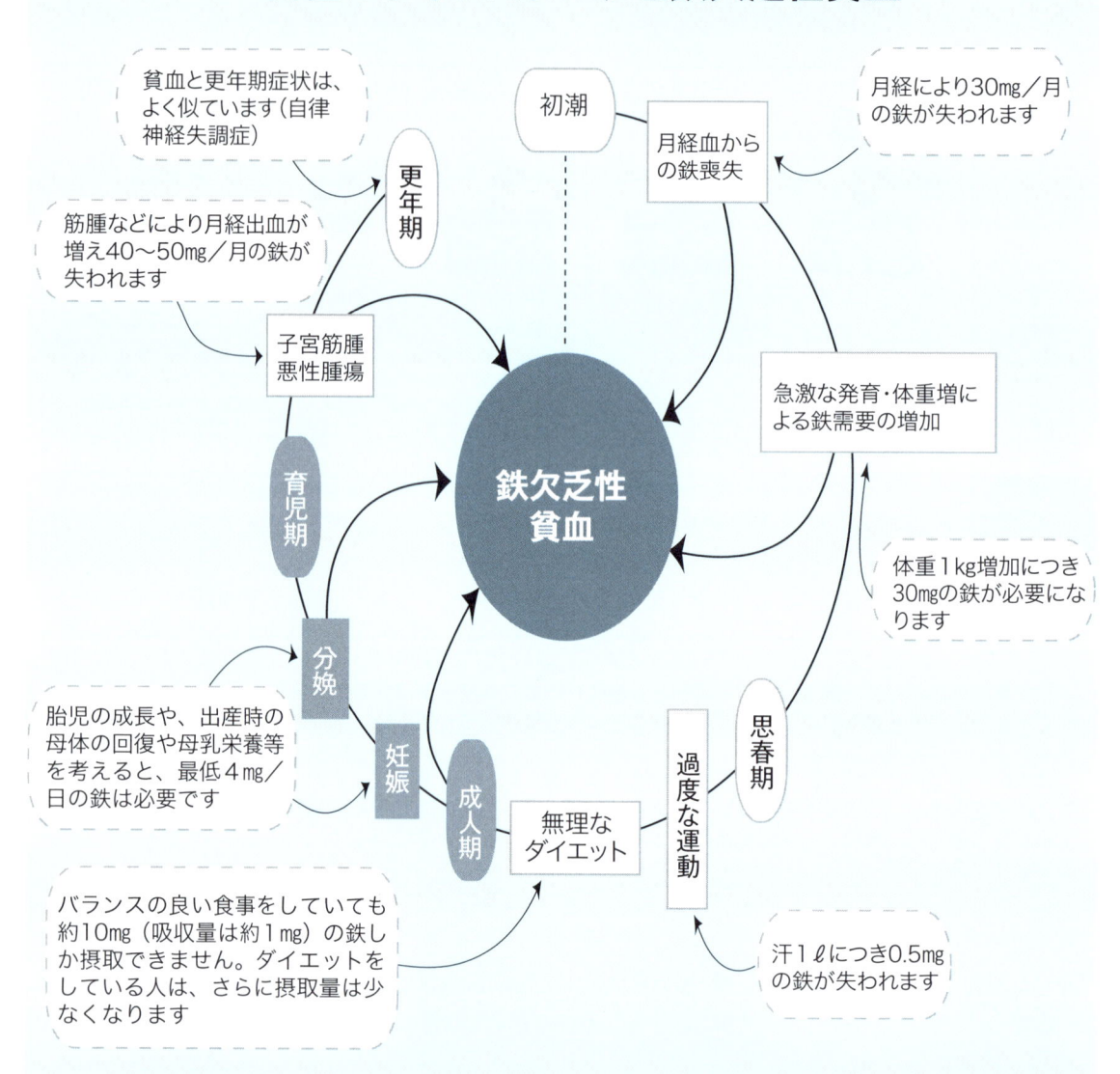

- 貧血と更年期症状は、よく似ています（自律神経失調症）→ 更年期
- 初潮 → 月経血からの鉄喪失 ← 月経により30mg／月の鉄が失われます
- 筋腫などにより月経出血が増え40～50mg／月の鉄が失われます → 子宮筋腫 悪性腫瘍
- 急激な発育・体重増による鉄需要の増加
- 育児期 → 鉄欠乏性貧血
- 体重1kg増加につき30mgの鉄が必要になります
- 分娩
- 胎児の成長や、出産時の母体の回復や母乳栄養等を考えると、最低4mg／日の鉄は必要です
- 妊娠
- 成人期 → 無理なダイエット
- 過度な運動 ← 思春期
- バランスの良い食事をしていても約10mg（吸収量は約1mg）の鉄しか摂取できません。ダイエットをしている人は、さらに摂取量は少なくなります
- 汗1ℓにつき0.5mgの鉄が失われます

女性に貧血が多いのはなぜ？

　特に思春期の女子では、急激な身体の成長に伴い鉄分の需要が増加し、月経1回につき20～30mgの鉄分が失われます。これに加えてスタイルを気にしての偏食やダイエットが拍車をかけています。将来の妊娠、出産などを考えると現在の女性の貧血がいかに深刻な状況であるか、理解を求めていかねばなりません。

　また男性の鉄欠乏（フェリチン低値）は鉄の摂取不足よりも、出血の可能性（消化管出血、痔など）があり、大きな病気のサインとしての注意が必要です。

② 鉄製調理器具の使用が減少。

私が子供の頃は、鉄のフライパンや鉄の包丁を使っていましたから、台所を手伝った時に、洗ったフライパンや包丁をすぐ拭かないと、「錆びるでしょ」と怒られました。現在、家庭では殆ど見られない光景でしょう。
③ 農業形態の変化。

昔は"こやし"を撒いていました。化学肥料に一本化された昭和50年頃を境に、土壌からの鉄分はどんどん減少しています。
④ 加工精製食品（インスタント食品）の摂取量の増加。

これらの食品には鉄分は殆ど含まれていません。

次に吸収低下ですが、これには以下の様なものが考えられます。
① 摂取した鉄の種類による。

動物由来のヘム鉄は10%～30%ですが、植物由来の非ヘム鉄は1～5%です。
② 吸収を妨げる食品を摂取している。

日本茶、紅茶、コーヒーなどに含まれるタンニンや、穀物の外皮、玄米、豆類に含まれるフィチン酸、食物繊維は鉄の吸収を妨げます。また、プルーンは鉄分豊富な食品ですが、残念ながらペクチンという食物繊維の中にくるまれていて、吸収出来ません（人間は食物繊維を吸収出来ません）。プルーンで鉄分補給は望めないと考えて下さい。逆にビタミンＣや肉、魚などと一緒に食べると、吸収力がアップします。
③ 胃腸障害、胃酸の分泌低下。

胃腸障害の原因には、ヘリコバクターピロリ菌の感染なども考えられます。先進国の感染者数は日本がダントツで、60代以上の方の感染率は何と80%を超えています。また、胃酸分泌低下の原因には、胃薬の飲み過ぎなどが考えられます。実はピロリ菌が原因で胃の状態が良くない方が、その事を知らずに（調べずに）胃酸抑制剤などを服用しているケースも少なくありません。胃の状態が良くないのは、もしかしたらピロリ菌感染が原因かも知れません。ピロリ菌抗体の検査は是非一度、受けてみて下さい。また、胃を切除された方も、吸収力は低下します。もちろん、ストレスから胃腸トラブルを引き起こす方はとても多いですね。
④ ストレスによる自律神経の乱れ。

胃腸の運動は自律神経（副交感神経）によって支配されています。胃の状態はストレスにとても影響されやすい臓器です。ストレスを上手に解消しましょう。

このような事から、鉄は中々吸収されません。食品中の鉄含有量が全て吸収されるわけではありませんので、どれだけ含有しているかに注意を払う事も大切ですが、どれだけ吸収されたのか、の方がもっと大切です。過剰摂取を怖がる人がいますが、それより摂らなさすぎを心配して下さい。

鉄需要の増大

貧血の原因のもう一つとして、需要の増大が考えられます。ではどんな時に需要が増大するのでしょう。
① 発育期（生後5ヶ月～3歳位迄）。

母胎にいる赤ちゃんは、胎盤という所から母親の栄養を十分貰います。胎盤は素晴らしい機能を持っていて、母親に少ししか栄養がなくても、優先的に赤ちゃんに栄養が送られる様になっています。しかし、母胎に余りにも栄養がないと、しっかり貰う事が出来ず、未熟児として生まれる事になります。生まれてから生後3ヶ月は母乳しか貰えませんから鉄が不足し易く、これは脳障害やアトピー性皮膚炎などを生じる可能性が高まります。
② 成長期（12～20歳位迄）。

急激に成長する思春期から青年期は、体内血液量も増加します。しかし、女性は月経によって鉄を失います。不適切なダイエットも更に鉄不足を促進させます。生理が始まっても、しっかり栄養が摂取出来ていれば、身長も伸びる筈です。
③ 妊娠期。

妊娠中は、優先的に胎児に栄養が供給されます。その為、妊婦は貧血になり易く、更に、母体の鉄量が危機的状態にまで減少すると、早産する恐れがあります。

④慢性疾患患者。

慢性関節リウマチ、悪性腫瘍（ガン）、慢性感染症（肝膿瘍、肺結核など）がある場合は、体内での鉄の再利用が有効に行われにくく、貧血が生じやすくなります。
⑤スポーツ選手。

特にマラソン、水泳、エアロビクス、自転車など持久系のスポーツ選手は、鉄の消費量が増大します。成長期、そして女性だったら、更に拍車をかける事になります。

出血や溶血による鉄喪失

最後に、貧血の原因として出血や溶血による鉄喪失が考えられます。
① 月経による喪失。

女性に特有な月経による鉄の喪失、特に月経過多である場合は、約1.5mg/日にもなります。実は、成人女性の鉄欠乏性貧血の、成因第一位です。1つの目安として、月経血の中にレバーのような血液の"かたまり"がある場合、月経量が多いと考えて下さい。月経血を溶かす成分であるプラスミノーゲンの分泌量を上回って月経血が出ていると、全てを溶かしきれず、血液が"かたまり"となって出てきます。
② 消化管からの出血。

女性も閉経後は男性と同じ喪失量になりますが、男性と閉経後の女性の貧血の最大の原因は、消化管からの出血です。胃や大腸などの疾患が考えられます。痔なども消化管出血の原因の一つです。このような部位からの出血は便に混じってしまうため発見が難しく、症状がかなりひどくなってから発見される事が多い様です。
③ 足の裏に衝撃の多いスポーツ。

裸足で踏み込む剣道や、叩かれたり蹴られたりする格闘技などは、その衝撃によって赤血球の膜が壊れる状態になります。これを溶血といいます。
④ その他。

怪我や鼻血、献血などによる血液の喪失も鉄欠乏を招きます。しかし、この④は、急に血液量が減るので不定愁訴や症状を感じやすいですが、①～③は感じにくい事が多いです。身体が環境に慣れてしまうからです。生理の前や生理中に頭痛を感じる人は、貧血による酸欠が考えられます。頭痛薬を常用する前に、貧血改善を考えて下さい。

総合的なアプローチの重要性

さて、ここまで鉄欠乏について見てきましたが、栄養はリンクして働いている為、殆どの場合、鉄以外の栄養素も同時に欠乏しているのが現状です。
① タン白質を十分に摂取する事が重要です。ヘモグロビンの構成材料として（ヘム鉄＋グロビンというタン白質＝ヘモグロビン）、また鉄を体内で運搬するため（UIBCなど）にも、タン白質は不可欠です。タン白質のお話でもしましたが、体重1kg当たり、普通の人で1g、スポーツ選手なら2～3g必要です。
② ビタミンB群。赤血球は骨髄で作られ、約1日で成熟した赤血球となります。この、生まれたての赤ちゃん赤血球を網状赤血球と言います。顕微鏡で見ると網状の模様が見えるからです。網状赤血球が成熟した赤血球になるには、脱皮のような分化（分裂しながら形を変える事）をしますが、それにはビタミンB群の中の、特にB6が必要です。
③ ビタミンCは、鉄の吸収を高める働きがあります。

このような事から、総合的な栄養アプローチが重要となる訳です。

何度も言いますが、通常の血液検査ではフェリチンという項目の検査をしませんから、貧血を見逃す事が多いです。特にスポーツ選手はパフォーマンスや、やる気の背景に貧血が大いに関与しています。根性があるか無いかは、もしかしたら貧血次第なのかも知れません。

第8章 糖質代謝と低血糖

　糖質はタン白質、脂肪と並んで3大栄養素と呼ばれる、人間の身体に最も必要な栄養素の一つです。

　1g＝4kcalのエネルギー源であり、核酸、糖脂質、糖タン白質などの構成成分となります。エネルギー源としては優先的に利用される為、タン白質利用の節約をしてくれるスグレモノです。

ブドウ糖の分解と生成

　摂取され、余ったブドウ糖はグリコーゲンという形のエネルギーの元となり、肝臓や筋肉に貯蔵されます。貯蔵されたグリコーゲンは必要な時に分解され、肝グリコーゲンは血糖維持に、筋グリコーゲンはエネルギーとして利用されます。そのため、スタミナはグリコーゲンの貯蔵量に比例するのです。

肝グリコーゲン

　肝臓に貯蔵されるグリコーゲン量は、身体の栄養状態によって変化します。

　血糖は通常、補給されなければ2~3時間で無くなります。飢餓状態などで血糖が下がると、肝グリコーゲンを分解して血糖を補います。しかし、この貯蔵量は12~14時間が限度と言われています。ですから、夕食後から何も摂取せず、朝食も抜くと当然、脳に回す糖はありませんから、低血糖を招く事になります。朝食を抜くとやる気が出ないのは、当たり前の事ですね。

筋グリコーゲン

　筋肉のグリコーゲンは、体内の糖の貯金箱としては1番大きな場所です。血液中のブドウ糖から合成される筋肉のグリコーゲンは、筋トレなどエネルギーが必要な時に消費され、失われた量は血液中から順次補給されます。重い重量のセットを組んで、インターバル後に次の重量のセットをやる時には回復しているのは、このようなしくみだからです。

　筋肉中のグリコーゲンがブドウ糖に分解されて

インスリン分泌のメカニズム

グルコース　グルコース輸送体（GLUT2）
↓
グルコキナーゼ
グルコース6リン酸
↓
TCAサイクル
ミトコンドリア
ATP
エネルギーの缶詰

SUR1（スルフォニル尿素受容体）
Kir6.2
カリウムATPチャネル（K_ATP）
常に開いている
自由に出入りできる

K+　脱分極（Kチャネルを閉めること）

分泌顆粒
ゴルジ体
Ca²⁺
インスリン

電位依存性Ca²⁺チャネル

Kチャネルを閉めるとCaが入る
↓
インスリンが分泌される

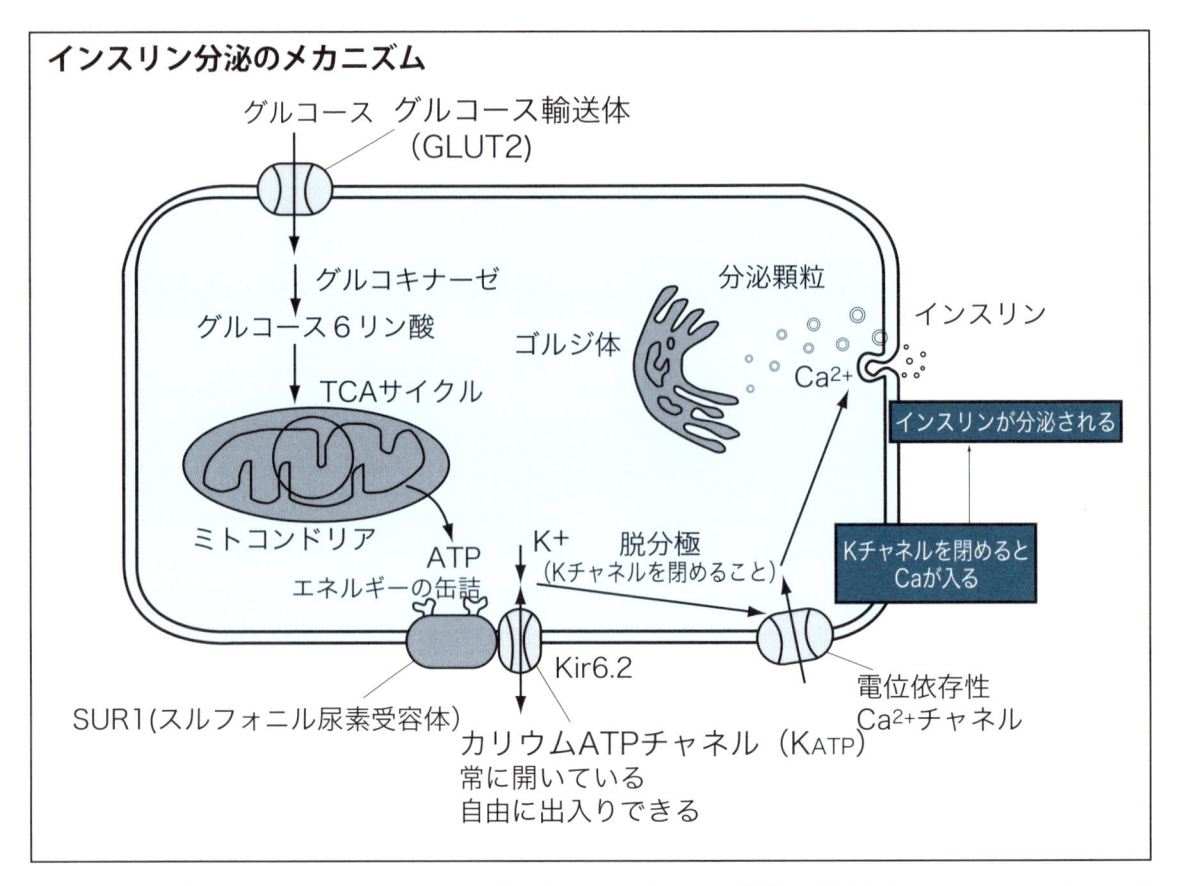

血液中に入る事はありません。しかし、運動をすると筋肉中のグリコーゲンは解糖され、その際に乳酸が発生します。乳酸は血液に入り、肝臓に運ばれ、また糖に変換され、グリコーゲンに合成されます。

血糖の調節

血糖は、ホメオスターシス機構によってほぼ一定に保たれています。中枢神経が血糖濃度の変化を感知し、下垂体を刺激します。すると様々なホルモンが分泌され、肝臓のグリコーゲンから糖が補給されます。

血糖を上げる為のシステムは沢山あります。例えばグルカゴン、アドレナリン、糖質コルチコイド、チロキシン、成長ホルモンなどです。これは血圧などと同じ様に、人類の長い飢餓との戦いの歴史から、生存の為に進化して来た機能でしょう。血圧低下はそのまま死につながるからです。

しかし一方、下げる為のシステムは1つしかありません。膵臓で分泌されるホルモン、インスリンです。これも上げる為のシステムと同様に、飽食の時代は人類の歴史の中で、ほんの少ししかありません。この数百、いや数十年の間しか無いのですから、人間の体が急に進化する事はなく、高い血圧を簡単に下げる事は出来ないのです。

ここでインスリンの細かい働きは述べませんが、インスリン分泌にはカルシウムが関与しています。また、その分泌は膵臓の細胞の中で行われる為、細胞膜を保護しているビタミンEも必要です。細胞膜は、それぞれの栄養が入る専用入り口（○○チャネル、などと言います）と、老廃物が出て行く専用出口があります。それぞれが必要に応じて活発に出入り出来る様にしておくには、細胞膜の保護が欠かせないのです。ビタミンEは細胞の膜を保護し、酸化を抑制してくれます。

ストレスと高血糖

身体の中で糖を一番多く使う臓器は脳ですが、

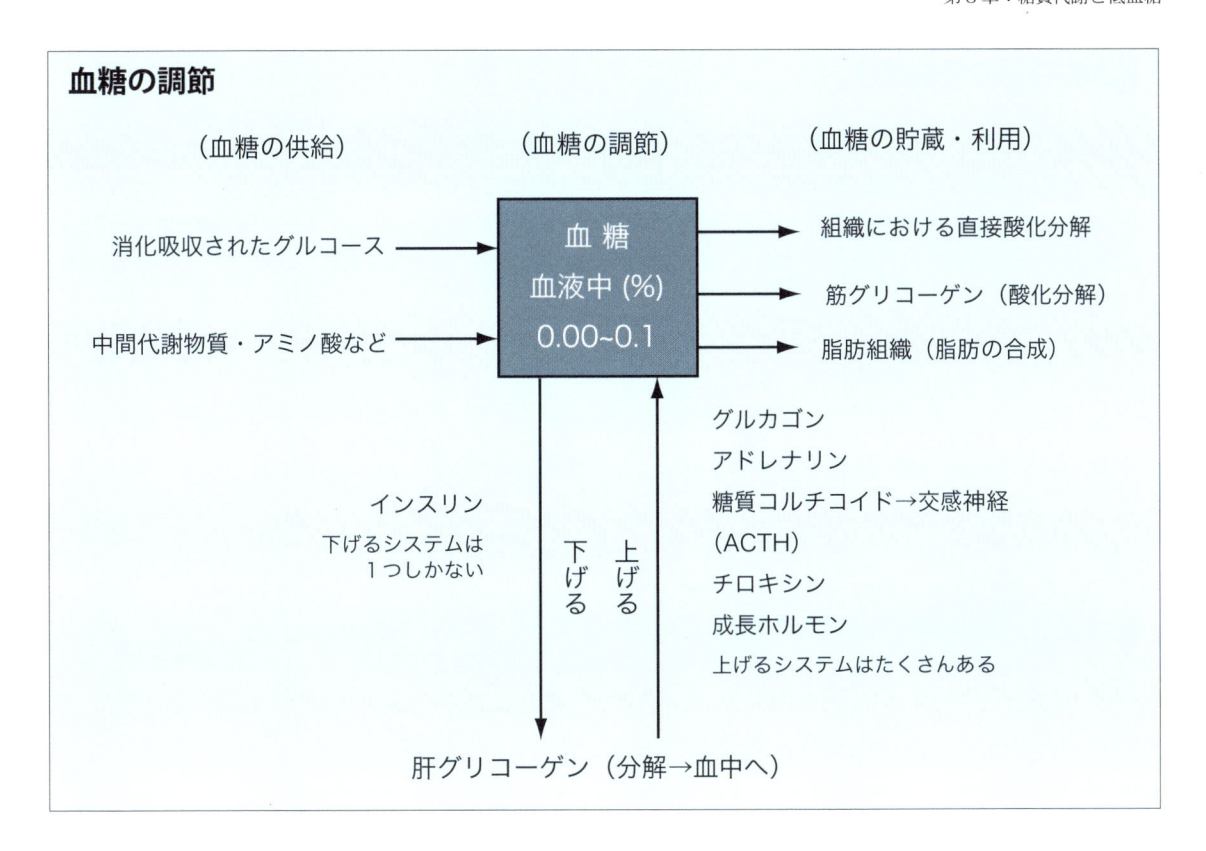

血糖の調節

（血糖の供給）　　　　（血糖の調節）　　　　（血糖の貯蔵・利用）

消化吸収されたグルコース ──→ 　血　糖　　──→ 組織における直接酸化分解
　　　　　　　　　　　　　　血液中（%）　──→ 筋グリコーゲン（酸化分解）
中間代謝物質・アミノ酸など ──→ 0.00~0.1　──→ 脂肪組織（脂肪の合成）

グルカゴン
アドレナリン
糖質コルチコイド→交感神経
（ACTH）
チロキシン
成長ホルモン
上げるシステムはたくさんある

インスリン
下げるシステムは
1つしかない

下げる　上げる

肝グリコーゲン（分解→血中へ）

実は脳には糖を貯蔵する機能が殆どありません。だから、ほぼ一定に保たれているはずの血糖が何らかの理由で下がってしまうと、脳機能は大変な事になりますね。そこで、それを回避する為に自律神経やホルモンがいつも調節をしています。血糖上昇に最初に働くのが、副腎皮質ホルモンと成長ホルモンです。ヒトはストレスを受けるとコルチゾールやカテコールアミン等の濃度が上昇し、糖新生を増加させます。簡単に言うと、糖を沢山作り出してしまうのです。そして血糖値を上昇させてしまいます。

　糖新生とは、筋肉を壊して中のグリコーゲンを取り出す事です。飢餓状態になって、糖がずっと入って来ない時の緊急措置として行われる手段です。ストレスを受けると、その緊急措置を急に行ってしまいます。せっかく作った筋肉を壊していく事になり、もったいないですね。この場合、ストレスは肉体的、精神的などの種類に限りません。全て同じ反応を示します。血糖コントロールが急激に悪化する時は、ストレス状況をチェックし、意図的にストレスコントロールを行って下さい。

ストレスの感じ方は人によって皆違います。我慢強く、体の症状がかなりひどくならないと気づかない方もいます。注意が必要です。

低血糖症

　低血糖とは、血糖値が高血糖と低血糖の間を乱高下する状態をいいます。重症になると、高血糖にはならずに、低血糖のままの状態が続きます。低血糖は、まだまだ医療現場で余り知られていませんので、低血糖症の方が病院に行っても、そう診断されない事もある様です。

　血糖値がホルモンや自律神経で調節されている事はお話ししましたが、ジャンクフードの過剰摂取や自律神経の異常などでホメオスターシスが破綻すると、低血糖が発生し易くなります。

　子供の頃、ゲーセンでドライブゲームをやった事があります。今の本格的なゲームと違い、ランニングマシンの走行ベルトの様なモノに描かれた蛇行している道の上を、手前にくくり付けられたおもちゃの自動車で走らせる様な造りでした。た

低血糖症状の発症機序

血糖値 (ml/dll)

①スナック菓子やジュースなどの甘いものを食べる
②血糖値が急激に上がる
③血糖値を下げるために膵臓が大量のインスリンを分泌する
④血糖値が急激に下がり低血糖になる
⑤正常の血糖値に戻すために副腎皮質からアドレナリンやノルアドレナリンが分泌される
⑥アドレナリンによって攻撃的になる

異常値
正常値

時間（分）

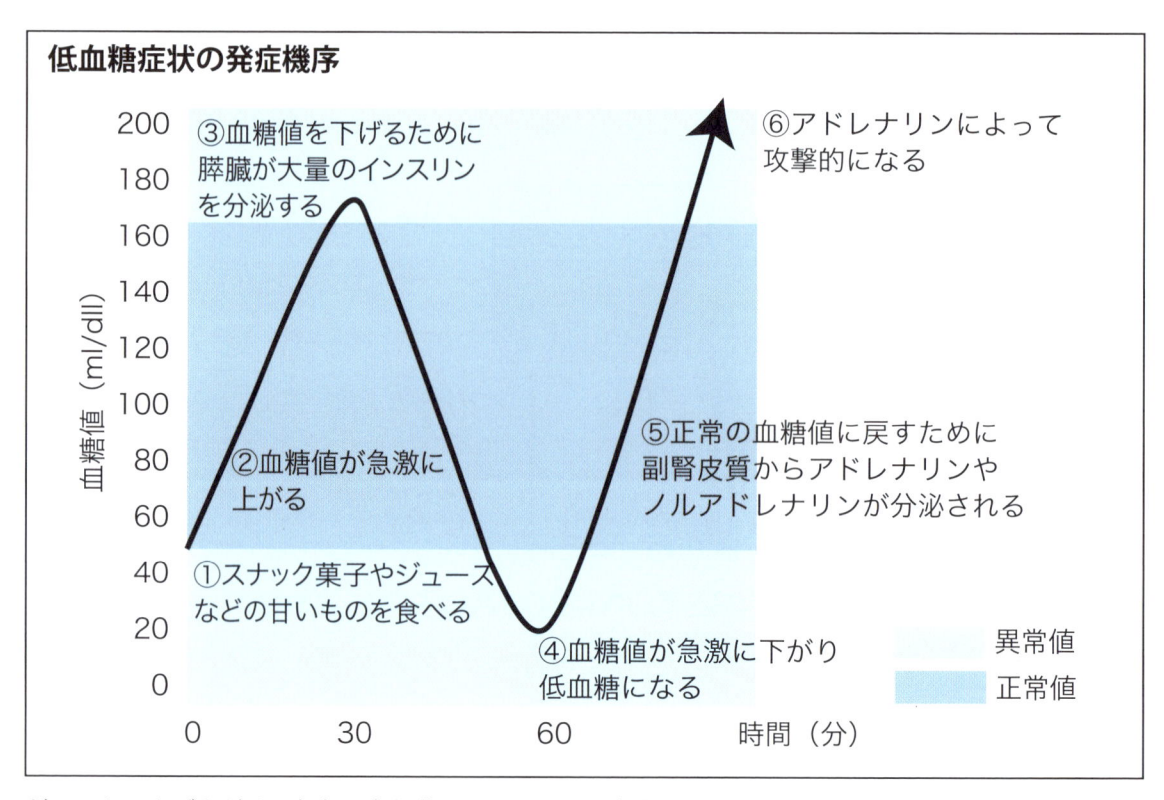

だハンドルさばきだけで左右に車を動かし、マシンの上に描かれた道からはみ出さない様に走るというシンプルなものでした。ハンドルを切ると車がその方向に行くのですが、ハンドルを切るタイミングと、車の方向が変わる早さに時間差がありました。だから車が右に行く頃には、道が左に曲がっているのです。一生懸命ハンドルを左右に切るのに、車はちっとも路上を走ってくれません。これが本当の路上なら危険運転もいいところ。頭の中はパニック状態、イライラしている内にゲームオーバーしてしまいました。

血糖値が下がると人間の頭の中も、ホルモンや自律神経を使って血糖値を上げようとします。なかなか上がらなければ、一生懸命"上げろ、上げろ"と命令を出し続けます。やっと上がり始めたと思ったら、急上昇してしまいます。今度は"下げろ、下げろ！"。急降下です。頭の中はパニックです。しかし、人間にはゲームオーバーはありませんから、これを繰り返しながら、断続的に生きて行くのです。日常でこんな事が頻繁に起これば、持ち主は疲れ切ってしまいますね。

低血糖は、アメリカでは大きな社会問題として取り上げられてます。推定2～4千万人もの低血糖患者がいるそうですが、日本では精神疾患と診断されるケースも多く、長期に渡って抗うつ剤などを投与されているのに症状が改善しない方も多く見られます。もちろん、原因が低血糖の場合は、低血糖を改善させない限りは良くなりませんね。

少し前に、朝登校する子供たちの列に重機が突っ込んで子供たちが亡くなった、というニュースを見ました。運転していた青年は"突然、意識を失った"と言っていたそうですが、私はもしかしてこれは低血糖から来るものではないか、と思いました。

低血糖の症状は、鉄欠乏性貧血とも良く似ています。また、カルシウム不足から来る自律神経失調とも似ています。そのどれもが同時に起こっていたら大変です。でも、私達の所に相談にみえる方々の中には、このような方も決して少なくないです。特に最近の若い方には、低血糖の症状に当てはまる方が見受けられます。また、低血糖のまま更年期の年齢になると、更年期障害の症状がひどくなって現れる事もある様です。

低血糖の原因は様々ですが、ここでは食原性と機能性についてお話しましょう。

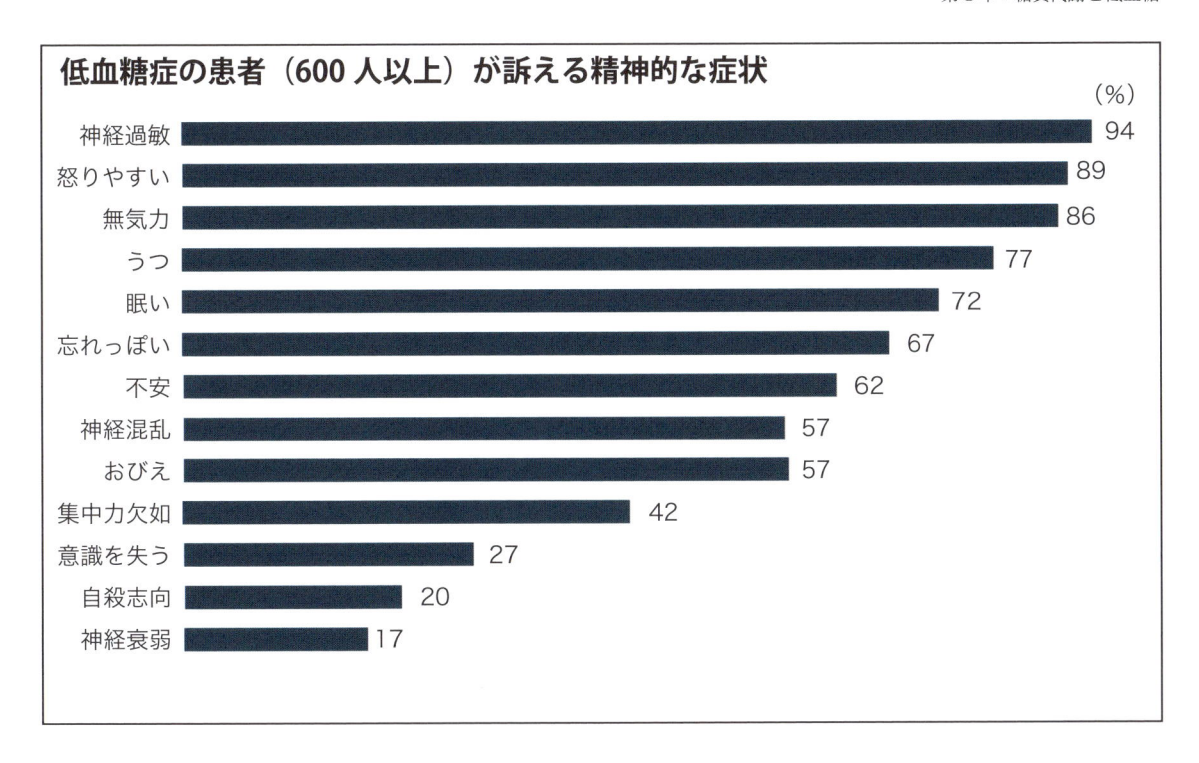

低血糖症の患者（600人以上）が訴える精神的な症状

症状	(%)
神経過敏	94
怒りやすい	89
無気力	86
うつ	77
眠い	72
忘れっぽい	67
不安	62
神経混乱	57
おびえ	57
集中力欠如	42
意識を失う	27
自殺志向	20
神経衰弱	17

低血糖とその症状

血糖値	症状
70＞	感情的になる、鈍感になる
60＞	空腹感、吐き気、計算力・注意力の低下
50＞	頻脈、冷や汗、顔面蒼白、倦怠感、頭痛、寡黙、血圧上昇、上腹部痛、手のふるえ、あくび、複視、異常行動、見当識障害、傾眠、痙攣、深い昏睡、可逆的機能障害 （8時間以上続くと植物状態になる）

機能性低血糖の症状

異常な疲労感	目のかすみ	口臭
起床時の疲れ	目前暗黒感	ため息
日中特に昼食後の眠たさ、	眼球の痛み	生あくび
集中力の欠如	呼吸の浅さ	失神発作
めまい	光が眩しい	偏頭痛
ふらつき	甘いものが無性に食べたい	筋肉痛
物忘れがひどい	胃腸が弱い	肥満

低血糖症患者が間違って診断された病名

精神発達遅滞	慢性気管支喘息	自律神経系障害
アルコール中毒	アレルギー	脳腫瘍
神経症	心理・神経症状	老化
糖尿病	脳動脈硬化	精神衰弱
閉経期	メニエール症候群	偏頭痛
パーキンソン症候群	神経性皮膚障害	てんかん
リウマチ性関節炎	慢性蕁麻疹	統合失調症

ガイランド、サルツァー、フレデリックス、マーチン、ウエラー、チェラスキン、その他の博士の報告から累積された病名

●食原性低血糖の原因
①高度栄養不良状態
②意図的な過食、特に精白炭水化物(糖質)の過剰摂取
③アルコール、タバコ、コーヒー或いはカフェイン含有清涼飲料水の過剰摂取
④ビタミン、ミネラルの摂取不足
⑤食物繊維の摂取不足

●機能性低血糖の原因
①ジャンクフードによる栄養欠損
②ストレスによるホメオスターシスの乱れ

　現代人の食生活や生活スタイルを見てみると、誰しも低血糖症になっておかしくない様な環境にあると言えます。あなたは、上記の原因の幾つに当てはまる生活をしているでしょうか？　どれも無い方の方が、むしろ少ない筈です。
　また、低血糖になり易い体質があり、そういう方は特に注意が必要です。
①胃下垂、委縮胃、胃切除
②貧血
③肥満
④先天性糖尿病体質
⑤アレルギー体質
⑥自律神経失調症
⑦甲状腺機能障害

●低血糖を招かない為に…
1) 食事はゆっくりよく噛んで
2) 砂糖などの単純糖質の摂取を制限する
3) アルコール、カフェインを控える
4) 清涼飲料水、ジャンクフードをやめる
5) 初期には果物も控えめにし、果糖の多い物も避ける
6) 食事回数を増やし、食後2時間後くらいに間食を摂る
7) 定期的な運動をする
8) 午前中の食事を抜かない
9) 3食規則正しい食事を心掛ける
10) 食物繊維の摂取
11) 食後、歩くなどの軽い運動をする
12) ストレスコントロール

　冬によく行われるスポーツで駅伝があります。何度か、選手が気を失いそうになりながらタスキを渡しているのを見たことがあります。中にはそこまで選手が持たず、ふらふらになって、監督が泣く泣く棄権をしたレースを観た事もあります。解説者は"脱水ですねぇ"と言っていましたが、私は低血糖を疑いました。普段からどの様な食事を摂らせていたかが、大会当日の体調に大きく影響するでしょう。最近ではチーム合宿になると、

"アイスクリーム禁止"とか"チョコレート禁止"などという食事指導をしているスポーツも出て来ている様です。それはそれで喜ばしい事ですが、それだけでなく、禁止にする時には、何故それがよろしくないのかも、選手にきちんと理解させて欲しいものですし、それがストレスとなって悪循環にならないような食事指導も必要となるでしょう。

　また、そういう食べ物が欲しくなる原因にエネルギー不足が起こっている事も忘れてはなりません。タン白質やビタミンB群の摂取量をチェックしたり、カロリー制限している場合にはアミノ酸と併用する等の対策も必要でしょう。一度低血糖症になってしまうと、それを改善するのはとても長い時間と努力を要します。指導出来る医師の数も、まだまだ少ないです。オフにどんなトレーニングをしたか、だけではなく、普段から何をどう食べているかが、勝敗のカギを握っているのです。低血糖を侮ることなかれ。

第9章 ビタミン-1

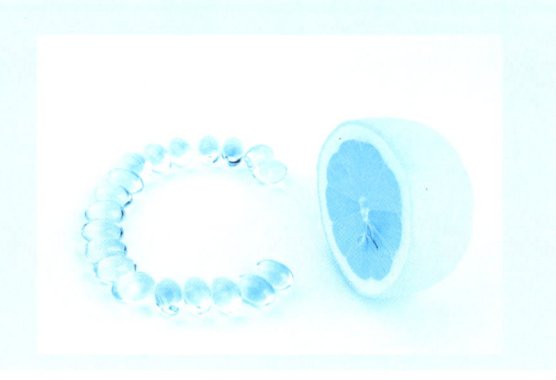

　ビタミンは、主に身体の中の調整をしている栄養素です。大きく分けると水溶性と脂溶性に分かれます。B群については以前にお話ししましたので、今回はそれ以外について話していきましょう。

水溶性ビタミン① - ビタミンC

　ビタミンCは、1753年に英国海軍医師Lindによって、壊血病予防因子として発見されました。その後、ハンガリーのSzent-Gyorayi博士がビタミンCの分類に成功し、それを「アスコルビン酸」と名付け、1937年にノーベル生理医学賞を受賞しました。

　しかし近年、ビタミンCは、抗壊血病因子としてだけでなく、様々な作用を持つ事が確認されています。この事をBeyond Deficiency（ビヨンド・ディフィシエンシー）と言い、ビタミンCの至適量の補給により、欠乏症（ディフィシエンシー）の改善効果を超越（ビヨンド）した作用が期待されています。

ビタミンCの主な働き

・Beyond Deficiency（ビヨンド・ディフィシエンシー）

　分子整合栄養医学の父、ライナス・ポーリングは"エンジオール基は世界を救う"と言いました。ビタミンCはエンジオール基という、水素が外れ易い構造をしています。その為、外れた水素が、他の分子の酸化を容易に還元してくれるのです。ビタミンCはそれ自体が抗酸化作用をするだけでなく、他の分子の酸化還元作用をし続けます。見返りを期待せず無償の愛を与え続けてくれる、母親の様ですね。う〜ん、深い（一人、勝手に感動）

・コラーゲンを作る

　コラーゲンはタン白質の細い糸ですが、3本のコラーゲンの糸が鉄とビタミンCによって所々がくっつき、編まれた様にからまり、強化されます。ビタミンCや鉄が足りないと、この"編まれた"状態を作る事が出来ません。するとコラーゲンは弱く切れ易いものとなってしまいます。

・鉄の吸収を助ける

　コラーゲンと赤血球は同じ「タン白質」「鉄」「ビ

第9章：ビタミン-1

ビタミンC構造式

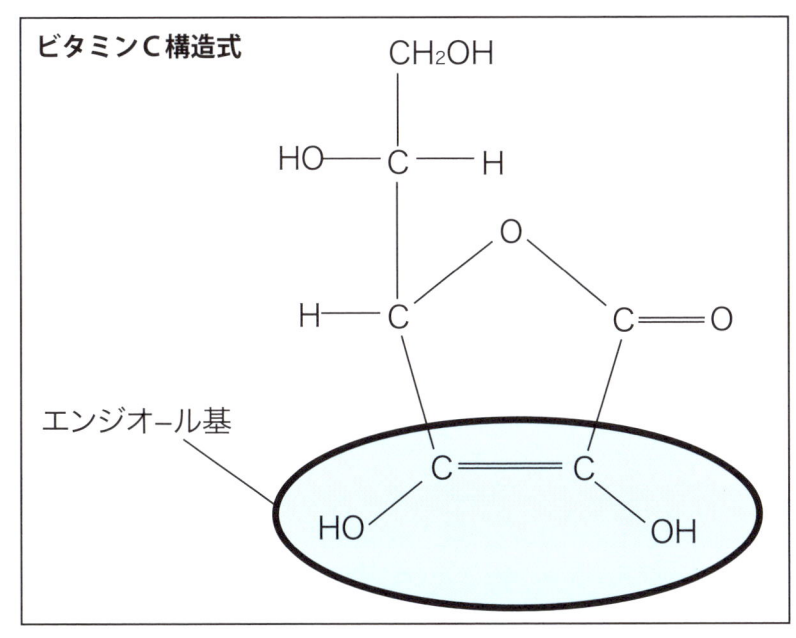

（構造式図）
エンジオール基

ビタミンCによるビタミンEのリサイクル

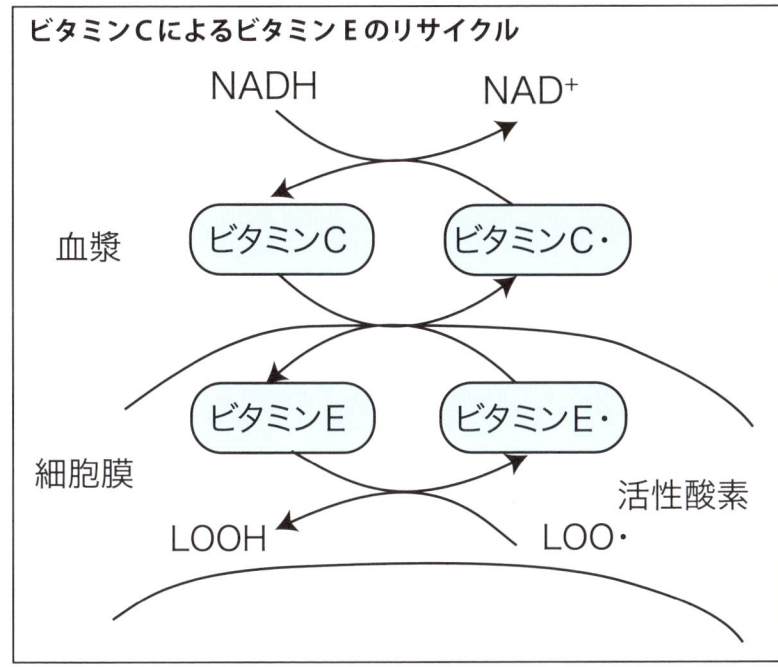

（図：NADH → NAD⁺、血漿のビタミンC／ビタミンC・、細胞膜のビタミンE／ビタミンE・、LOOH、LOO・、活性酸素）

は身体を攻撃し、酸化させてしまいます。

また、ビタミンCは、血中や眼の水晶体に沢山あり、これらの活性酸素を消去してくれます。近年、テレビゲームやパソコン、スマホなど、目を酷使する機会が増えています。沢山のビタミンCで還元しないと、老年性ではなく、若年性の白内障が増えるかも知れません。

更に、ビタミンCは、細胞膜の酸化を還元する為に使われたビタミンEの一種であるトコフェロールやトコトリエノールをリサイクルする働きがあります。ビタミンEの他にも、グルタチオン（解毒作用を持つアミノ酸）やβ-カロチン（ビタミンAの一種）のリサイクルにも関与しています。

・LDLコレステロール酸化の抑制
・カルニチンというアミノ酸の合成促進
・胆汁酸合成の促進

胆汁は肝臓で合成され、脂肪やコレステロールを分解する働きがあります。胆汁酸が分解する脂肪やコレステロール量に足りないと、胆石が出来易くなります。最近では、エコーに映らない胆砂という状態もあります。見た目には石と言うほどのものは無いのですが、実際は全体的に砂が溜まったような状態ですから、肝臓の機能は低下してしまいます。ビタミンCは胆汁酸の合成を促進し、コレステロール胆石の抑制をします。

話は少し逸れますが、日本人は欧米人に比して大腸の長さが長いと言われています。これは、農耕民族である日本人は、昔から野菜類などの食物繊維を沢山食べる為、消化に時間を要するので長

タミンC」から造られます。ですから貧血の人はコラーゲンも造られにくく、アザが出来やすいなどの症状がある方が多いです。これは貧血の時にもお話しましたね。
・酸化されたビタミンEの還元
・抗酸化作用（他の抗酸化物質をリサイクルする）

酵素はエネルギー産生に欠かせない物質ですが、非常に強力な反応体なので、体内で使われる際に活性酸素を発生させます。これらの活性酸素

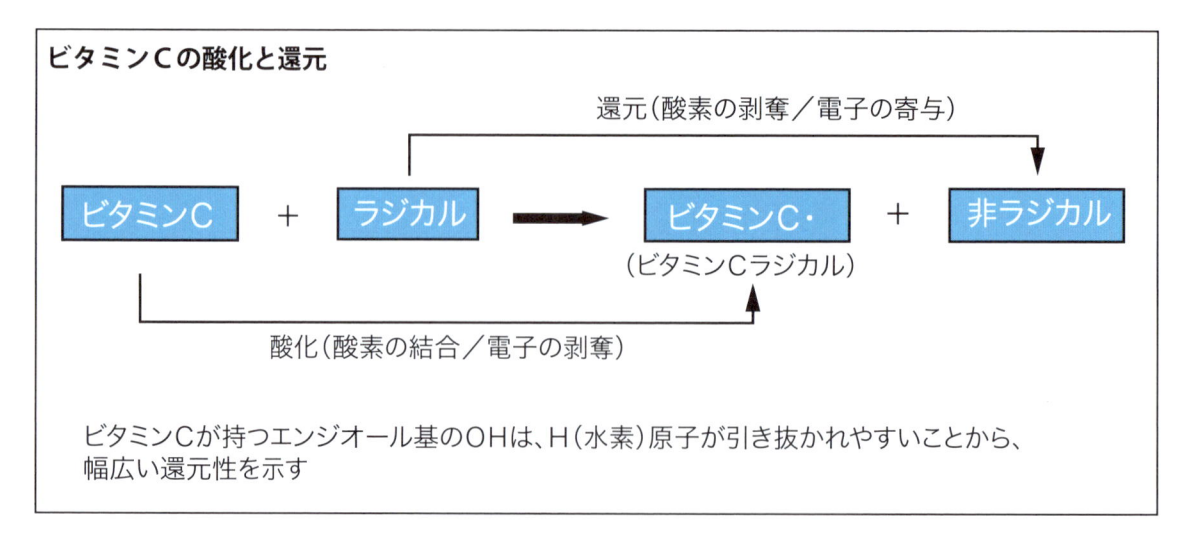

ビタミンCの酸化と還元

還元（酸素の剥奪／電子の寄与）

ビタミンC ＋ ラジカル ⟶ ビタミンC・（ビタミンCラジカル） ＋ 非ラジカル

酸化（酸素の結合／電子の剥奪）

ビタミンCが持つエンジオール基のOHは、H（水素）原子が引き抜かれやすいことから、幅広い還元性を示す

くなったと考えられています。胆汁は脂肪やコレステロールを分解する為に、必要に応じて作られますが、食物繊維は胆汁を吸って体外に排泄させます。その為、日本人の便は昔、胆汁が沢山混じった色"黄金（こがね）色"と言われていました。世界中で便を黄金色なんて表現する国は、まず無いでしょう。現在、食が欧米化し、食物繊維の摂取量が減った日本人の便は、胆汁が余り混じっていない焦げ茶色をしています。食物繊維が少ないと胆汁は排泄されず、リサイクルされます。

また、この食物繊維の少ない便は大腸内に長く存在する為、老廃物がなかなか体外に排泄されずガンの原因となります。戦前は胃ガンが多かった日本人ですが、現在は大腸ガンの方が胃ガンの罹患率を抜いています。これは食の欧米化が原因と言われています。

食物繊維で外に排泄される胆汁ですが、排泄されないとまた肝臓に戻り、リサイクルされます。リサイクルを繰り返す胆汁は、胆石の原因になりやすい、とも言われています。ビタミンCは新しい胆汁を作る手助けをします。

・ウイルス不活化作用、白血球・マクロファージの活性化
・インターフェロン合成の促進・活性促進
・抗ヒスタミン作用（アレルギー反応の抑制）
・メラニン産生の抑制、濃色メラニンの淡色メラニンへの還元

ビタミンCがお肌を白くする、美白の素というのは、よく知られている事ですが、ビタミンCの働きは"カスケード"という使われ方をします。カスケードとは、段々滝（階段状の滝）の事です。滝の上の方の働きに使われた残りが下の働きに使われ、その残りが下の働きに、・・・といった風に使われます。滝の上の方には抗酸化作用やストレス解消などの働きがあり、美白は下の方にあります。最近はストレス社会と言われますが、様々なストレス解消や抗酸化に使われてしまうと、もう残りが無く、美白の分まで回せない、というのが現状です。

ビタミンCが美白に効くと言われながら、ビタミンCを飲んでシミが消えましたと言う方が少ないのはその為です。ストレスに強くなりたい方、美しい肌を保ちたい方、日焼けをよくする方、シミを作りたくない方は、ビタミンCをどんどん摂って下さい。1回に飲む目安は、飲んでも便が緩くならない程度と言われています。私が試したところ、自分の身体では1回に5000mg（5g）まで大丈夫でした。個体差（個人差）20倍ですから何とも言えませんが、一度試してみるのも良いかも知れません。

また、ビタミンCは、せっかく摂っても尿に出てしまうから無駄だ、と言う方がいますが、尿は使われた後の排泄器官です。無駄になったのではありません。

ビタミンCの話で長くなってしまいました。しかし、実はもっと話したい事が沢山あるのですが、ビタミンCだけで終わってしまう訳にもいきませんから、次に進みましょう。

αリポ酸の働き

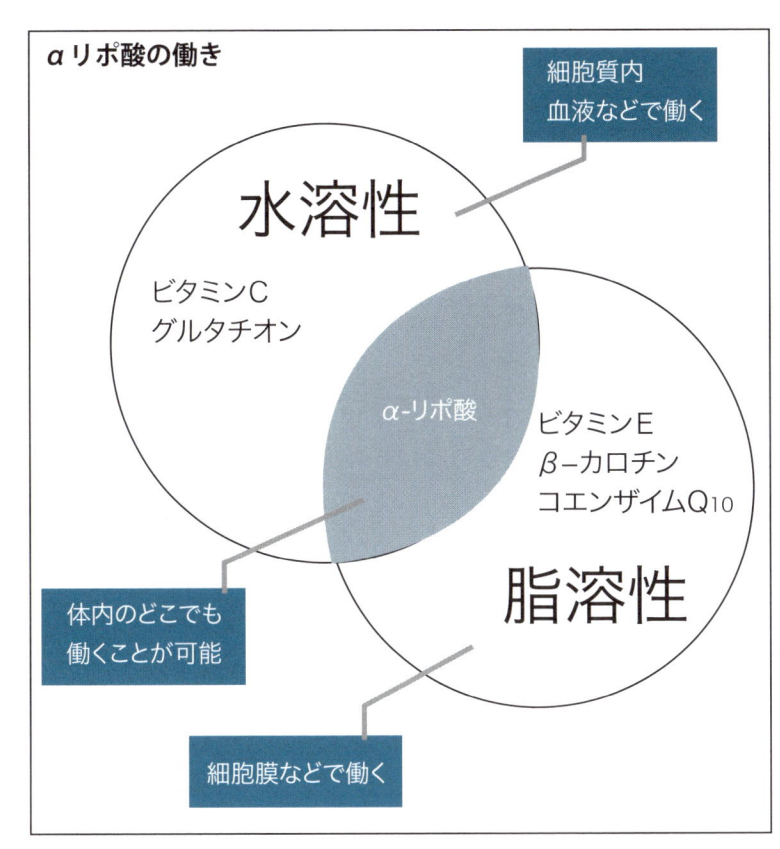

- 水溶性：ビタミンC、グルタチオン（細胞質内 血液などで働く）
- 脂溶性：ビタミンE、β-カロチン、コエンザイムQ10（細胞膜などで働く）
- α-リポ酸：体内のどこでも働くことが可能

水溶性ビタミン② - ビタミンP

果物の皮などに含まれるルチン、ヘスペリジン、ケルセチンなどのフラボノイドの総称をビタミンPと呼びます。
ビタミンPに期待される効果
・毛細血管の強化
・血流改善効果
・LDLコレステロールの低下
・抗アレルギー作用
・免疫力UP

水溶性ビタミン③ - αリポ酸

αリポ酸はビタミンではありませんが、体内で抗酸化物質としてビタミンCと連動して働く、硫黄を含んだ結晶状の物質です。医薬品として、ヨーロッパでは30年以上も前から糖尿病の合併症治療に、日本では肝臓疾患治療剤などに使用されています。2004年6月、厚生労働省の通達によってαリポ酸は医薬品だけでなく、サプリメントとしての使用が認められました。

もともと体内で造られている物質ですが、合成量はごくわずかです。また、加齢と共にその合成量は減少してしまいます。食品にも含まれていますが、その量は少なく、毎日の食事からの摂取量では、「抗酸化物質を活性させる」、「糖をエネルギーに変える」といったαリポ酸の効果を十分に発揮する事は難しいといえます。

ビタミンC等の抗酸化物質を再活性させる

αリポ酸はビタミンCと共に抗酸化物質です。また、還元作用により、一度酸化したビタミンCを元の状態に戻す事が出来ます。ビタミンCだけでなく、ビタミンE、グルタチオン、コエンザイムQ10など、様々な抗酸化物質も再活性させる事が出来ます。

αリポ酸は、水にも油にもなじみ易い性質を持っています。水分が多い細胞の中や血液、脂質を主成分としている細胞膜など、体内の至る所で効果を発揮します。

LDLコレステロールの酸化を防ぎますので、動脈硬化予防にも一役買っています。

脳関門は、脳を守る為に何でも入らない様に作られています。

αリポ酸はこの脳関門を通過できる数少ない物質の1つで、脳内のビタミンCや、神経伝達物質の酸化を抑制してくれます。

免疫細胞の酸化を防ぎますので、ウイルスや細菌などから身体を守り、免疫力を強化します。

イノシトール

イノシトールは、水溶性の糖アルコール化合物で、牛乳や野菜にも含まれます。ビタミンB群の

フォスファチジルイノシトールの構造

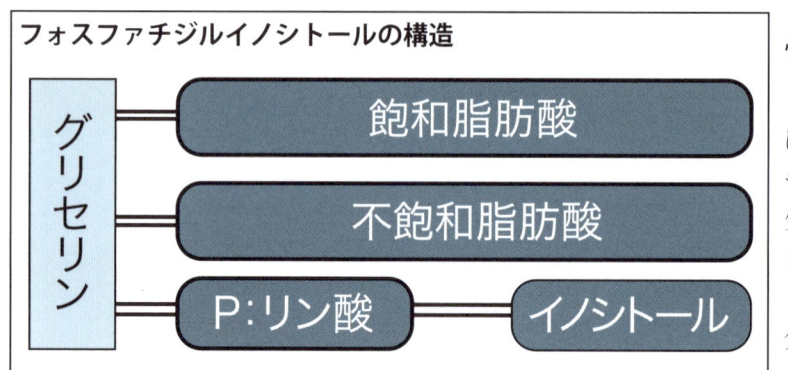

グリセリン — 飽和脂肪酸
グリセリン — 不飽和脂肪酸
グリセリン — P:リン酸 — イノシトール

一種として扱われる事もありますが、実は生体内でグルコースから生合成される為に、一般のビタミンとは区別されます。

細胞の正常な発育に不可欠で、初乳に多く含まれます。その事からも分かりますが、乳児の様に生合成能力が未熟な場合も、摂取が不可欠ですね。

多くの食物に含まれていますが、偏食やストレスが多い場合は、イノシトールの摂取量を増やして下さい。欠乏によって抜け毛が増えるという報告もあります。

脂肪肝にイノシトール

肝臓は、各組織に中性脂肪を供給している為に、いつも脂肪を溜めています。その量は約4%~5%程度です。イノシトールは肝臓から脂肪の排出を促進する働きがありますので、イノシトールが不足すると脂肪肝になり易いという事になりますね。

イノシトールは、脂肪肝の発生を抑えるだけでなく、既に蓄積した脂肪を減少させてくれるという、脂肪肝の予防と治療の両方に効果を発揮します。

また、LDLコレステロールを低下させる働きもあります。

情報伝達がスピーディになる!

体内のイノシトールは、必要に応じて色々な形のフォスファチジルイノシトールという形に生合成され、様々な機能を発揮します。

特に、脳神経系等の細胞膜成分としてのフォスファチジルイノシトールは、情報伝達に欠かせない働きをします。

更に、カルシウム等によって調節される酵素やタン白質が活性化されますので、筋肉の動作が向上したり、細胞の分化が促進したりします。

精神疾患にもイノシトール

情報伝達に欠かせない働きをすることから、SSRI(選択的セロトニン再取り込み阻害剤)に反応する特定の精神疾患の症状が改善された事が報告されています。

・パニック障害
(Levin B.J.et al.(1995)Am J Psychiatry.152,1084-1086)
・うつ症状
(Barak L.J.et al.(1995)Am J Psychiatry.152,792-794)
・強迫神経症
(Levin F.M.et al.(1996)Am J Psychiatry.153,1219-1221)

また、精神疾患にはビタミンB群のナイアシンも必要です。症状の改善に使う場合は、イノシトールと一緒に是非ナイアシンも摂取してみて下さい。

体内におけるトリプトファンの変換と働き

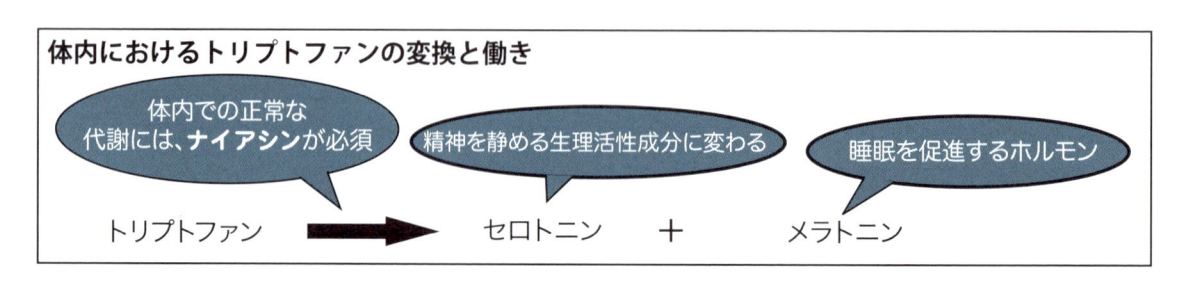

- 体内での正常な代謝には、**ナイアシン**が必須
- 精神を静める生理活性成分に変わる
- 睡眠を促進するホルモン

トリプトファン → セロトニン + メラトニン

第10章 ビタミン—2

脂溶性ビタミン①
ビタミンA（Vitamin A）

　脂溶性のビタミンAは、大量に摂取すると体内に蓄積し、過剰症を起こすという説があります。しかし、肝臓にはステレイトセルという、ビタミンA専用の貯蔵庫があります。なぜなら、足りなくなったら困るからです。

　そしてRPB(レチノールバインディングプロテイン)という、ビタミンA専用のトラックと結合し、TTR(トランスサイレチン)が蓋をして、必要な組織に運ばれます。RBPもTTRも、材料はタン白質で出来ています。つまり、ビタミンAを必要な時に必要なだけ使うには、タン白質が欠かせないのです。ビタミンAは、大切に梱包され、専用会社の車で運ばれるのです。

柑皮症

　冬にミカンを食べ過ぎると、手が黄色くなる方がいます。柑皮症（かんぴしょう）と言われていますが、実はあれは、ミカンに含まれるカロチノイド(クリプトキサンチン等)を沢山食べたのに、タン白質が足りなくて運べない状態です。倉庫にビタミンAが溢れているのです。

　私が指導させて戴いた方の中にも、このような方がいました。これはタン白質の摂取量が足りないのですよ、と説明しますが、よく理解出来ない方はタン白質の摂取量を増やすのではなく、ビタミンAの摂取を控えてしまいます。もちろん、そうすれば黄色くなった手は元通りになりますが、せっかく摂ったビタミンAを有効に使えないのは、もったいない事です。

　では一体、どれくらいが摂りすぎなのでしょうか？　ビタミンAは、WHO(世界保健機関)が生理的効力を示す国際単位(International Unit=IU)で表します。
ビタミンA(全レチノール)の効力：1 I.U.=0.3μg
βカロチンの効力：1 I.U.=3.6μg

　これをmgに直すと、10,000 I.U.=3mgとなります。ビタミンCは1回に1,000mgとか2,000mgとか摂取しますよね？　だとすると、1日に

59

ビタミンA（レチノイド）

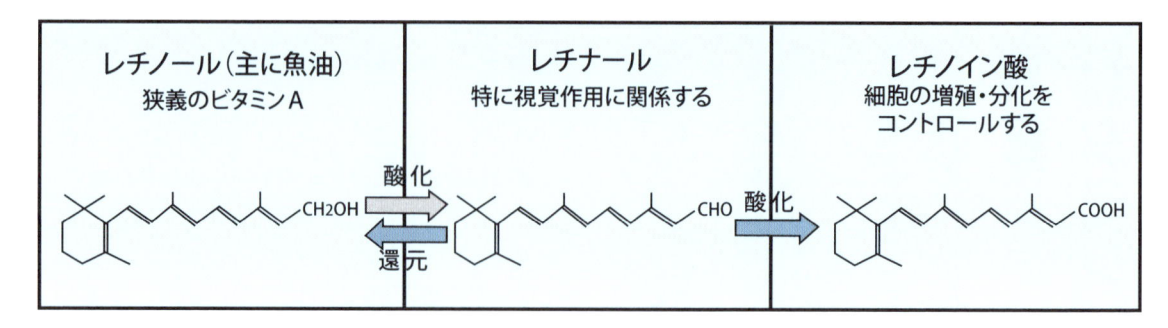

レチノール（主に魚油） 狭義のビタミンA	レチナール 特に視覚作用に関係する	レチノイン酸 細胞の増殖・分化を コントロールする
—CH2OH	酸化 → ← 還元　　—CHO	酸化 →　　—COOH

30,000I.U. 摂ったとしても、大量摂取しているとは言えないでしょう。例えばレバーやウナギ、人参などに含まれる方が、よほど大量です。でももし、こういうものを食べて過剰症になっていたら、毎年土用の丑の日には大変な事になっている筈です。そうならないという事は、実際には過剰症になるほどの量を食べる事は殆どない、という事です。

私はもう20年近く、毎日ビタミンAを30,000I.U.以上摂取し続けていますが、過剰症になった事はもちろんありません。それでも人間は、一度刷り込まれた情報が仮に間違っていると理解しても、最初の情報を捨て切れない生き物です。ですから今でも、ビタミンAのしっかり含まれたサプリメントを殆ど見かけないのは、こういう風評から売れないだろうと考えた販売会社が、作らないからです。

もし、ビタミンAのしっかり含まれたサプリメントを販売している会社が有ったら、それはかなり栄養学をきちんと理解した会社か、全く無知の会社かのどちらかでしょう。まさか後者の会社は無いと思いますが。

ビタミンAの働き

ビタミンAの働きは、大きく分けて3つあります。
①細胞の増殖や分化
人間の身体は60兆個の細胞で出来ています。細胞の集合体であるという事は、身体中どこでもビタミンAが必要だという事ですね。

一つの細胞は分裂して2つになり、その時形を変え、最終的に必要な形に変わって行きます。この事を分化と言います。正しい分化をすれば、必要な形の細胞が必要な数だけ作れるという事になりますね。ビタミンAはこの正しい分化を誘導します。例えば、肌の分化に働けば、キメの整ったスベスベお肌になりますが、不足すると肌荒れが起こります。

コラーゲンの働きに、肌の水分量やハリを保つ、というのがあります。また、ビタミンCはシミを消してくれますし、コエンザイムQ10はシワを薄くしてくれます。ビタミンAはタン白質と結びついて働き、肌のキメを整えます。

何だか美容の話ばかりの感じですが、それだけではありません。

皮膚の細胞、粘膜の細胞、そのどれもが正しい分化をするように働いています。

ですからビタミンAが不足すると肌荒れだけでなく、ニキビ、イボ、ウオノメなどの原因となってしまうのです。酷くなればアトピー性皮膚炎の発症にもつながります。

身体の外にニキビや湿疹が出来るのと同じ様に、粘膜に出来るのがポリープやガンです。粘膜は身体の内側にあり見えにくいので、かなり悪化するまで見つけられない事が多く、注意が必要です。ニキビとガン、というと遠い存在に聞こえますが、どちらもビタミンAが関わっている、と考えると理解し易いですね。

さて、ここで読者の皆さんに質問があります。皮膚は身体の表面を覆っている大きなバリヤーですが、では粘膜はどこにあるでしょう？
口？　鼻？　目？　肛門？

はい、全て正解です。でもそれだけ？　実は粘膜は、身体の穴という穴、どこからでも良いです

が、穴から入った身体の中の全てが粘膜です。口から入って口腔、食道、胃、十二指腸、小腸、大腸、そして肛門を出るまでの粘膜は、身体の表の皮膚と繋がっていますね。

では、胃の中は身体の内側でしょうか？　それとも外側？

よく考えると、「食道の中」、「胃の中」、「腸の中」は、実は身体の「外側」だという事が理解出来ます。身体の中に長い長い空洞が通っているんですね。

ビタミンAは、この空洞を含めた身体の「外側」全てを守ってくれる、大切な栄養素です。皮膚バリヤ、粘膜バリヤはビタミンAの守備範囲です。余談になりますが、食事をして胃の中に食物が入ると、もう自分の身になったと安心するかも知れませんが、胃は食物のストック場所（倉庫のようなもの）です。実は小腸の中（身体の外）から「体内」に吸収されて、初めて身になったと言えます。

②視覚作用

明るい所から暗い所に急に行った時、一時的に目が見えにくくなる事があります。その時、暗さに目が慣れて見えてくる事を暗順応（あんじゅんのう）と言います。ビタミンAは、この暗順応を良くしたり、視力低下を抑制したりします。車を運転される方は良くご存じだと思いますが、夕方の夕陽が眩しい時間帯から、日没になると一転、急に暗くなり始めます。交通課のお巡りさんに「魔の時間」と言われているそうですが、暗順応が悪いと暗さに目が慣れるのに時間が掛かり、急に出てきた歩行者や車への瞬時の対応が遅れ、交通事故が最も起き易くなる時間帯だそうです。

という事は、暗順応の良し悪しが、もしかしたら生死を分ける事になるかも知れません。

大げさな、と思われる方もいらっしゃるでしょうが、先ほどのニキビやポリープも同じ事です。ポリープは良性の腫瘍、ガンは悪性の腫瘍です。良性と悪性を分けるのは、ビタミンCやビタミンEなどの抗酸化物質を普段からどれだけ摂っているか、細胞の分化を誘導するビタミンAをどれだけ摂っているか、生活習慣でどれだけストレスを溜めていないか、などなのです。ローマは一日にしてならず、です。

③ガン抑制作用

粘膜を守り、細胞の分化を誘導する、と来れば、当然といえば当然かも知れません。

福島の原発事故以来、放射能汚染に敏感になっている方も少なくないでしょう。放射線を恐れなければならない大きな理由は、放射線が細胞の核に入り込み、核の中の電子を奪う事です。

ご存知の様に、細胞は電子を2つ持っています。この2つという状態は、細胞を安定させています。細胞は電子を1つ奪われると不安定になります。だから簡単に奪われない様に、細胞の核は固い殻で守られていて、簡単に何でも入れない様な造りになっているのです。しかし放射線は、この核を壊し、中に入り込んで電子を奪うのです。そこで電子を奪われた細胞は、安定する為に他の細胞の電子を奪います。奪った細胞は安定するでしょうが、今度は奪われた細胞が不安定になり、同じ様に他の細胞の電子を奪い、安定しようとします。この様に次々と電子の収奪を繰り返していくと、細胞の正しい分化が出来なくなります。この途中に、正しい分化でないガン細胞がうっかり出来てしまい、それが何年もかけて増殖すると、ガンになってしまうのです。

ビタミンAは、このガン細胞の増殖を抑制してガンを防いだり、今あるガン細胞が正しい分化をする様に誘導し、ガン細胞を小さくしたりします。

何だかガンの話しばかりになってしまいましたね。

では、次に行きましょう。

脂溶性ビタミン② - ビタミンE

トコフェロールとトコトリエノール

ビタミンEは、自然界に多く存在しているビタミンです。

しかし、少しずつ形の違う種類があります。側鎖の違いからトコフェロールとトコトリエノールに分類されます。更に、クロマン環に結合しているメチル基の位置と数によって、トコフェロールとトコトリエノールはそれぞれがα（アルファ）、

β（ベータ）、γ（ガンマ）、δ（デルタ）という4種類に分類されます。

合計するとトコフェロールが4種類、トコトリエノールが4種類の計8種類になります。

トコトリエノールは、ターゲットとなる細胞内へ素早く取り込まれ、機能性を発揮します。つまり、即効性があります。

トコフェロールは持続性がありますので、両方を摂取する事で体内のビタミンE濃度が高濃度で維持されます。

ではビタミンEの働きについて見て行きましょう。

ビタミンEの主な働き

①抗酸化作用
②膜の安定
③ホルモン活性化作用
④血行促進作用

①抗酸化作用

初めにお話しましたα、β、γ、δですが、ヒト体内における抗酸化活性の強度によって、α＜β＜γ＜δと分類されます。体内で生理活性(前述の④)が最も強いのがα型です。

また、抗酸化作用が強いのがδ型です。天然のビタミンEは、αが半分、残りのβ、γ、δが半分の形をしている為、血行促進などの生理活性作用と共に、抗酸化作用があります。

一方、合成のビタミンEは、その大半がα型です。残りのβ、γ、δ型は殆ど入っていませんので、抗酸化作用は殆どありません。

薬局などに行くと、天然ビタミンEと合成ビタミンEの両方が売られています。恐らく価格は全然違うので、安価な合成を買いたくなってしまうかも知れませんが、ビタミンEは天然のものを購入して欲しいものです。血流が良くなるのも大切ですが、ビタミンEの抗酸化は外せません。血行促進は感じ易いですが、抗酸化作用はすぐには感じにくいので、合成ビタミンEの方が効いた気分がするかも知れませんね。

さて実はその他に、天然にも合成にも入らない、天然型というビタミンEがあります。これは、天然ビタミンEの一部を使い、残りは合成のものと合わせています。ですから、α型が半分とはなっておらず、大抵は合成と同じ様にα型が殆どというバランスになっています。

天然型というネーミングは、天然のビタミンEと勘違いしそうですが、実は合成とほぼ同じです。私は、この天然型というネーミングは、消費者をバカにしている様に感じます。

天然型には抗酸化作用は余りない、という事になりますから、やはりビタミンEは「合成」でも「天然型」でもなく、「天然」を選びたいですね。

②膜の安定

細胞膜の働き

細胞はリン脂質という脂で覆われています。脂溶性ビタミンであるビタミンEは、この細胞膜のリン脂質に作用して、膜を安定させます。膜を安定させるとはどういう意味でしょうか？　簡単に

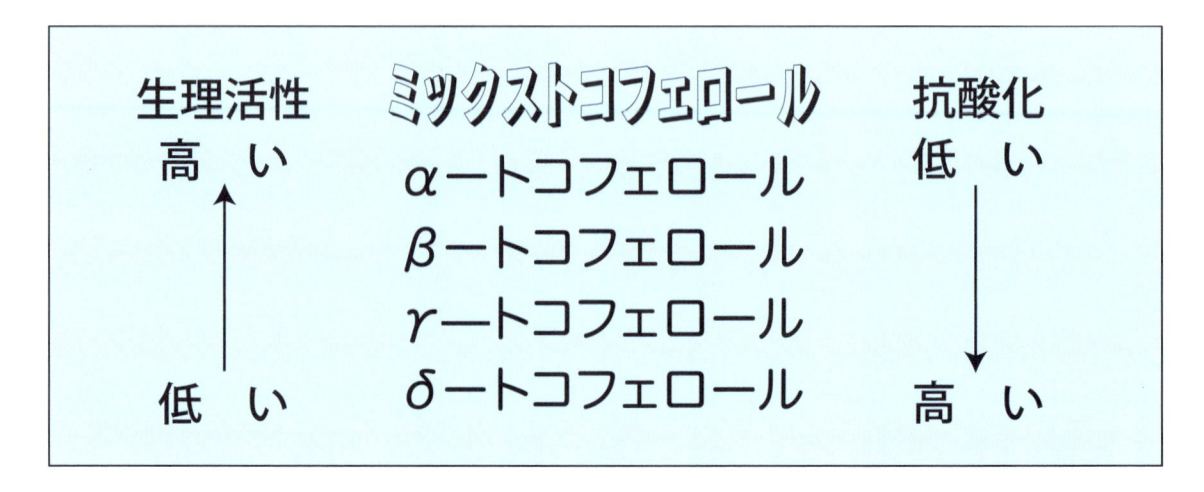

ミックストコフェロール

生理活性　高い ↑ 低い

α－トコフェロール
β－トコフェロール
γ－トコフェロール
δ－トコフェロール

抗酸化　低い ↓ 高い

体内のビタミンE濃度の維持にはトコフェロールとトコトリエノールの同時摂取が大事

ビタミンE同族体は自然界に多く存在し、側鎖の違いによりトコフェロールとトコトリエノールの2種類、さらにクロマン環に結合しているメチル基（R1、R2、R3）の位置と数によってα、β、γ、δに分類される

トコフェロール	トコトリエノール
α－トコフェロール	α－トコトリエノール
β－トコフェロール	β－トコトリエノール
γ－トコフェロール	γ－トコトリエノール
δ－トコフェロール	δ－トコトリエノール

自然界に存在するビタミンE同族体

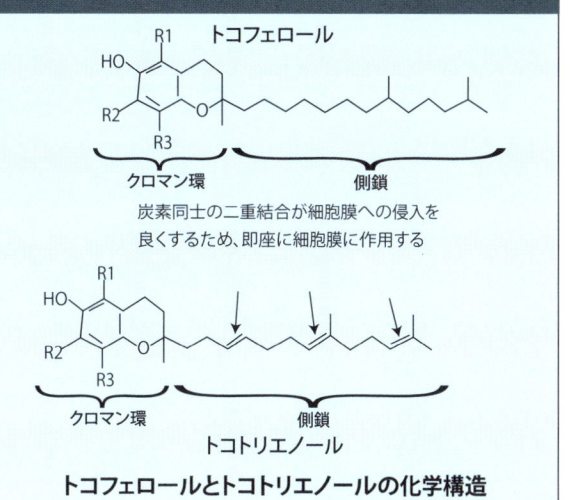

炭素同士の二重結合が細胞膜への侵入を良くするため、即座に細胞膜に作用する

トコフェロールとトコトリエノールの化学構造

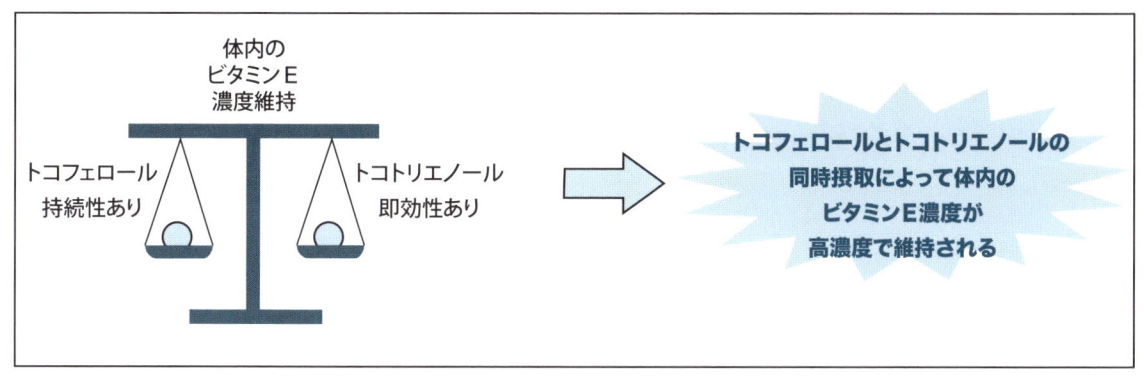

体内のビタミンE濃度維持
- トコフェロール　持続性あり
- トコトリエノール　即効性あり

⇒ トコフェロールとトコトリエノールの同時摂取によって体内のビタミンE濃度が高濃度で維持される

言うと、細胞膜には、細胞の中の栄養や老廃物の出し入れをする、専用の出入り口があり、そのドアが錆び付かない様にしているのがビタミンEなのです。

細胞膜には、次の様な働きがあります。
①物質の移動や情報の伝達を仲介する。
②選択的透過性を持ち、代謝や生合成に関与する。

細胞膜には、それぞれ栄養の専用入り口があります。同時に、老廃物の専用出口もあります。この必要な栄養だけを、専用入り口から選択的に細胞内に通す事を、選択的透過性（せんたくてきとうかせい）と言います。

細胞膜が酸化していると、専用の出入り口の扉が錆びついていた状態ですから、大切な栄養は入る事が出来ず、老廃物もさっさと出て行けません。つまり細胞が元気でいられないのです。

ビタミンEは、出入り口の酸化を防ぎ、細胞を元気にしてくれます。

トコトリエノールはトコフェロールの40倍の膜酸化防止力があると言われています。トコフェロールは膜近くのポケットの様な所に入り、周囲の抗酸化をします。一方トコトリエノールは、膜周囲全部の抗酸化をします。

働き方の違うトコフェロールとトコトリエノールの両方を摂取する事で、お互いが能力を発揮しながら助け合い、相乗効果を発揮します。まるでトップ企業の社員みたいですね。

さっきから膜、膜としつこいですが、赤血球膜もビタミンEが強化しています。赤血球は骨髄で作られ、120日間、体中を巡り酸素を提供しています。赤血球膜が弱いと、120日使われる前に壊れてしまいます。そうすると、中に積んで安全に運ばれていた筈の鉄が、血中にバラバラと出てきてしまいます。道ばたに石がゴロゴロしていたら、他の車は通りにくいですね。血管の中がそんな状態になっているのです。そして赤血球は寿命より

ビタミンE同族体の生理機能

トコフェロール　――→　持続性のある作用　　⇒　トコフェロールとトコトリエノールの同時摂取に
トコトリエノール　――→　即効性のある作用　　　　よって体内のビタミンE濃度が高濃度で維持される

トコトリエノールの生理機能

コレステロール低下作用　　　神経変性疾患予防・抑制
動脈硬化改善作用　　　　　　組織損傷の防止
制癌作用　　　　　　　　　　高血圧予防
赤血球変形能改善効果　　　　脂質代謝の改善
紫外線障害抑制作用

抗アレルギー作用　　**抗酸化作用**　　**むくみ防止 抗炎症作用**

α-トコフェロールの生理機能

生体機能調節
赤血球の溶血防止
血小板凝集・血栓形成抑制作用
筋肉萎縮の予防、その機能の維持・改善
細胞膜・細胞質の機能強化
老化防止
生理不順の改善

γ-トコフェロールの生理機能

高血圧性腎不全、うっ血性心不全の改善
前立腺癌予防作用、利尿作用
しみ沈着の抑制（メラニン合成抑制作用）

早く壊れてしまう訳ですから、どんどん作らなければならず、体内では材料調達が大変です。このような方の血液データを拝見しますと、間接ビリルビン値が高く、壊れた赤血球からこぼれ落ちた血清鉄が高くなります。膜が弱くなる原因は酸化ストレス（ストレスによる身体の酸化）ですが、強化するのは？　そう、もちろんビタミンEですね。

③異物を排除する。
　細胞膜は、主にリン脂質とタン白質で構成されます。ビタミンEは、細胞膜に入り込み、酸化を防ぎながら膜の流動性を維持しています。
　膜の流動性とは、細胞膜のタン白質が膜の間を動き回る事で、これが活発に行われると、細胞は元気でいられる訳です。

④血行促進作用
　スポーツをする人は呼吸量が増えます。激しい運動をすると組織が一時的に虚血状態（血が流れなくなる事）になり、その後、血流が戻ると、体内では活性酸素が発生します。例えば、ヘビーなスクワットをしている時は虚血になり、セットが終わってラックにバーベルを戻すと、血流の再灌流が起こります。この時、活性酸素が発生するのです。
　え〜!!　じゃあ、練習の度にものすごい活性酸素が発生してない？
　実はそうなんです。だからスポーツ選手は、普通の人に比べ、大量の抗酸化物質を必要とするのです。
　運動負荷後の検査でも、しばしばCPKという、炎症を見るデータが上昇している事があります。これは活性酸素などによるストレスで、筋細胞が崩壊する事で起こります。CPKの上昇は、筋肉のビタミンE欠乏を示すと考えられます。皆さんが考えている以上に、身体はダメージを受けているのです。

⑤血栓形成予防
　怪我をしてもしばらくすると血が止まるのは、血液の中に固まりやすい成分があるからです。この成分をトロンボキサンA2と言います。傷口にトロンボキサンA2が集まってきて、土のうの様に傷口を塞ぎ、出血を抑えてくれます。だからトロンボキサンA2は、血管の中でも内壁近くを流れています。でもトロンボキサンA2が増え過ぎてしまうと、血液は固まり易くなり、血栓を作ってしまいます。体内ではトロンボキサンA2が増え過ぎない様に、プロスタサイクリンという酵素が抑制的に働き、サラサラとドロドロのバランスを取っています。ストレスが多い時、また加齢によっても、血液はトロンボキサンA2が増え易く、ドロドロし易くなります。現代社会の人の殆どが、ドロドロし易い事になるかも知れません。ビタミンEは、過酸化脂質を抑制する事により、トロンボキサンA2の作り過ぎを抑制すると同時に、血小板膜の流動性を高めて、血液を流れ易くしています。
　最近、現役の若いスポーツ選手が脳梗塞になったり、突然死をされる話しを耳にします。私は、ビタミンEの多量の摂取が、全てではありませんが、こういった事の予防になるのではないかと思います。

ビタミンEの必要量

　色々お話してきましたが、どのような人がビタミンEを欠乏し易いのでしょう。スポーツ選手、日光を多く浴びる仕事をしている人、喫煙者、大量飲酒者、汚染物質の多い環境、ストレスの多い生活をしている人、不飽和脂肪酸の多い食事、加工食品（特に酸化した油を含む食品）を多く摂る人、等でしょう。単に欠乏症にならない様にする話しはここではしません。予防的な摂取量なら400 I.U.以上、上記の様な生活をしている人なら800 I.U.以上が必要でしょう。

第11章 ミネラル－1

ミネラルとは

元素の中でC、O、H、Nは通常、ミネラルとは呼びません。ですので、１１１ある元素から左記の４つを取り除いた１０７の元素がミネラルとなります。

●ミネラルの分類
・金属ミネラル：鉄、金、銀、銅など
・非金属ミネラル：リン、セレン、ヨウ素など
・類金属ミネラル：ホウ素、ケイ素、ゲルマニウムなど
主要ミネラル：1日の摂取量が100mg以上のもの
微量ミネラル1：1日の摂取量が1mg以上100mg未満のもの
微量ミネラル2：1日の摂取量が1mg未満のもの
微量ミネラル3：必然性が確認されていないもの

ミネラルが必須かどうかを定義するのは、実はとても難しいことです。ヒトに欠乏症が発症して、そのミネラルを補給したら良くなった、という事になれば必須ミネラルとして証明されます。

と、言いましても、欠乏症が見つかっているミネラルの数は少なく、現在は動物実験で欠乏症が見つかれば、ヒトも欠乏しているであろうとみなす事になっています。だから、現時点で必須でなくても、将来必須ミネラルが出てくる可能性は大きいのです。

ミネラル① - カルシウム（Ca：Calcium）

カルシウムは体内に存在するミネラル類の中で最も多く、体重50kgの成人の場合、体内には約1000gものカルシウムが含まれます。

カルシウムというと、まず骨を思い浮かべる方も多いと思います。体内のカルシウムの約99％が、骨や歯の骨組織に、1％が細胞内、0.1％が血液中に存在します。

カルシウムは、ほとんどがイオンの形で存在し

カルシウムの吸収

カルシウムの吸収は、様々な体内の内因性因子や、同時に摂取する食物等の栄養的因子によって影響を受ける

カルシウムの吸収に関与する因子	吸収
体内のカルシウムが欠乏	促進
体内のカルシウムが過剰	抑制
情緒不安定	抑制
加齢・老化	抑制
服薬（H₂ブロッカー等）	抑制
高アミノ酸やペプタイド・乳糖食	促進
ビタミンD（日光・経口）	促進
高リン・高食物繊維・高脂肪食	抑制
高フィチン酸食	抑制

ています。細胞内が1、細胞外が10000という、絶妙なバランスを保っています。

カルシウムの吸収

　カルシウムの吸収は、様々な身体の状態や、同時に食べる物に影響されます。例えば、体内でカルシウムが欠乏している時は、一時的に吸収が促進され、過剰の時は抑制されます。ですから、摂り過ぎは心配せずに、どんどん摂取して下さい。

　カルシウムの不足は、短期間ではっきりとした自覚症状が出ません。ですから、身体の異常に気付いた時には、取り返しのつかない状態になっている事が多いと言えます。

　食品に含まれるカルシウムでも吸収率に差があり、乳製品で約40％、小魚で約30％、野菜で約20％弱と言われています。どの栄養素でもそうですが、食べた栄養の全てが吸収される訳ではありません。沢山含まれているからといって、必要量に足りているとは限らないのです。

　カルシウムの吸収を促進する成分は、牛乳中のカゼインというタン白質成分が分解されて出来る、カゼインフォスフォペプタイド（CPP）や、ビタミンD、乳糖などがあります。牛乳を温めると上澄みの膜ができますが、あれがカゼインです。捨ててしまう方が多いと思いますが、この事を考えると味がどうかは別として、捨てずに食べてしまうのが良いですね。

　カルシウムは胃の中に入ると、胃酸と混じり、イオン化されます。この、イオン化されたカルシウムには、プラスが2個もついている、(Ca++)の形をしています。そして小腸の上部、主に十二指腸で吸収されます。回腸部でも吸収はしますが、効率にはかなり個人差があります。

　と、いうことは、胃の状態がカルシウムの吸収に深い関係がある、という事になります。胃酸の分泌量が低下すると、カルシウムの吸収力も当然、低下します。

　また、カルシウムを含め、ミネラルの殆どは電気的な吸収をします。

　胃酸と混じってプラスが2つ付いたカルシウムイオン(CA++)は、腸の壁を通り抜けて体内に入る為に、電気のプラスを外さなければなりません。

腸の内壁はマイナスに荷電しています。カルシウムのプラスを外してくれるのが、マグネシウムです。マグネシウムによってプラスを外して貰ったカルシウムは、やっと吸収されます。

腸壁にカルシウムがいる時、マグネシウムが無いとカルシウムは吸収されずに便となって身体の外に出て行ってしまいます。沢山カルシウムを摂っても無駄になってしまいますね。もったいない事です。最近のカルシウムサプリメントのほとんどには、そのためにマグネシウムを入れています。15年程前まではカルシウムとマグネシウムのバランスはCa2：Mg1と言われていました。しかし、ストレスなどでマグネシウムは簡単に失われてしまい、現代社会ではマグネシウム不足が著しくなっているため、最近の文献では1：1くらい必要と言われる様になって来ました。ススんでいるサプリメント会社は、もう1：1で発売し始めています。

その他に、活性型ビタミンD3は、小腸上皮細胞の核に直接作用し、CBP（カルシウムバインディングプロテイン）という、カルシウム吸収専用のタン白質を作り出し、カルシウムの吸収を助けます。

カルシウムとマグネシウムはブラザーミネラル

マグネシウムの話が出たところで、少しマグネシウムの話をします。

血中のカルシウム量が低下すると、骨の中のカルシウムが出て来て、筋肉細胞に入り込みます。これが止まらずに血中平滑筋や骨格筋内にカルシウムがどんどん入り込むと、血管は縮み易くなり、肩こりや痙攣、高血圧の原因となります。ですから、血中のカルシウム量が低下しない様に、カルシウムをどんどん食べましょう。口から入ったカルシウムが増えれば、骨から出す必要は無くなります。

また、ストレス負荷などでカルシウムとマグネシウムのバランスが乱れると、ほとんどのマグネシウムは細胞から流れ出し、そのマグネシウムを失った組織細胞にカルシウムが侵入します。ストレスで高血圧が起こるのは、こういう理由です。この様に、カルシウムとマグネシウムはいつもバランスを保ちながら、体内の調節を行っています。そのため、ブラザー（兄弟）ミネラルと言います。

カルシウムパラドックス

カルシウムの摂取が不足すると、血液中のカルシウム濃度が下がります。カルシウムは、"動かす"という大きな働きがあります。皆さんが寝ている間も心臓を動かしてくれているのは、カルシウムの大きな仕事です。

血中カルシウム濃度が下がって心臓が止まってしまっては困りますから、血中カルシウム濃度は常に一定に保つ様に、細かなチェックシステムがあります。では、足りないカルシウムはどこから持ってくるのでしょうか？　そう、貯金してある骨から出すのです。先ほどのマグネシウムのところをしっかり読んでいた人は、答えが書いてありましたから、分かりましたよね。

さて、話を戻します。でも、足りないといって、しょっちゅう貯金を使っては、貯金は目減りしてしまいますね。ホルモンがカルシウムの出納をチェックして、使い過ぎないようにしているのですが、女性の場合は女性ホルモンが行います。閉経すると女性ホルモンは出にくくなりますから、女性は閉経後のカルシウム摂取量を増やさないと、気づかない内に骨からどんどんカルシウムを使ってしまっているかも知れません。これが骨粗鬆症です。

また、更年期になってエストロゲンという女性ホルモンの分泌が減ると、骨の吸収と形成の連携が乱され、破骨細胞（骨を壊す細胞）の作用が異常に亢進されます。腰のまがったおじいさんより、腰の曲がったおばあさんの方が多いのは、そういう訳です。

血中カルシウム濃度が下がった時、骨から取り出し血中に補填されたカルシウムは、骨に戻す事が出来ません。一度切り崩した定期預金を、"使っただけ戻すから継続して"と言っても出来ないのと同じです。骨に戻せないカルシウムは、血中をぐるぐる巡って、柔らかい組織に溜まります。軟骨に溜まれば関節痛、血管の内壁にくっ付けば動脈硬化の原因になります。このように、カルシウムは足りないはずなのに、体内にカルシウムが溢

れたかのような状態になる事を、カルシウパラドックスと言います。昔は、このような状態を発見した医師が"あなたはカルシウムの摂り過ぎだから、カルシウムの多い食品を余り食べ過ぎないように"と言う事もあったようです。今ならそれは間違いだと、皆さんは良く分かりますね。

骨とカルシウム

骨は、骨基質（タン白質）と骨塩（カルシウムとリン）から成り立っています。特に骨基質の材料には、動物性のタン白質が必要です。

世の中にある色々な食事法の中には、動物性タン白質を極端に制限する方法もある様ですが、このような勉強をしていると、私はそれをとても疑問に感じます。

骨は、主にコラーゲンやコンドロムコタン白で出来ている骨基質に、カルシウムとリン酸塩が骨塩（ヒドロキシアパタイトという水酸化物）として沈着して作られます。コンクリートの柱に強化タイルを貼った様な構造です。骨カルシウムは、骨格を作る他に、カルシウムやリンのストッカーでもあります。血中カルシウムが低下すると、副甲状腺ホルモンが中心となって骨からカルシウムを引き出して来ます。これを骨吸収と言います。吸収といいながら、実は骨からカルシウムが溶け出しているのですから、余り危機感の無いネーミングですね。

反対にカルシウムが補給され充足すると、その一部はまた、骨塩の形成に使われます。これを骨形成と言います。

皆さんは、骨は生まれた時から同じ骨がずっと変わらずにあると思っているかも知れませんが、骨吸収と骨形成は、いつも同じくらいずつ作り替えられています。この、作ったり壊したりする事を、スクラップドアンドビルドと言い、スクラップド（壊す）細胞を破骨細胞、ビルド（作る）細胞を骨芽細胞と言います。成人でも全骨格の３～５％は常にスクラップドアンドビルドが繰り返さ

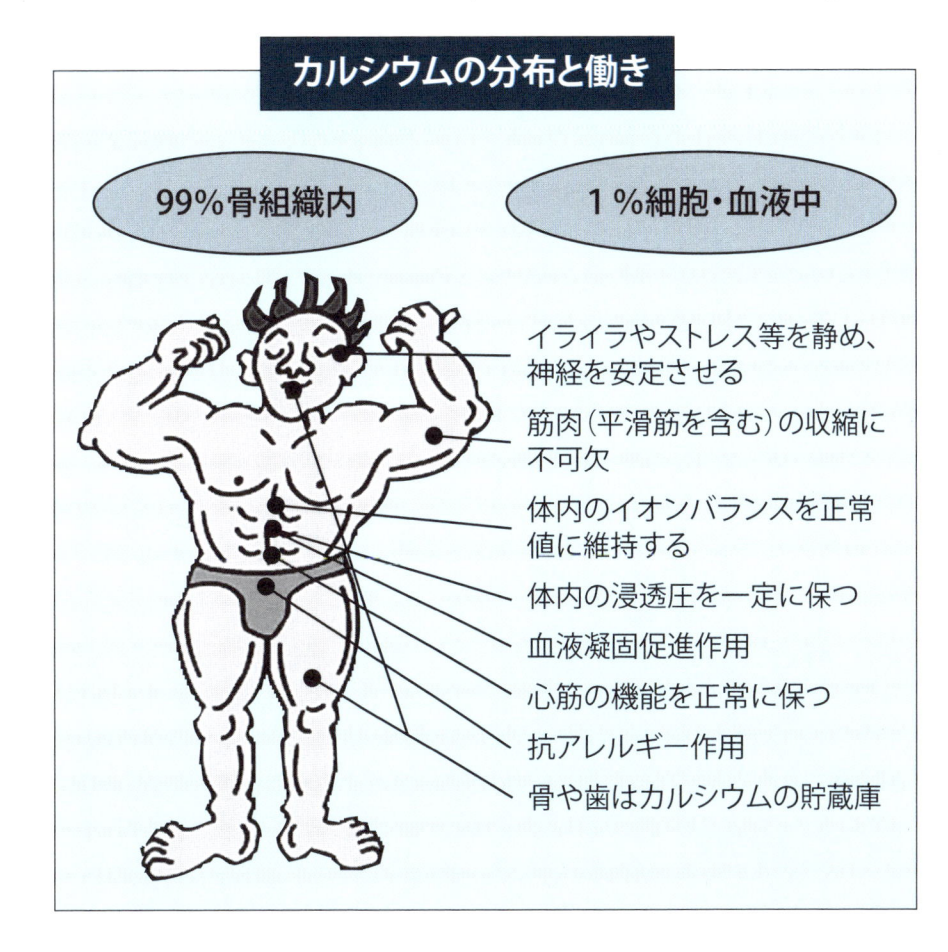

カルシウムの分布と働き

- 99％骨組織内
- １％細胞・血液中

- イライラやストレス等を静め、神経を安定させる
- 筋肉（平滑筋を含む）の収縮に不可欠
- 体内のイオンバランスを正常値に維持する
- 体内の浸透圧を一定に保つ
- 血液凝固促進作用
- 心筋の機能を正常に保つ
- 抗アレルギー作用
- 骨や歯はカルシウムの貯蔵庫

カルシウムの動態と調節メカニズム

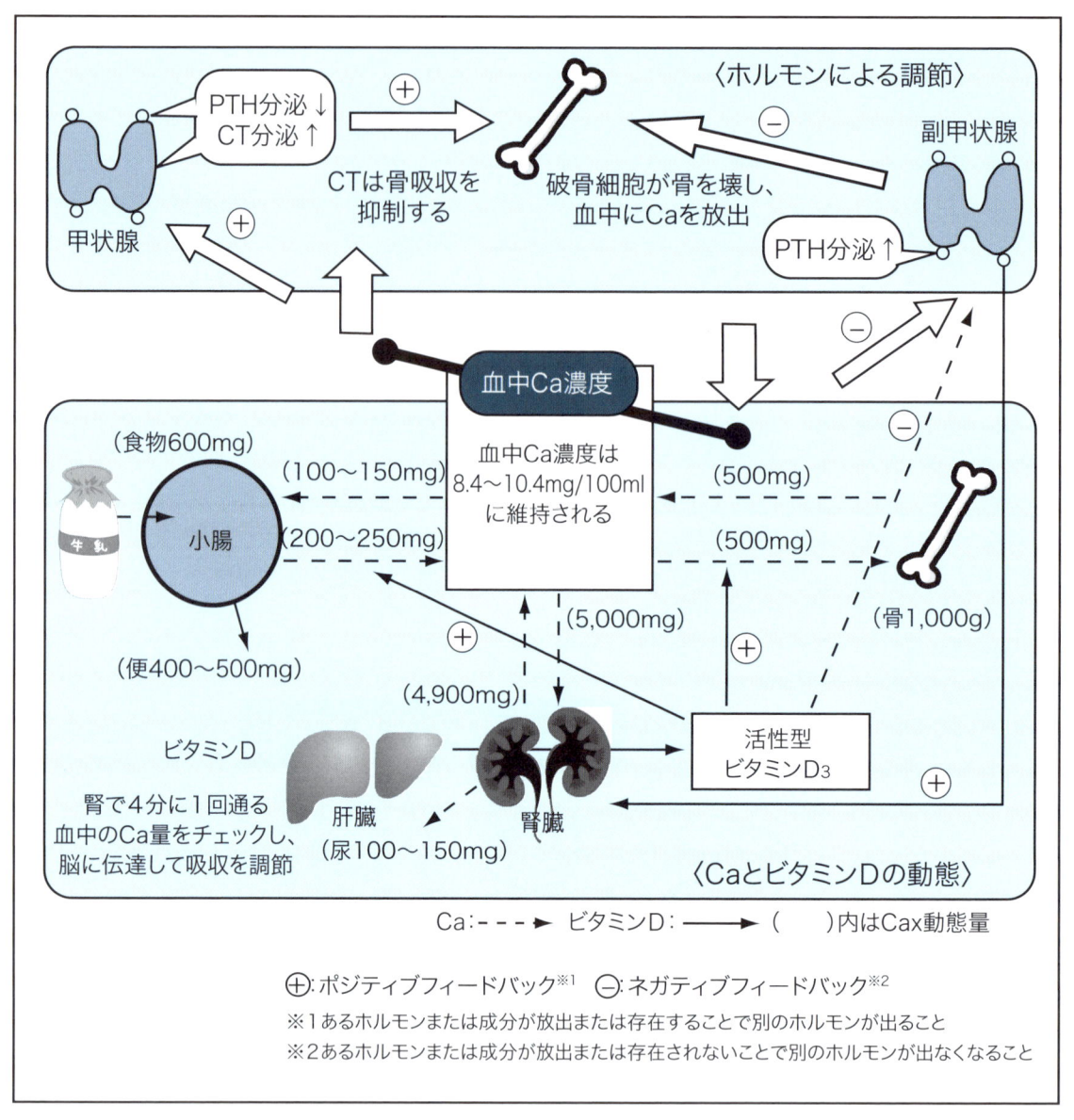

〈ホルモンによる調節〉

PTH分泌↓
CT分泌↑

CTは骨吸収を抑制する

破骨細胞が骨を壊し、血中にCaを放出

PTH分泌↑

甲状腺　　副甲状腺

血中Ca濃度
血中Ca濃度は8.4〜10.4mg/100mlに維持される

（食物600mg）
（100〜150mg）
（200〜250mg）
（500mg）
（500mg）
（5,000mg）
（4,900mg）
（骨1,000g）
（便400〜500mg）
（尿100〜150mg）

小腸　　肝臓　　腎臓　　活性型ビタミンD₃

ビタミンD
腎で4分に1回通る血中のCa量をチェックし、脳に伝達して吸収を調節

〈CaとビタミンDの動態〉

Ca：----　ビタミンD：——　（　）内はCa✕動態量

⊕：ポジティブフィードバック※1　⊖：ネガティブフィードバック※2
※1 あるホルモンまたは成分が放出または存在することで別のホルモンが出ること
※2 あるホルモンまたは成分が放出または存在されないことで別のホルモンが出なくなること

れています。

骨芽細胞は、いつもある訳ではなく、骨の幹細胞が、作り替えが必要な時だけ出て来て、分化（変身）して出来ます。他にもビタミンDやビタミンKなどが深く関わっています。分化といえば、それを誘導してくれる分化誘導ビタミンはビタミンAです。この様に、骨を作り、強化するには、様々な栄養素が必要ですが、意外に知られていません。

カルシウムの必要量

毎日失われるカルシウムは、糞便中に約100mg、尿中に約130mg、汗による排泄で約30mg、合計すると一日で約260mg無くなります。腸からの吸収率を約50％と考えると、理論上は一日520mgの摂取で足りる事になります。日本では一日の所要量は600mgですが、カルシウムの腸管吸収率が50％という根拠はありません。あくまで理論上の話です。

日本の土壌は多くが火山灰地のため、カルシウムの含有量は少ないと言われています。そういう土壌で育つ野菜や果物のカルシウム含有量も当然、他国より少なく、実際のところ、カルシウム

は日本人に最も不足しがちなミネラルとなっています。ですから、所要量の600mgすら充足するのは実は簡単ではないのです。

所要量とは、あくまで必要最少量です。多くの研究者達は、健康レベルの維持には800mg必要だと言っています。しかし、トップアスリートを目指す皆さんなら、やはり1000mg以上摂るべきと、私は考えます。

カルシウムを一日1000mg摂取するには通常の食事に加えて、サプリメントで特に補給したい栄養素です。

★成長期

健康維持と別に、骨の成長に必要です。発育維持量は男子が13〜14歳、女子が10〜15歳がピークとなります。この時、男子は900mg、女子は700mgで最高所要量を示します。補給の目安は、300〜400mgですが、ナトリウムやリンを多く含んだジャンクフード（スナック菓子など）を食べると、カルシウムの吸収率は著しく低下します。

学校帰りにお腹が空いたからといって、コンビニで菓子パンやジュースを食べていては、カルシウムはどんどん奪われてしまうのです。

★成人

骨量がピークに達する25〜30歳までに、出来るだけ多くのカルシウムを骨に貯蔵しておく事が、骨粗鬆症を引き起こさない為に重要です。

ピークに達した後、骨量はしばらく安定していますが、40〜50歳頃から1年に0.3〜0.5%ずつ減少して行きます。特に女性は、閉経前期から10年間は、1年に2%〜5%という早さで失われて行きます。男性の必要量プラス500mgくらいの上乗せ摂取が必要でしょう。

骨量の維持には、男性は男性ホルモン、女性は女性ホルモンが関係します。また、アルコール、コーヒーの過飲、運動不足、高カロリー摂取などの生活習慣も関係しますので、心当たりの方は、今からでも修正を試みて下さい。

老人性骨粗鬆症は大腿骨頸部骨折や脊柱圧迫骨折の危険が高まります。閉経後の女性は特に注意して下さい。

★妊婦

妊娠中は、母胎から胎児へ、総量として約30mgのカルシウムが移行します。出産後の母乳には一日約230mgのカルシウムが分泌されます。

ですから、ご自身の健康維持量に加えて、胎児の必要量、そして出産、母乳に備えてカルシウムを備蓄しておく必要があります。アメリカ国立衛生研究所（NH）は、1996年の勧告で、妊婦は一日1200〜1500mを確保する事が望ましいと言っています。そのためには、普通の食事だけでは確保出来ないので、カルシウム補給剤やサプリメントなども使うようにと指導しています。

ある歯科医の先生から聞いたことがありますが、「妊娠すると歯が悪くなる」と言います。妊娠、出産を経験された方は、ご自身の身体でよくご存知だと思います。そのくらい、胎児にはたくさんのカルシウムが必要なのです。

妊婦高血圧が懸念される方は、一日2gの摂取を心がけて下さい。

★糖尿病

糖尿病は、排泄される尿中に糖が含まれています。このような尿の事を、高浸透圧尿（こうしんとうあつにょう）と言います。高浸透圧尿は、糖が邪魔をして電気が通りにくくなっています。

身体の中で使われ、腎臓から膀胱に尿をためる時に通る管を、腎尿細管（じんにょうさいかん）と言います。腎尿細管では、様々な栄養素をリサイクルするために、電気的な濾過をします。しかし糖尿病の方の高浸透圧尿は電気を通しませんから、濾過出来ずに使い捨てされてしまいます。この、栄養タップリの尿には、当然カルシウムも含まれています。糖尿病の期間が長引けば長引く程、栄養欠損は深刻になって行きます。

これで糖尿病の方は、アスリート並みに栄養が必要だと、想像出来ますね。

糖尿病だけでなく、慢性関節リウマチ、大腸ガン、認知症、腎結石など、カルシウムが関係する病気は多いです。

骨はリモデリング（再構築）を繰り返す

{ 土台となるタンパク質（コラーゲン）VC,Fe
石灰化に欠かせないミネラル（カルシウム、リン）

①PTHや活性化ビタミンD_3によって骨芽細胞が活性化され、破骨細胞に情報が伝達される

②破骨細胞が土台を壊していく（骨吸収）

③骨芽細胞が骨基質を分泌し、壊された土台を石灰化させる（骨形成）

骨芽細胞　情報伝達　破骨細胞　骨芽細胞

土台となるタンパク質

最後に

　カルシウムは"動かす"という仕事をする大事な栄養素である性質上、血中濃度は常に一定を保っています（足りなくなったら、骨から出して使います）。ですから、血液検査データでカルシウムの値は、いつも殆ど変わりません。では、カルシウムの不足を知るデータは、どれなのでしょう？

　骨の状態を知るOC（オステオカルシン）やucOC（低カルボキシ化オステオカルシン）などを見るのも一つですが、余り調べない数値かも知れません。ALB（アルブミン）は、カルシウムと連動して下がりますが、実はアルブミンが下がって来るのは、カルシウムがかなり不足してからで、時間差があります。

　一番分かり易いのは、ミネラルの数値の中で、一番敏感に反応するカリウムを見る事でしょう。カリウムが不足していたら、カリウムだけでなく、ミネラル全体、もちろんカルシウムも不足していると考え、早めの摂取を心掛けて下さい。

　また、カルシウムは吸収が悪い栄養素の一つですから、多め、多めの摂取をする事が大切です。

第12章 ミネラル-2

ミネラル② - マグネシウム

　マグネシウムは身体には欠かせない必須ミネラルの一つです。

　お豆腐を作る時に使う、にがりがマグネシウムですね。その名の通り、苦い味がしますので、加工食品では取り除かれる事が多い栄養素でもあります。最近はミネラル豊富な天然塩が多く販売されていますが、天然塩にはマグネシウムが含まれています。また、硬水と言われる輸入品のミネラルウォーターも、マグネシウムが含まれています。日本製のミネラルウォーターの殆どは、軟水と言われるミネラル分が余り無い水です。この事からも、日本人はマグネシウムが欠乏し易い民族だと言えるでしょう。しかし、私の住む沖縄の水は硬水です。だから私は、高い輸入ミネラルウォーターは買わず、なるべく水道水を飲む様にしています。また、マグネシウムは、先進国ほど摂取が難しい栄養だとも言われています。

　余談ですが、美味しい紅茶は硬水で淹れるんだそうです。紅茶葉の苦味、渋み等の美味しさが軟水だと上手く引き出せないんだそうです。軟水系の地域では、輸入品の高いミネラルウォーターを買って淹れないといけませんが、沖縄は安い水道水で美味しい紅茶が飲めるので、紅茶派の私はとっても幸せです。

　体内のカルシウムは約半分が骨に、残りの半分が筋肉、脳、肝臓などの軟組織に存在します。マグネシウムは、細胞膜や小胞体膜上にあり、カルシウム専用出入り口であるカルシウムチャネルを活性化させる働きがあります。つまり、カルシウムが細胞内に入り過ぎない様に調節してくれるのです。カルシウムが細胞内に入り過ぎると、筋肉の痙攣、脳血管の痙攣や高血圧を引き起こします。マグネシウムは「天然のカルシウム拮抗剤」と呼ばれ、細胞内のカルシウム濃度を調節してくれます。

　有酸素系など発汗が多いスポーツでは、こまめに水分補給をしますが、その際にカルシウムとマグネシウムを摂取しておくと、けいれん予防になります。

カルシウムチャネルでのマグネシウムの生理学的カルシウム拮抗作用

マグネシウムは細胞膜や小胞体膜上に存在するが、カルシウムの細胞内への流入を抑制するカルシウムチャネルを活性化させる。カルシウムが過剰に細胞内に流入すると、筋痙攣、脳血管の痙攣および高血圧等を引き起こすが、マグネシウムは『天然のカルシウム結合剤』と呼ばれ、細胞内のカルシウム濃度を調節する働きがある

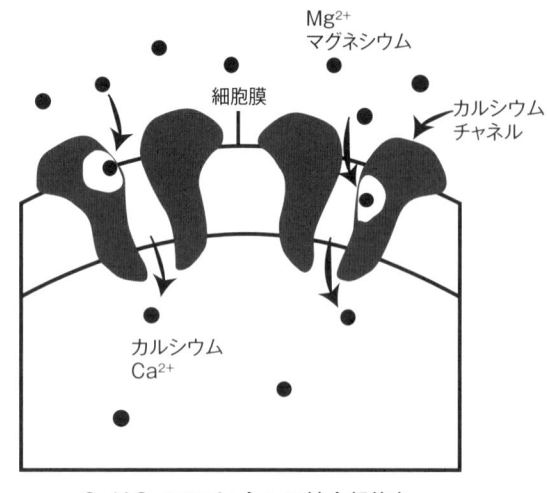

CaはCa^{2+}のチャネルの結合部位を通じて細胞内へ流入する

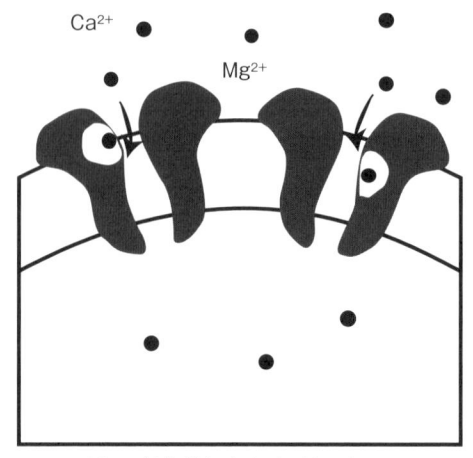

Mg^{2+}が多量に存在すると、Ca^{2+}結合部位でMg^{2+}と結合し、Ca^{2+}の流入が抑えられる

マグネシウムとその他のミネラルの代謝

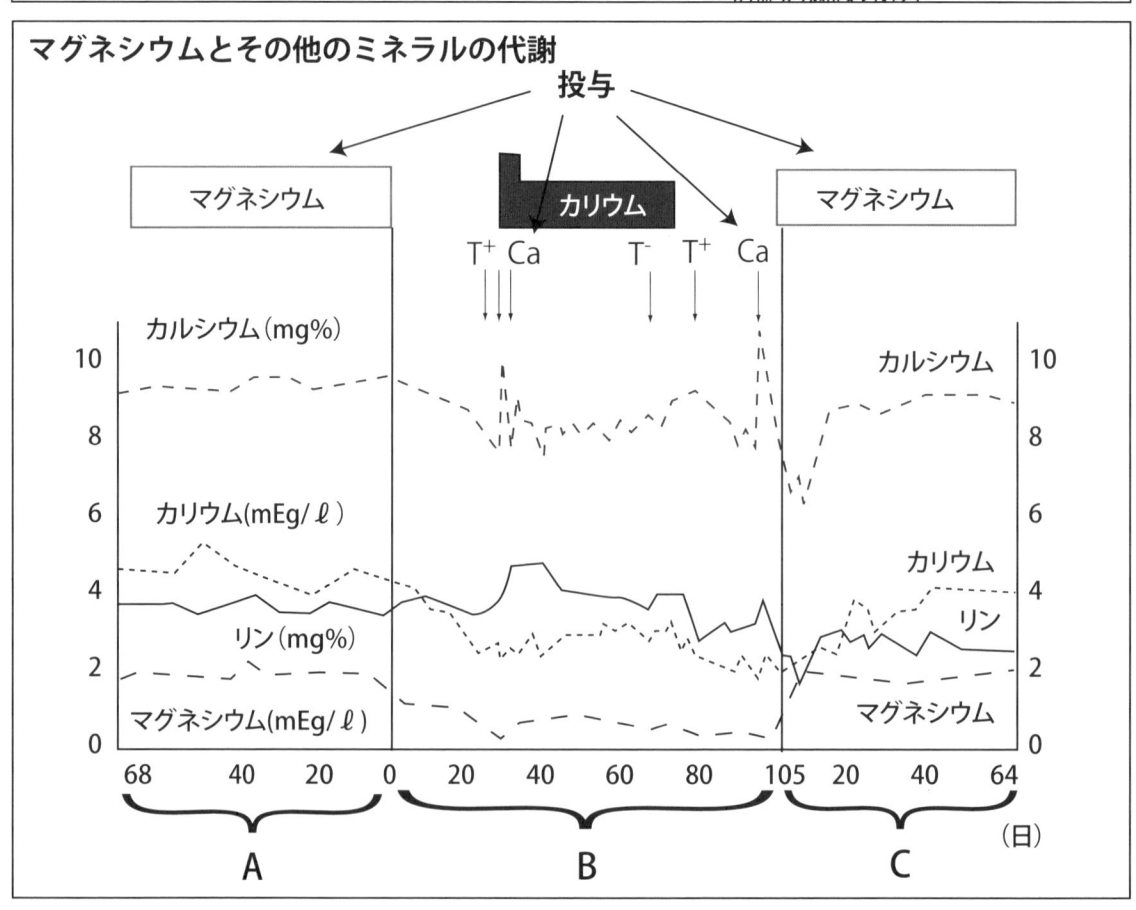

マグネシウムの欠乏は、多くの慢性疾患の元

最近の報告によりますと、現代の日本人はマグネシウムの欠乏が顕著だそうです。元々、日本の土壌は火山灰土でミネラルが少ないので、摂取量が不足しがちです。でも、ストレスやアルコールの飲み過ぎ、精製加工食品の食べ過ぎや薬剤服用等も大きな原因となります。

なるべく自然の物を食べる、むやみに薬を飲まない、お酒を飲み過ぎない、ストレスを溜めない様にするなど、普段からの生活習慣に注意する事で、マグネシウム欠乏は随分防げると思います。しかしそれでも、スポーツ選手は欠乏しやすいでしょう。摂り過ぎより、不足を疑って下さい。

マグネシウムの代謝

マグネシウムは300種類以上もの酵素反応に関わっています。また、カルシウム以外のミネラルも、マグネシウムが連携して調節しています。ですからマグネシウムがしっかりあるという事は、体内で行われる様々な代謝をスムーズに行えるという事です。

マグネシウムの補給を停止した場合に、その他のミネラルがどの様な反応をするか調べた実験があります。マグネシウムを補給している間は正常値が保たれていましたが、補給を止めると、その他のミネラルの血中濃度が乱れました。特に補給を止めて30日頃からカルシウム、カリウムの濃度が下がって行き、筋肉の痙攣が起こりました。そこで、カルシウムの静脈注射を行いましたが、カルシウムの血中濃度は一時的にしか回復せず、再度低下して行ったのです。

マグネシウムの補給を停止して105日目にマグネシウムの補給を再開すると、約10日後には、その他のミネラルの血中濃度が正常値へと戻りました。

この様に、マグネシウムは体内のカルシウム、カリウム、リンなどの血中濃度と深く関係しています。これは、この本の中でも何度か言いました、ホメオスターシス（生体恒常性）の働きです。

マグネシウムやカルシウムは、腎臓から膀胱に尿を送る尿細管という管で再吸収してリサイクルされています。ストレスがあると、交感神経が活性化され、このリサイクルシステムをブロックしてしまいます。マグネシウムやカルシウムは再吸収出来なくなり、そのまま排泄されてしまいます。つまり、使い捨てとなる訳です。

ストレスがあると、「排泄は増える、吸収は悪くなる」ですから、身体中の栄養バランスを崩す大元ですね。ストレスは、栄養と反対に「溜めてはいけない」ですね。

ミネラル③ - カリウム

カリウムは生命活動を営む上で最も基本的なミネラルで、体内には約3,000mEq ※存在します。

カリウム不足チェックリスト（該当項目が多い方は不足している可能性が大きい）

生活パターン	症状や生活パターン
新鮮な野菜や果物を毎日は食べていない	よく下痢・嘔吐をする
塩分の多い食事をよく食べる	寝ている時に足がよくつる
加工食品やファストフードをよく食べる	利尿剤・下剤・ステロイド剤を服用している
アルコールを多く飲む	高血圧気味である
汗をよくかく	糖尿病家系である
成長期である	ストレスを多く感じる

バランスの取れた食生活を送っていれば、カリウムが不足する事は稀です。でも、現代人の食生活やライフスタイルでは、カリウム不足に陥りがちです。
※ mEq(milli equivalents=ミリ当量)：組織液（溶液）中に溶けているイオン（溶質）の濃度を表す単位の一つ。原子量を電荷で割ったものが当量。Na+やK+など、1価のイオンでは1 mmol = 1 mEq。mol数というのは物質の相対的な量を表す単位で、炭素12ｇに含まれる元素数に等しいだけの粒子数からなる物質の量を1molとしている。

体液は水溶液であり、溶媒（溶かしている物質）は水。溶質（溶けている物質）はイオンやタン白質。mol濃度は溶液1リットル中に溶けている溶質の量をmol数で表したもの。

肉類や新鮮な野菜、果物など、多くの食品にカリウムが含まれています。だから、カリウム不足は余り重要視されていません。

しかし、カリウムは、体内のイオンバランスの維持には不可欠なミネラルで、実はとっても重要なミネラルですが、ストレスやジャンクフードの摂取等で不足し易くなります。ストレスもジャンクフードも、現代人の生活には切っても切れない縁がありますね。ですからカリウムも充分な補給が必要でしょう。

カリウムとナトリウムはブラザーイオン

カルシウムとマグネシウムがブラザーミネラルと呼ばれるのと同様に、カリウムとナトリウムはブラザーイオン呼ばれ、細胞内外のイオンバランスを保ったり、浸透圧（しんとうあつ）の維持に関わっています。

カリウムとマグネシウムは細胞の内部に多く、カルシウムとナトリウムは細胞の外に多く存在します。

これらのイオン分布は、細胞膜に存在するナトリウムポンプ（ナトリウム専用の排出口）によって作り出されます。また、カリウムは、常時開放されているカリウムチャネルを出入りしています。出入りすると言っても、ゆっくりとしたスピードです。この様に、ミネラルはそれぞれがバランスを保ちながら、専用出入口を通って調節されています。

カルシウムとマグネシウムの体内バランスは2：1ですが、ナトリウムとカリウムのバランスは5：2です。

カリウムの体内調節

食事から摂取されたカリウムは、小腸の上部で大半が吸収されます。そして、摂取量の80～90％が腎臓から排泄されます。

カリウムは腎臓の糸球体という所でいったん濾過されます。その後、腎臓から膀胱に送る尿細管という管の所で再吸収され、吸収されなかった分だけが排泄されます。この濾過と再吸収の過程で、体内のカリウム濃度が調節されています。その他には、腸液として大腸から便中に、汗として皮膚から、それぞれ排泄されます。

> **忘れられがちなカリウム**
>
> 肉類や新鮮な野菜や果物等、多くの食物にカリウムは含まれるため、カリウムの不足はあまり重要視されていない
>
> しかし、カリウムはストレスやジャンクフードの摂取等で不足しやすく、また体内のイオンバランスの維持には不可欠なミネラルであるため、充分な補給量が必要である
>
> **実はとっても重要なミネラル！**

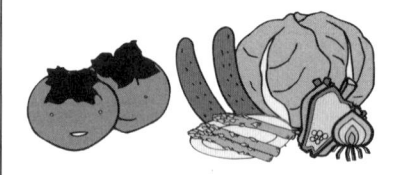

イオン細胞内外からのイオンバランスの移動

●正常な細胞の営みには細胞内外のイオンバランスが重要

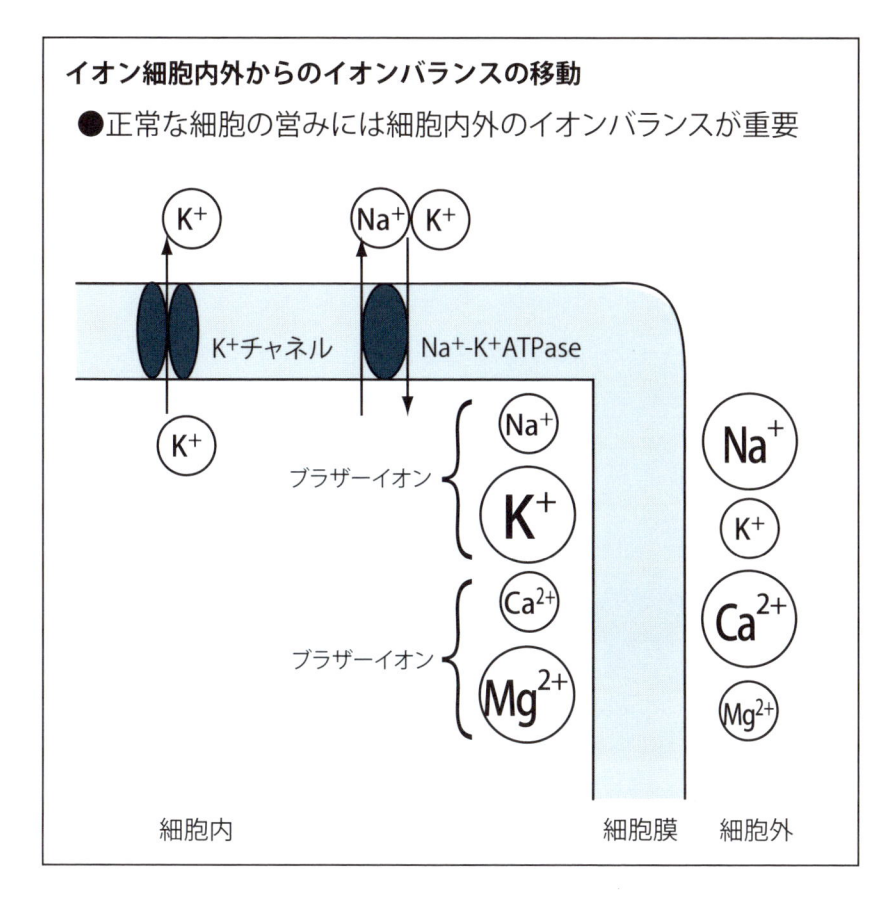

また、カリウムは筋肉中に貯蔵されます。筋肉量が減るとカリウムの金庫も減るので、カリウムの体内貯蔵量は低下します。筋肉の痙攣などが見られ、強い筋疲労を感じる時は、カリウムの補給不足が原因の場合も少なくありません。特に夜、寝ている時の筋痙攣（こむらがえり）は、カルシウムだけでなく、カリウムも摂取してみて下さい。当然の事ながら、高齢者は筋肉量が少ないですから、カリウムが欠乏し易いという事になります。

カリウムもストレスに弱い！

ストレスがあると、アルドステロンというホルモンが分泌されます。アルドステロンが分泌されると、ナトリウムを体内に溜め込み、カリウムの尿中排泄を促進させます。ストレスが更に掛かると、今度はアルドステロンの分泌は抑制されるのですが、ナトリウムの尿中排泄は増大して、脱水状態になってしまいます。

利尿剤等を服用すると、カリウムの排泄は増えます。漢方薬の中には、利尿効果が書かれていなくても入っている事が多く、漢方薬を飲んでいる方もカリウムの尿中排泄が増えます。スポーツによっては利尿剤がドーピングと見なされる種目がありますから、利尿剤だけでなく、漢方薬の服用には注意が必要です。

また、ステロイド剤や、肝炎の治療に使われるグリチルリチン製剤などによる肉体的酸化ストレス（ストレスによる身体の酸化）が原因でも、尿中に排泄するカリウム量が増えます。

ストレスがある時、薬を飲んでいる時は、カリウムが減っていると思い、積極的に摂取を心がけて下さい。

血圧の調節、水分バランスの調節

カリウムは、腎臓や尿細管で排泄量を調節すると言いましたが、ナトリウム量も同じ様に調節しています。この、カリウムとナトリウムの調節により、むくみ防止、降圧効果を持ちます。高血圧の方で、ナトリウム感受性高血圧（ナトリウムに反応して血圧の上がる人。特別な検査で分かりま

す）の方は、カリウムをしっかり摂ると安定する事が多いようです。

しかし、多くのむくみの場合に、タン白質不足が関係しています。タン白質不足が関係しているむくみは、手や脚だけに起こる事が多い様です。これは、心臓から一番遠い手の先や脚から血液を持ち上げて心臓に戻す力が不足する為で、そのポンプ機能は、タン白質が行うからです。「脚がむくむから」と言って水分摂取を控える方がいますが、原因を理解し、タン白質を摂取して下さい。実は、カリウムは細胞内リボソーム上でのタン白質合成や、腎臓での核酸、タン白質などの高分子化合物を安定化させるなど、タン白質の代謝にとても関係しています。

平均的な成人では体重の60％が水分（体液）です。しかし、脂肪組織には重量の20％しか水分がありません。肥満の方は水分割合が少ないという事になりますね。水分割合が少なくなる＝水分バランスが悪くなる、つまり、むくみの原因になります。肥満の方に減量指導をすると、最初にこの水分バランスが調節されてむくみがなくなり、体重が3kgくらいすぐ落ちたりします（これは脂肪の減少ではありませんので、ダイエットの始めにスッと3kgくらい痩せたからと言って、正しい意味での「減量」とは言いません）。

カリウムの摂取量

カリウムの所要量は、15歳以上では3,500mg/日とすることが望ましいとされています。カリウムの1日当たりの便中排泄量は約400mg、尿中排泄量は200～400mgと言われています。その他に汗などでも失われるのですから、1日800mgの摂取では体内カリウム貯蔵量はマイナスとなり、血漿カリウム濃度の低下が起こってしまいます。血漿濃度で、そのミネラルの欠乏がダイレクトに分かるのは、唯一カリウムだけです。他のミネラルは生体恒常性（ホメオスターシス）で血中濃度を一定に保とうとしているので、かなり欠乏が起きない限り、血液データには現れません。

逆を言えば、血液データにカリウム欠乏が見られ、他のミネラルは正常値の場合、実はカリウムだけではなく、総合的にミネラル欠乏が考えられる、という事です。

成人は、平均的に2,000mg/日は確保して下さい。腎臓機能が正常であれば、カリウムはかなり大量に摂取しても安全である事が認められています。

カリウム摂取基準

年齢（歳）	所要量(mg) 男	女
0～（月）	500	
6～（月）	700	
1～2	900	
3～5	1100	
6～8	1350	1200
9～11	1550	1400
12～14	1750	1650
15～17	2000	2000
18～29	2000	2000
30～49	2000	2000
50～69	2000	2000
70以上	2000	2000
妊婦	+0	
授乳婦	+500	

（第6次改訂「日本人の栄養所要量」）

第13章 ミネラル–3

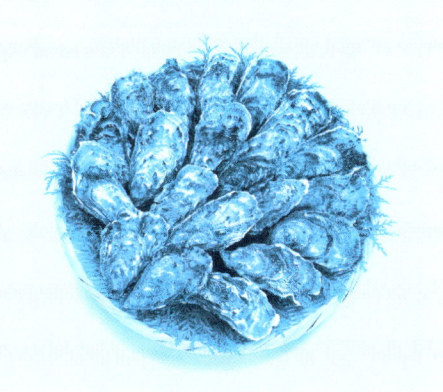

ミネラル④ - 亜鉛

　鉄は貧血の時にお話しましたので、今回は鉄とブラザーミネラルの亜鉛についてお話しましょう。

　亜鉛が沢山含まれている食品といえば牡蠣。牡蠣はＲの付く月に食べろと言われますが、秋から春にかけての寒い季節が食べごろですね。

　現代人の食生活は亜鉛不足がひどいと言われます。亜鉛は味覚や嗅覚を活発にしてくれます。匂いに鈍感とか、味オンチとかいう症状がある方は、亜鉛不足を疑って下さい。

　しかし、匂いに敏感か鈍感か、味が分かりづらいかどうか等は目に見えません。周りの人とも比較するのが難しく、意外にひどくならないと気づかないものです。味覚の場合は、濃い味に嗜好が変わって来たら、かなり怪しいと言われています。

　亜鉛は精子の元を作ります。不妊症の原因には、精子が元気じゃないとか、精子の数が少ない、など男性に原因がある場合もありますが、不妊治療には女性一人で婦人科を訪れる方も多く、男性の不妊症は気がつかない事があります。これも他の人と比較する事が難しいですね。不妊治療をされる時は、カップルで婦人科を訪れて欲しいものです。

亜鉛がたくさん使われている組織

① 酵素
　亜鉛は、マグネシウムに続いて体内の様々な代謝を支える70種類以上もの酵素の活性部位となり、体内の種々の働きを円滑に行っています。

② ホルモン
　亜鉛は、糖代謝に関係する酵素、インスリンの合成や分泌に関係します。また、成長ホルモン産生にも関与しています。また、女性は女性ホルモンの作用を高め、男性はテストステロン（男性ホルモン）の合成や精子の形成、活動に不可欠です。

③ プロスタグランディン
　プロスタグランディンとは、ホルモンに似た働きをする生理活性物質です。ホルモンは脳から命令され、ある臓器で作り、別の場所に運ばれて使

亜鉛不足チェックリスト
該当する□をチェックしてみよう！　多い方は亜鉛が不足している可能性大！

症状	症状や生活パターン
皮膚が乾燥する	風邪を引きやすい
アトピー性疾患が気になる	成長期なのに身長が伸びない（子供）
怪我・傷の治りが遅い	最近精力の衰えを感じる（男性）
抜け毛が気になる	ストレスを多く感じる
以前と同じ物を食べても、味が薄く感じる	加工食品やファーストフードを多く食べる
爪が変形したり、割れやすくなった	アルコールを多く飲む

われますが、プロスタグランディンはそんな遠い所で作られるのではなく、必要な細胞の細胞膜で（必要な時に）作られ、使われていらなくなったらその場で消えます。つまりとても即効性がある物質です。

亜鉛はこのプロスタグランディンの代謝に関与しています。

④ 細胞膜

亜鉛は細胞膜、特に赤血球の膜の安定化に関与しています。細胞膜には沢山の受容体があり、栄養が入ったり老廃物が出たりして、細胞は常に元気を保っています。亜鉛はこの細胞膜の受容体や酵素の機能調節にも関与しています。

⑤ 免疫

亜鉛は、免疫細胞の膜の安定化に関与していることから、感染症の予防にも効果を発揮します。

鉄と亜鉛はブラザーミネラルと言われています。それは常にお互いがバランスを保ちながら体内で働いているからです。鉄欠乏性貧血の方は、鉄と同時に亜鉛も不足しています。生理前に肌トラブルが起こり易い方は鉄だけでなく、亜鉛不足が考えられます。

カルシウムやマグネシウム、カリウムなどのミネラルがバランスを取っている事はお話ししましたが、亜鉛は鉄だけでなく、銅ともバランスを取っています。ストレスがあると体内の銅／亜鉛バランスは、瞬間的に変わるそうです。減ってしまった亜鉛の分だけ、銅の量が急増します。

亜鉛もストレスで?!

現代人は、健康面のみならず、仕事や家庭で様々なストレスを抱えています。激しい運動も肉体的ストレスといえます。また、ダイエットなどによる精神的ストレスがかかると、亜鉛の尿中排泄が増えます。体重制の競技や、美しさを競うスポーツでは、競技会が近づくと練習量の増加プラス減量という二重のストレスがあります。その上、減量で栄養不足にもなりますから、二重どころか三重のストレスとも言えるでしょう。

その他に亜鉛が欠乏する原因を上げてみましょう。

① 摂取不足・吸収障害

加工食品や精製食品は亜鉛含有量が低いです。また、アルコール性肝臓疾患、膵臓疾患、消化器疾患の人は亜鉛の吸収が悪いです。

野菜などの食物繊維に含まれるフィチン酸によっても吸収が阻害されます。これは鉄も同様です。

② アルコールの過剰摂取（飲み過ぎ）

アルコールを分解する酵素であるアセトアルデヒド脱水素酵素の活性には亜鉛が欠かせません。お酒を沢山飲む人は、亜鉛をどんどん使ってしまいますので、慢性的な欠乏状態にあるといえます。

③ 薬物の服用

体内の不必要な物をくっつけてくれると言われているキレート剤ですが、実は必要な物もくっつけてしまいます。他に抗痙攣剤、利尿剤、ステロイド剤などの服用や塗布、人工透析などでも亜鉛が欠乏します。

忙しくて加工食品の摂取や外食が多い上、会社ではストレスが多く、仕事が終わってからはついつい飲酒、最近血圧が高いと降圧剤（利尿剤）を処方されてます、なんて生活をしている方は、間違いなく亜鉛欠乏ですね。もし不妊に悩んでいるのなら、男女に関係なく原因は、このような生活習慣かも知れません。

さて、これからお話ししますミネラル類は、微量ミネラルの分類に入ります。1日の必要摂取量が100mg以上のものを主要ミネラルと呼びます。今迄お話ししたのは主要ミネラルです。これからお話しする、1日の必要摂取量が100mg未満のものを微量ミネラルと呼びます。これにつきましてはざっくりお話ししますが、決して必要でない訳ではありません。体内で行われる様々な代謝の調節には、多数の微量ミネラルが総合的に働いています。

ミネラル⑤ - 銅

銅の働き
・体内の活性酸素を無毒化する酵素の補酵素として働きます。
・コラーゲン等の結合組織がくっつく時に必要な酵素の補酵素として働きます。
・赤血球の生成に不可欠です。
・免疫細胞の活性作用があります。

銅が欠乏すると…
・抗酸化力の低下→身体が酸化します。
・血管や骨がもろくなる。
・貧血になる。
・免疫力の低下→風邪にかかりやすい、ものもらいが出来易いなど、感染しやすくなります。

主な亜鉛酵素

酵素の種類	酵素の働き	酵素欠乏による障害
炭酸脱水酵素（カルボニックアンヒドラーゼ）	体内における二酸化炭素を水素イオン重炭素イオンに変換する(体液・血液の平均pH7.35〜7.45)	体液と血液のpHのインバランス
アルカリホスファターゼ	骨を形成する骨芽細胞に多く含まれ、骨代謝に関与する	骨の形成が抑制され、骨粗鬆症の原因となる
タン白質代謝に関わる酵素	カルボキシペプチターゼやプロテアーゼ等	タン白質の分解が抑制されるため、アミノ酸に分解されず、吸収されない
糖代謝に関わる酵素	アルドラーゼ、コハク酸脱水素酵素等	糖代謝が抑制されるため、エネルギー産生不足や疲労が蓄積する
核酸代謝に関わる酵素	RNAポリメラーゼ、DNAポリメラーゼ、チミジンキナーゼ等	核酸代謝が抑制されるため、遺伝子情報の伝達に障害が起こる
アルコール脱水素酵素（アセトアルデヒド脱水素酵素）	アルコールの代謝	アルコール代謝が抑制されるため、アルコールが分解されず、二日酔いや急性アルコール中毒症を起こす
乳酸脱水素酵素	乳酸の代謝	乳酸の代謝が抑制されると、肩こりや筋肉痛の原因となる
Cu-Zn SOD（Cu-Znスーパーオキサイドジスムターゼ）	活性酸素の消去	活性酸素の消去が抑制されると、体内の酸化が進み、様々な疾患や老化を促進させる

主要ミネラルと微量ミネラル

1日あたりの必要量	ミネラル名	成分として含まれる生体内活性物質の一例	多く含まれる食品の一例
1mg以上100mg未満	鉄	ヘモグロビン、酵素	レバー、ひじき
	亜鉛	酵素	牡蠣、ゴマ
	銅	酵素	牡蠣、ナッツ類
	マンガン	酵素	全粒穀類、ナッツ類
1mg未満	ヨウ素	甲状腺ホルモン	海藻類
	セレン	酵素	カツオ、イワシ
	モリブデン	酵素	大豆、落花生
	コバルト	ビタミンB$_{12}$	わらび、ひじき
	クロム	GTF	海藻類、イワシ

1日の必要摂取量が100mg以上のものを主要ミネラルと呼び、カルシウム、マグネシウム、カリウム等はこれに分類される。1日の必要摂取量が100mg未満のものは微量ミネラルに分類されるが、いずれも体内では重要な働きを持つ

ミネラル⑥ - マンガン

マンガンの働き
・ミトコンドリアに沢山あります。
・体内で発生する活性酸素（ガンの元）を無毒化する酵素の補酵素として働きます。
・骨の代謝に不可欠です。
・血管を保護するムコ多糖類（ネバネバ物質の一種）が作られる時に必要です。
・エネルギー代謝に不可欠です。
マンガンが欠乏すると…
・抗酸化力の低下→身体が酸化します。
・血管や骨がもろくなります。
・コレステロールが作られにくくなります。→色々なホルモンが出にくくなります。

ミネラル⑦ - セレン

セレンの働き
・体内で発生する過酸化水素（ガンの元）や、細胞膜・生体膜中の脂の酸化を防いでくれるグルタチオンパーオキシターゼに不可欠です。
・有毒ミネラルの水銀を無毒化する働きがあります。
・甲状腺ホルモンを活性化させます。
・精子の働きを活性化させます。
セレンが欠乏すると…
・抗酸化力の低下→病気にかかり易く、また一度かかったら重くなる事が多くなります。

- 心筋障害
- ストレス増加による様々な症状
- 成長・発育障害
- 精子の働きが低下→不妊

ミネラル⑧ - クロム

クロムの働き
　クロムはビール酵母などに含まれます。
- 血糖値を正常にさせます。
- コレステロールや中性脂肪など、脂質の代謝に関与します。

クロムが欠乏すると…
- インスリンの働きが悪くなります。→中性脂肪を沢山作り、痩せにくくなります。
- LDLコレステロールや中性脂肪が増え、HDLコレステロールが減ります。→メタボリックシンドロームになります。

　生まれたての赤ちゃんの血中クロム濃度は、世界中ほぼ一定です。しかし、成人の血中濃度は途上国に比べて先進国がとても低くなります。これは自然食と近代食の違いからだと考えられています。

　ビタミンCは、クロムの吸収を促進します。主に尿から体外に排泄されますが、毛髪中にも排泄されます。毛髪中のクロム量は、体内含有量を反映すると言われています。砂糖、ブドウ糖や果糖などの単糖類、二糖類の多い食事はクロム排泄量を増やしてしまいます。

ミネラル⑨ - ヨウ素

ヨウ素の働き
- 甲状腺ホルモンに欠かせません。
- 健康な皮膚や髪の成長に欠かせません。
- 基礎代謝を上げます。
- 幼児の成長には特に必要です。

ヨウ素が欠乏すると…
- 成長障害を起こします。

ミネラル⑩ - モリブデン

モリブデンの働き
- 肝臓や腎臓にある補酵素をサポートします。
- 有害物質の分解を助けます。

モリブデンが欠乏すると…
- 痛風になります。

ミネラル⑪ - コバルト

コバルトの働き
- ビタミンB 12の構成成分です。その為、造血など貧血の予防に働きます。
- 神経の働きの正常化に必要です。

コバルトが欠乏すると…
- 悪性貧血を引き起こします。
- 神経障害を引き起こします。

体内の元素分布

96％は酸素(O)、炭素(C)、窒素(N)、水素(H)
→ 筋肉、臓器、血液、毛髪、酵素等

4％はミネラル（無機質）
→ 骨、歯、補酵素等

第14章 生物性成分—1

EPA（Eicosapentaenoic Acid ＝エイコサペンタエン酸）

　極寒の地に生活し、アザラシなどの海獣の肉や魚を常食としているイヌイットには、先進国で増加している動脈硬化など、循環器系の生活習慣病がほとんど見られませんでした。後年、デンマークの生活文化がイヌイット達にも入り込むようになると、イヌイットもデンマーク人と同じように動脈硬化が見られるようになりました。

　デンマークの学者ダイエルバーグは、「イヌイットは特別な体質なのかと思っていたが、もしかしたら食習慣の違いではないか」と仮説を立て、血液成分を比較したところ、イヌイットの血液にはエイコサペンタエン酸がとても多く、反対に肉食中心のデンマーク人には殆ど含まれていない事が分かりました。(Dyerberg J. et al.(1978) Lancet 2(8081)117-119)。アザラシは大量の魚を食べる動物で、イヌイットはアザラシを捕まえた直後、その場で腹を裂き、新鮮な内蔵を食べるのです。これにより魚に含まれる大量の新鮮なエイコサペンタエン酸が摂取出来る事になります。

　日本でも同じ様な研究として、千葉大学のグループが、千葉県下の農村と漁村の食生活と健康状態を調べた結果、魚介類をたくさん食べている漁村に循環器系の生活習慣病が少ない事を突き止めています（Tamura Y. et al. (1986) Prog in Lip res.25 (1-4) 461-466)。魚油に含まれるエイコサペンタエン酸が血液の粘性を下げ、サラサラにするという事が分かったのです。

　肉類に含まれる脂と魚介類や植物油に含まれる油は、その分子の形が違うように、名前や働きも違います。肉類に含まれる脂は飽和脂肪酸と言います。冷えると固まる性質がありますので、バターやラードなどが冷蔵庫で固くなっているのが想像できますね。

　一方、魚介類や植物油に含まれる油は不飽和脂肪酸と言い、冷えても固くなりません。サラダオイルなどの植物油が冷蔵庫から出してもそのままサッと使えるのが想像出来るでしょう。この飽和脂肪酸と不飽和脂肪酸の摂取割合は１：１が望ま

エイコサノイド※は必要なだけ体内で生成される

```
ステアリン酸 → オレイン酸 → エイコサトリエン酸 → ロイコトリエン₃
                ↓酵素
γ-リノレン酸 ←酵素─ リノール酸 ─酵素┄→ α-リノレン酸（シソ油）
   ↓酵素              ↓酵素              ↓酵素
ジホモ-γ-リノレン酸 ─酵素→ アラキドン酸    EPA（エイコサペンタエン酸） ←→ DHA（ドコサヘキサエン酸）
   （1系）COX・LOX  （2系）COX・LOX（4系）  （3系）COX・LOX
```

DHAはエイコサノイドの前駆体ではなく、それ自身で生理活性を持つ

プロスタグランディン（PG）、トロンボキサン（TX）、ロイコトリエン（LT）等といった生体機能の調節に働く不飽和脂肪酸の代謝産物エイコサノイド

エイコサノイドは、必要に応じて体内でごく微量が生成され、生成された局所で作用し、速やかに消失する

┄┄→ ヒトには存在しない触媒酵素
COX：シクロオキシゲナーゼ（酵素）
LOX：リポキシゲナーゼ（酵素）

※エイコサノイド：体内で様々な生理活性作用を示すホルモン様物質である

エイコサノイド前駆体となる不飽和脂肪酸の合成経路

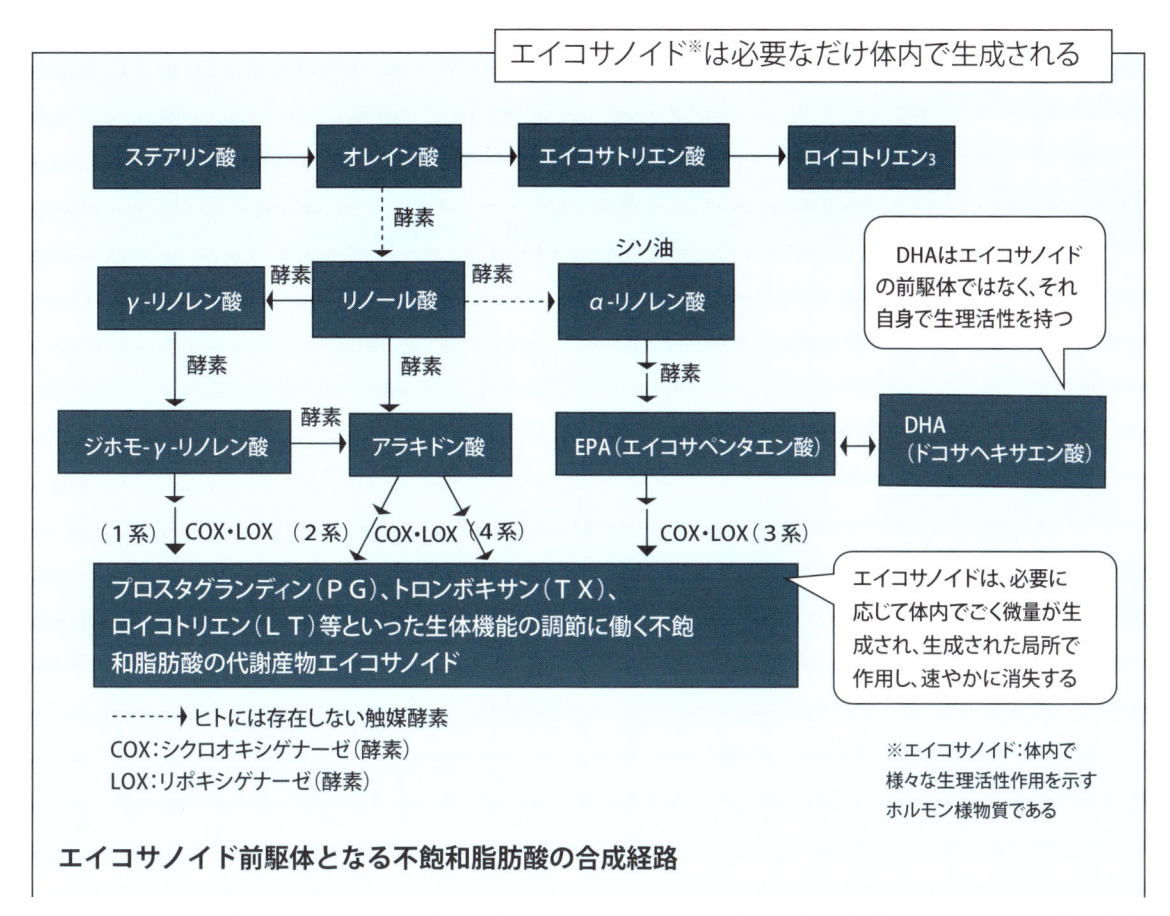

しいと言われています。しかし、最近の日本人の魚離れは著しく、そのバランスが崩れ、多くの生活習慣不応を招いていると指摘されています。特にサバやイワシ、サンマなどの青魚の脂肪に多く含まれる脂肪酸を多価不飽和脂肪酸（EPA）と言います。

ビタミンEと一緒に

　エイコサペンタエン酸は酸素と結びつきやすい性質を持っています。その分子構造を見ると空の手があり、そこに酸素がくっつきやすいのです。エイコサペンタエン酸の名前の由来が分子構造そのものです。エイコサとは20、ペンタとは5の事で、炭素数が20、二重結合（空の手）が5という意味です。酸素と結びつくという事は酸化するという事ですから、油としては使えない（錆びている）形になります。

　体内に入ってから酸化しますから、エイコサペンタエン酸を摂取する時にはビタミンEと一緒に摂る事が大切です。サプリメントとして摂る場合も同様です。エイコサペンタエン酸の摂取量と比べて8割～同量くらいのビタミンEを一緒に摂取して下さい。ビタミンEがしっかり無いと、せっかく摂ったエイコサペンタエン酸が体内で有効に働く前に腐ってしまい、使えなくなってしまいます。

プロスタグランディンの供給源

　プロスタグランディンといえばエイコサペンタエン酸というくらい、エイコサペンタエン酸は体内でプロスタグランディンという物質に変わり、生理学的な働きをします。

　ホルモンが別の臓器で作られて運ばれ、作られたところと別の場所で働くのに対して、プロスタグランディンは細胞の細胞膜で必要な時に作られ、すぐ使われて、必要なくなったらすぐ消えるという素晴らしい物質です。

　実はプロスタグランディンが作られるには様々

な経路があります。元々の材料が違うと、経路も変わり、プロスタグランディンも違うものが作られる、という訳です。それぞれのプロスタグランディンには番号が付いていて、働きも違います。全部で20種類以上ありますので、ここでそれを全て説明する事は出来ません。エイコサペンタエン酸から作られる経路は、血液を固める働きをする血小板という物質が、集まりすぎてかたまりにならない様に働きます。反対に肉類に含まれる脂肪から作られるプロスタグランディンは、血液を固める働きを促進させ、それぞれが逆の働きをします。

それ以外にも、エイコサペンタエン酸から作られるプロスタグランディンはHDLコレステロールを増やしたり、LDLコレステロールの排出を促進、コレステロール値を下げる、中性脂肪の蓄積を防ぐ、血管を拡張させるなどの働きをします。

スポーツ選手は運動時に大量の血液を運んでいます。ハードなトレーニングを続けている選手は、血管も太く強くなりますが、血液検査をすると、意外に水分量が少なく粘性の高い血液をしている選手もいる様です。その様な方にはこのエイコサペンタエン酸をお勧めします。

薬より凄い?!

血液をサラサラにする薬といえば、アスピリン。元々は頭痛薬として使われていましたが、最近は高脂血症などの生活習慣病の方に処方される事が多いようです。でもアスピリン製剤は胃を荒らす副作用があるため、胃腸薬が一緒に処方されます。同じ働きをするエイコサペンタエン酸が胃を荒らす事はありません。

自然の栄養成分って、スゴいんです。

炎症を抑える

エイコサペンタエン酸には抗炎症作用もあり、慢性関節リウマチなどの慢性炎症性疾患の改善に役立ちます（Leslie G. & Cleland et al. (2003) Drags 63 (9) 845-853)。

また、肉類から作られるアラキドン酸をアレルギー反応の原因物質に変える酵素を作らせないようにし、アレルギーを緩和させてくれる働きがあ

ります。もちろん、それにはドーズレスポンスに値する量を摂取しないと効果は発揮できませんが。ステロイド離脱、アトピー性皮膚炎、乾癬（炎症性の角化症）などにも効果が期待できます。

DHA（Docosahexaenoic Acid ＝ ドコサヘキサエン酸）

エイコサペンタエン酸と同様に魚油に含まれる、名前の長い多価不飽和脂肪酸です。ドコサヘキサエン酸も、分子構造がそのまま名前になっています。エイコサとは炭素数20の事で、ペンタとは二重結合が5つあるという意味でしたね。ペンタといえばアメリカのペンタゴンを思い浮かべる方もいらっしゃるでしょう。ペンタゴンの建物が五角形をしているところからネーミングされていると言われています。同様に、ドコサとは炭素数22で、ヘキサとは二重結合が6つあるという意味です。

二重結合の部分が「空の手」で、この手に酸素がくっ付くと酸化すると、先ほど説明しました。という事は、EPAよりもDHAの方が二重結合が1つ多いですから、DHAの方が酸化しやすいという事です。エイコサペンタエン酸と同様、ビタミンEも同時にしっかり摂取しないと有効に働いてくれませんね。

プロスタグランディンという大事な成分の元になるのは、実はエイコサペンタエン酸の方だけで、ドコサヘキサエン酸はなりません。しかしドコサヘキサエン酸はエイコサペンタエン酸が体内で不足している時にエイコサペンタエン酸に変わる働きを持っています。不足に備えた非常食の様なものです。

また、体内ではエイコサペンタエン酸は単独ではなく、ドコサヘキサエン酸と一緒に摂った方が効果的に働きます。食品中にはエイコサペンタエン酸とドコサヘキサエン酸は一緒に含まれていますので、自然の形で摂るのが望ましいと言えるでしょう。サプリメントではどちらかだけが含まれているものもある様ですが、両方入っている物を選びましょう。

DHA の働き

ドコサヘキサエン酸といえば脳、というほど、ドコサヘキサエン酸は脳、網膜、神経関連組織に多く含まれます。若い時は神経細胞の樹状突起が多く、頭の回転が速いのですが、老化が進むと樹状突起が減り、情報伝達が遅れます。つまり頭の回転が遅くなる訳です。映画やテレビを観ていて、俳優さんの名前が出て来なくて「ほら、アレ、アレ」なんて言うと、「老化現象だね」と言われるのは、こういう訳です。ドコサヘキサエン酸は、この樹状突起の情報伝達に関与していますので、学習能力向上に寄与します。

老化だけでなく、成長期の子供にたくさん食べさせると頭が良くなるという訳です。魚をたくさん食べる日本人の頭が最近良くなくなったのは教育制度のせいだけでなく、魚を食べなくなったからだという学者もいるくらいです。

生殖能力に、母乳に

精巣、精子にドコサヘキサエン酸は多く含まれます。亜鉛やビタミン E、ビタミン B 群などと同様に、精子の活動性に関係します。

また、日本人の母乳中には、欧米人と比較してドコサヘキサエン酸が 2 ～ 3 倍含まれています。もちろん、これは日本人が欧米人に比べてドコサヘキサエン酸の多い食生活をしているからです。お母さんのお腹の中にいる時からたくさん必要とされていて、だいたい妊娠 40 週頃から胎盤を通してドコサヘキサエン酸が集められ、赤ちゃんの脳が作られると言われています。お母さんが魚好きだと、頭の良い子が生まれるかも⁈

網膜機能の維持

ビタミン A の時にちょこっと勉強しました、ロドプシンという眼にある成分。これは暗順応という、暗いところでもすぐ見えるように眼が反応する能力に使われます。ドコサヘキサエン酸は、このロドプシンの成分や、酸化ストレスによる視力の低下予防にも使われます。

コンドロイチン硫酸（Chondroitin Sulfate）

ヒトの骨格は、硬い骨が 206 個繋がって出来ています。その骨をつないでいるのは関節や靭帯などの結合組織です。関節は、主に軟骨、滑膜、関節包から出来ています。

軟骨は、骨の先端にある滑らかな組織です。膝の関節では厚さが約 5mm あり、軟骨細胞、コンドロイチン硫酸、コラーゲン、ヒアルロン酸などの軟骨基質という物質で出来ています。

コンドロイチン硫酸はこの結合組織の主要構成成分であり、タン白質と結合したコンドロムコタン白として軟骨、皮膚、血管、靭帯、粘液など、身体の中に広く分布しています。

グルコサミン（Glucosamine）

最近コマーシャルでもよく聞く名前ですね。グルコサミンは、ブドウ糖にアミノ基が 1 つ付いた、小さな分子です。体内では、糖タン白の成分として存在します。軟骨をスムーズに動かすのに不可欠なコンドロイチン硫酸、ヒアルロン酸などは、実はグルコサミンから作られています。

軟骨は年齢と共に変性します。全身どの関節も変性しますが、特に膝の関節が変性しやすいため、関節の痛みというと膝、という図式になるのでしょう。

整形外科に行くと、カルシウムの注射をしたり、痛み止めを飲んだりなどの治療をされる方が多いようですが、軟骨を作る材料を入れない事には、なかなか改善は難しいでしょう。コンドロイチン硫酸とグルコサミンの両方を摂取する方が、どちらだけを摂取するよりも痛みを和らげ効果的だという結果が出ています。これは年齢的だけでなく、使い過ぎや怪我の治療でも同様です。

また、コンドロイチン硫酸は、分子量が大きいと吸収しにくい栄養素です。サプリメントで摂取する場合には、分子量の小さいものを選びましょう。

靭帯や腱を痛める怪我は、スポーツ選手には日

コンドロイチン硫酸&グルコサミンの生理的機能

体内で様々な作用を持つプロテオグリカンやコンドロムコタンパク質は、
コンドロイチン硫酸とグルコサミンが主原料となり、相乗的に作用する

(ヨ：コンドロイチン硫酸　グ：グルコサミンの機能)

①体組織を作る原料
- ヨ／グ
- ・細胞や細胞間物質に分布するコンドロムコタン白質の主原料である
- ・コラーゲン線維や弾性線維(皮膚、血管壁、軟骨、靭帯、腱等)を作る
- ・組織が損傷したときの修復に大きく関与する

②体内の水分量の調節
- ヨ／グ
- ・保水性に勝れるコンドロムコタン白質の主原料である
- ・消化、吸収、栄養の運搬及び様々な代謝に必要な水分の確保に不可欠である

③体内のイオンのバランスを保つ
- ヨ
- ・コンドロムコタン白質はイオン(特にCa^{2+}、Mg^{2+}、K^+、Na^+)と特異的に親和性を持つため、体内のイオンバランスの維持にもコンドロイチン硫酸が不可欠である
(Gunther T. etal.(1997) Arch of Toxic.71(7)471-475)

④関節組織の円滑化
- ヨ／グ
- ・膝関節や腰椎の間にある椎間板の周りには、コンドロムコタン白質が存在し、ショックを吸収したり、関節をスムーズに動かす
- ・グルコサミン1〜1.5g/日×3ヶ月で変形性関節炎の改善が見られた
- ・年齢と共に体内のコンドロムコタン白質は減少するため、関節痛、腰痛等の疼痛性疾患の予防、改善にコンドロイチン硫酸の補給が重要である(McAlindon T.et al.(2004)Am J or Med.117(9)643-649)

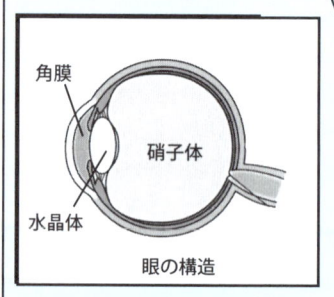

⑤眼組織に対する作用
- ヨ
- ・眼の角膜には、コンドロイチン硫酸が豊富に含まれる
- ・角膜の透明度は、角膜内の液体バランスによって維持される
- ・水晶体と硝子体にもコンドロイチン硫酸が豊富に含まれ、保水力や弾力が維持される
- ・加齢に伴い発症率が増加する老眼、白内障、飛蚊症はコンドロイチン硫酸の補給によって改善が見られる
(樫内理恵子(1999)Food Style 21.3(3)40-43)

眼の構造
角膜／硝子体／水晶体

⑥免疫力の活性化
- ヨ
- ・免疫細胞の反応を増強させる
- ・免疫細胞が分泌する細胞間情報伝達物質の原料である
(Jacob Rachmilewitz et al.(1998)Blood, 92(1)223-229)

⑦各疾患に対する適応
- ヨ
- ・肝硬変、動脈硬化、偏頭痛、肩こり、腎疾患等に有効である

常茶飯事的にある環境です。怪我の予防に、また怪我をしてしまって治療する時、手術後の傷口を早くくっつける時にも、コンドロイチンやグルコサミンは不可欠です。

第15章 生物性成分ー2

レシチン　〜フォスファチジルコリン〜
（Lecithin:Phosphatidylcholine）

　レシチンは、卵黄を意味するギリシャ語のレキトースが語源です。

　食品では卵黄に多く含まれていますが、動物の脳や骨髄、心臓、肺、肝臓といった主要器官、植物では大豆や酵母などに含まれています。

　ヒトでは、体重のおよそ100分の1をレシチンが占めています。体重が70kgの人なら700gのレシチンを持っている事になりますね。

　マヨネーズを手作りしたり、お菓子を作る方は、聞いた事のある名前ではないでしょうか。レシチンはチョコレートなどを作る時に、滑らかさを出す為に使う食品です。簡単に言うと"水と油をくっつける"働きがあります。ことわざにある"水と油"とは、性質が正反対で交わらない事を意味しますが、レシチンはこれらをうまくくっつけてくれるのです。ドレッシングには水の成分と油の成分があり、分離している事が多いです。でもマヨネーズはそれがきれいに混ざっています。その時使われているのが卵黄で、実際には卵黄に含まれるレシチンという成分が、きれいに混ざる役目をしています。

　また、レシチンには界面活性作用という働きがあります。先程、"水と油をくっつける"と簡単に言いましたが、同じ働きは体内で脂質、脂肪酸コレステロール、ビタミンA、E、D、Kなどの脂溶性ビタミンを包み込み、ミセルという溶けやすい分子の形を作ります。その働きにより、脂は腸で吸収し易くなります。

　しかし生化学で言う「レシチン」は、食品で言うレシチンとは少し違います。

　厳密に言えば、フォスファチジルコリンという、とても長ったらしい名前の物質を指します。

　また、その他の代表的なリン脂質の、フォスファチジルイノシトール、フォスファチジルセリンを含めての総称となります。名前が違うようにそれぞれのレシチン類はそれぞれに特有の生理活性機能があります。

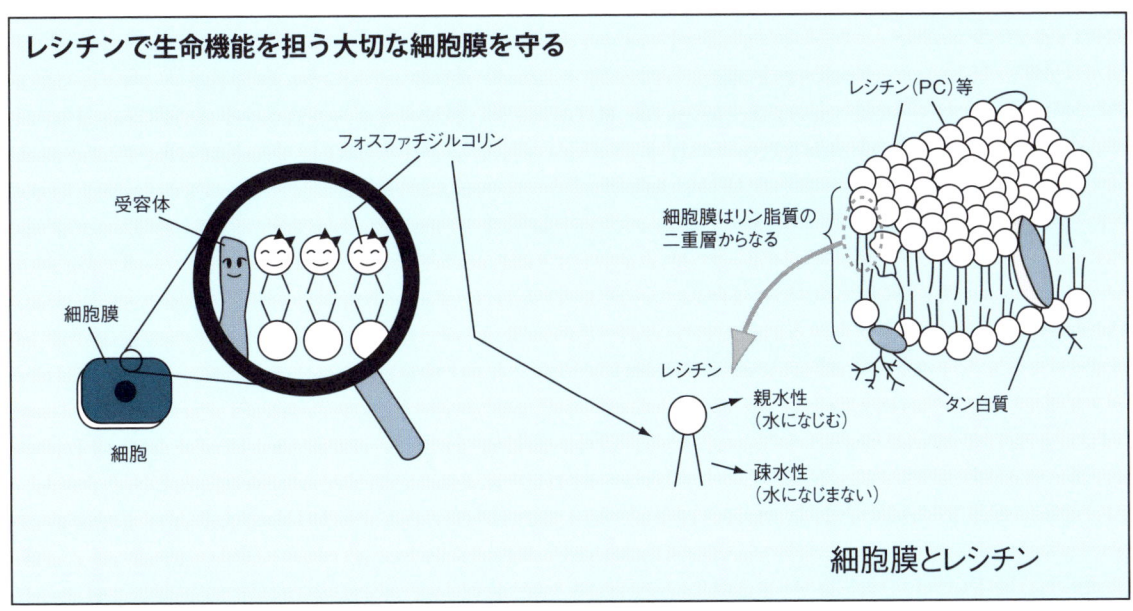

レシチンで生命機能を担う大切な細胞膜を守る

細胞膜とレシチン

脳の神経伝達物質

　レシチンは神経伝達物質のアセチルコリンという物質の材料となるために、神経細胞に沢山存在しています。ですから、レシチンが沢山あると頭が良くなる、という事になりますね。

　アセチルコリンという物質が不足すると記憶障害が起こり、アルツハイマー病などの脳疾患障害の原因になります。

　アルツハイマー病は、近年増加中の深刻な認知症です。アルツハイマー病患者の脳では、アセチルコリン濃度が非常に低下している事が分かっていて、レシチンを補給する事で脳神経細胞の働きが活性化する事が期待されています。(Hirsch M.J.&Wurtman R.J.(1978) Science.202(4364)223-225)

　また、ビタミンB 12を同時に摂取する事で、フォスファチジルコリンをアセチルコリンに変換する酵素の働きが活性化します（E.Otomo.(1998)Ageing and Diseases.11(5)90-95)。

　大豆より卵黄の方がフォスファチジルコリンの量が2.5倍も多く、また卵黄レシチンのフォスファチジルコリンは大豆レシチンのフォスファチジルコリンより、脳内に移行しやすい可能性が示されています。

血中脂質を正常に保つ

　レシチンは、血液中で中性脂肪やコレステロールを運ぶ、リポタン白というタン白質の構成成分です。

　レシチンが不足すると、リポタン白が正しく形成されず、LDLコレステロールが血管に沈着した

リポタン白の模式図

血中脂質を正常に保つ

　レシチンは、血液中で中性脂肪やコレステロール等を運ぶリポタン白の構成成分である。

　レシチンが不足するとリポタン白が正しく形成されず、LDLコレステロールが血管に沈着したり中性脂肪が蓄積する等、血液脂質に異常が見られるようになる。

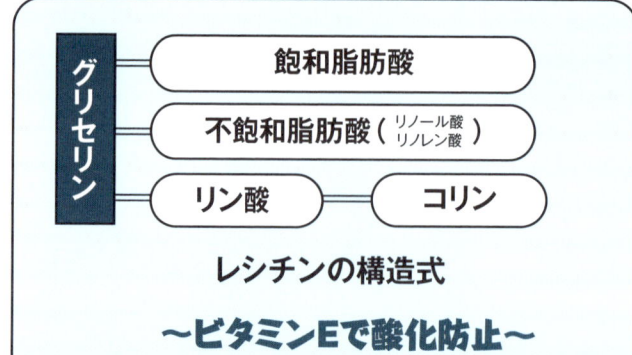

```
┌─────────┐ ┌──────────────────┐
│         │─│    飽和脂肪酸    │
│         │ └──────────────────┘
│         │ ┌──────────────────┐
│グリセリン│─│不飽和脂肪酸(リノール酸/リノレン酸)│
│         │ └──────────────────┘
│         │ ┌────────┐ ┌────────┐
│         │─│ リン酸 │─│ コリン │
└─────────┘ └────────┘ └────────┘
```

レシチンの構造式

〜ビタミンEで酸化防止〜

レシチンは、上図の構造からなるが、不飽和脂肪酸は体内で酸化されやすいため、ビタミンEとの同時摂取が良い。

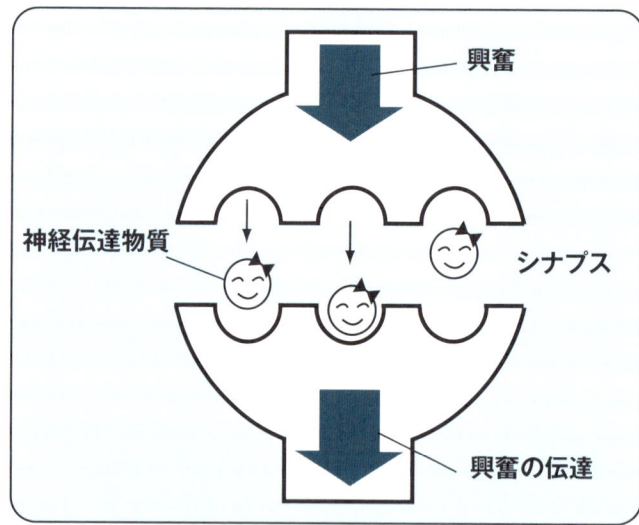

しています。その為、通常4〜5％の脂肪を含んでいます。レシチンには肝臓から余分な脂肪の排出を促進する働きがあります。その為、レシチンが不足すると脂肪肝になります。

細胞膜を守る

細胞膜の役割を簡単に言えば、
①物質の移動や情報の伝達を仲介する
②代謝や整合性に関与する
③異物を排除する
の3つでしょう。

細胞膜には必ずレシチンが含まれていて、その膜を通して身体に必要な物質を摂り入れ、不要な物質を排泄しています。また、様々な情報をキャッチする受容体というアンテナがあり、この受容体が正確に働くためにもレシチンは欠かせない栄養素の1つです。細胞膜に異常が起こると、

・老化
・ホルモンバランスの乱れ
・虚血性疾患
・免疫疾患
・悪性腫瘍（ガン）
・脳疾患
・神経疾患
・貧血
・皮膚の異常

などが起こります。

体内にある60兆個の細胞には細胞膜がそれぞれあります。細胞膜は、主にリン脂質という脂とタン白質で出来ています。リン脂質は親水性（水に馴染む部分）と疎水性（脂に馴染む部分）という、相反する特性を持っている複合脂質です。この細胞膜の間をタン白質が動き回る事を"流動性"と言い、この流動性が高まる事でレシチンは細胞膜内の様々な代謝を調節しています。これにより、細胞はいつも元気にしていられるのです。

卵を食べるとコレステロールが上がるのか？

卵には沢山のコレステロールがあるから、卵を沢山食べると血中のコレステロール値が上がっ

（図：シナプス・神経伝達物質・興奮・興奮の伝達）

り、中性脂肪が蓄積するなど、血中脂質に異常が見られる様になります。

ビタミンEを一緒に

EPA同様、レシチンも不飽和脂肪酸です。グリセリンに飽和脂肪酸、不飽和脂肪酸、リン酸、コリンがくっついた形をしています。ですから体内で酸化されやすいため、ビタミンEとの同時摂取が望ましいでしょう。

肝臓の代謝機能を正常に保つ

肝臓は身体の色々な組織で使う中性脂肪を製造

該当項目にチェックを入れよう（チェック項目の多い方は CoQ10 の補給で症状の改善が期待される）

	項目		項目
	動悸・息切れがする		免疫力の低下が気になる
	疲れやすい		トレーニングの成果が出ない
	足がむくむ		運動しているのに体脂肪が減らない
	冷え症で困っている		歯茎からの出血が気になる
	低血圧が気になる		肌のシワが気になる

て、動脈硬化や心臓病を引き起こす。"と信じている人はまだいる様です。

しかし、卵のリン脂質にはコレステロールを調整する働きがあるため、卵を食べても血中のコレステロール値は増加しません。(Kim J.M. et al. (2002)J of Nut Health & Aiging.6,320-323)

身体に悪影響を及ぼすのは、コレステロールそのものではなく、酸化した LDL コレステロールが血管壁に沈着する事です。

実は最近、血中コレステロール値が 180～260mg/dl ある人の方が寿命が長く、逆にコレステロール値が 160mg/dl 以下だと脳血管がもろくなり、脳障害を起こしやすくなる事が分かってきました (K. Okumura et al. (1999) Jap Circ Journal. 63, 53-58)。女性は 270 くらいが一番長生きだという事も発見されています。

コエンザイム Q 10
(CoQ10：Coenzyme Q10)

心臓は、全身に血液を送り出すために、皆さんが意識していない時も、寝ている時も、絶えず活動してくれています。そのエネルギー源となっているのが、コエンザイム Q 10 (CoQ10) という補酵素です。コエンザイム Q 10 は体内で作られますが、コエンザイム Q 10 の消耗が激しい現代の日常生活では、サプリメントとして補給するのが望ましいでしょう。

心臓の働きを高め、血流をスムーズに

冷え性やむくみの原因の 1 つに、心臓のポンプ機能の疲労があります。心臓のエネルギーが弱まると、1 回の拍動で押し出される血液量が減るため、血流が滞り手足の先が冷えたり足がむくんだりしてしまいます。

コエンザイム Q 10 で血流がスムーズになれば、手足の冷えやむくみも取れ、快適な身体が取り戻せるはずです。

エネルギー産生に不可欠

コエンザイム Q 10 は、細胞内のミトコンドリアというところにたくさんあります。ミトコンドリアは生命の維持、活動に必要なエネルギーを作り出す、工場の様な器官です。このミトコンドリアの密集地帯が心臓です。

コエンザイム Q 10 は、20 歳をピークに、加齢と共に生合成量が減り、体内濃度が下がって来てしまいます。コエンザイム Q 10 を外から補給する事で細胞が元気にいられる様になり、心不全や虚血性心疾患が改善したとの報告は多数あります (Sojaa A.M.& Mortensen S.A.（1997）Mol Asp of Med. 18（s159-s168）,Gaby A.R.（1996）Alt Med Rev. 1（3）168-175)。

細胞を活性酸素による酸化から守る

老化を早めたり、様々な病気の原因と考えられているのが、細胞膜の酸化です。その引き金となるのが、活性酸素（フリーラジカル）です。コエンザイム Q 10 はそれらを無害化したり、酸化された物質を分解して細胞のダメージを修復しま

CoQ10の主な2つの働き

エネルギー産生
↓
タン白質・脂質・糖質の代謝
↓
・身体の活動に必要なエネルギーを作る
・身体の細胞の機能を促進させる
・基礎代謝の低下による肥満の改善
・免疫力の向上

抗酸化作用
↓
活性酸素による酸化を防ぐ
↓
・老化全般を防ぐ
・肌のシワやたるみを防ぐ
・心臓や脳等の臓器を若々しく保つ

す。

酸化への防御耐性を更に強化しているのが、体内で働く抗酸化物質です。よく知られているものに、ビタミンE、ビタミンC、ビタミンAの部類に入るカロチノイド、ワインなどに含まれるポリフェノールなどがありますが、コエンザイムQ10は最も重要な抗酸化物質の1つです。

細胞の中で特に酸化されやすいのは、細胞膜の主成分である脂質（リン脂質）です。コエンザイムQ10は、脂質の酸化を防いでいる重要な物質であるビタミンEに作用し、抗酸化力を強化します。血液検査などでビタミンEが欠乏している事を示すデータというのはありますが、コエンザイムQ10が欠乏しているかどうかはデータで見つける事は難しいです。でも、少し考えてみますと、体内ではコエンザイムQ10より先にビタミンEを使いますので、ビタミンEが不足しているという事は、既にコエンザイムQ10はかなり不足しているという事が分かりますね。また、ビタミンCとビタミンEはリンクして使われるので、ビタミンCが不足している事も、同様にコエンザイムQ10の不足が背景にあると考えられます。結論として、コエンザイムQ10はビタミンCやビタミンEと一緒に摂るのが効果的と言えるでしょう。

いつ摂るのか？

コエンザイムQ10は脂溶性のため、吸収されやすい食後に摂るのがベストです。1日1回より2〜3回に分けてこまめに摂りましょう。

食物から摂れる量は1日10mg程度です。しかし、健康維持に必要な量は100mg以上と考えられています。イワシなら20匹以上食べなければなりません。食物だけでしっかりした量を確保するのは難しいでしょう。

より効果的にエネルギー産生を高めるには、ビタミンB群と併用すると良いでしょう。

筋肉の膜を守り、パフォーマンスを向上させる

ハードなトレーニングで筋繊維が壊れ、それをきちんと修復していないと怪我につながります。

食品中のCoQ10の量（食品100gあたり）

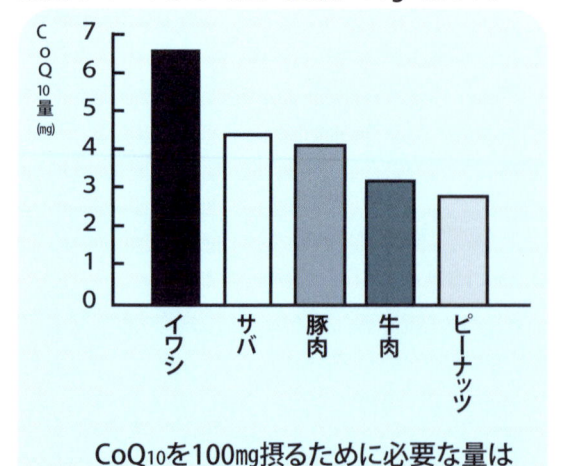

食品	CoQ10量(mg)
イワシ	6.5
サバ	4.3
豚肉	4.1
牛肉	3.1
ピーナッツ	2.7

CoQ10を100mg摂るために必要な量はイワシ約20匹（1匹約80gとして換算）

このような方にお勧めします

- 物忘れ等認知症が気になる方
- 飲酒や不規則な食生活で脂肪肝が気になる方
- 喫煙習慣があり肺疾患が心配な方
- 肥満気味で高脂血症・動脈硬化が気になる方
- 妊娠中の方〜つわりや妊娠中毒症の予防〜

卵黄レシチンには、大豆レシチンの約2.5倍もの**フォスファチジルコリン（PC）**が含まれています

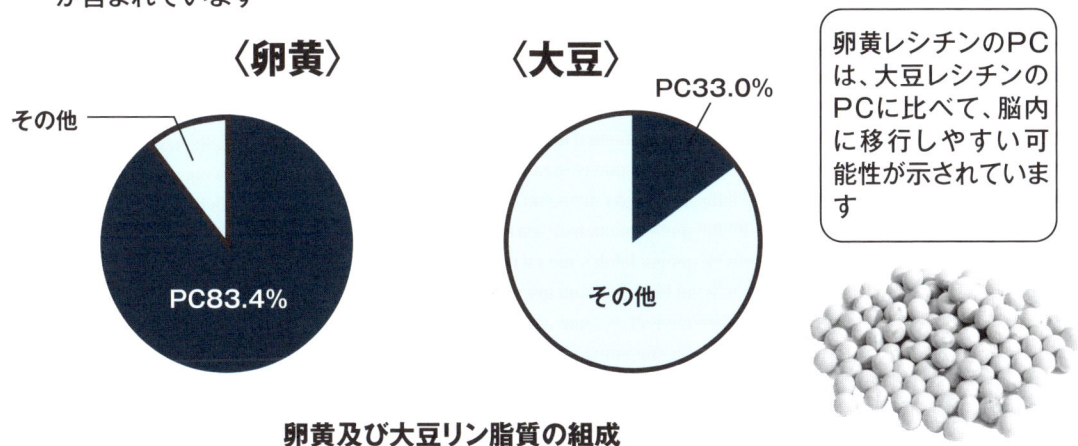

〈卵黄〉 その他 / PC83.4%

〈大豆〉 PC33.0% / その他

卵黄レシチンのPCは、大豆レシチンのPCに比べて、脳内に移行しやすい可能性が示されています

卵黄及び大豆リン脂質の組成

また、呼吸によって体内に活性酸素が発生する事は以前にもお話ししましたが、スポーツをする人は普通の人より大量に呼吸しますから、活性酸素の発生も多くなります。健康のためにスポーツをする人はたくさんいますが、それが逆にも作用している事を忘れてはなりません。大量に発生した活性酸素を取り除いたり、持久力を高めパフォーマンスを維持するには、コエンザイムQ10が欠かせません（Cooke M.B. et al.（2008）J Int Soc Sports Nutr.. 5（88）1-14）。

歯周病に

近年、歯周病は単に口の中だけの病気ではなく、全身性の病態の一部と考えられています。歯周病がある人の歯肉中のコエンザイムQ10は、低下している事が分かっています。コエンザイムQ10を補給した事で歯周病が改善し、歯茎の出血が止まった事も報告されています（Wilkinson E.J. et al.（1977）Elsevier Sclen. Pub.251）。

教科書には載ってないけど…

実は教科書には載っていないのですが、コエンザイムQ10にはシワを取る働きがあります。欧米で売られている高価なシワ取りクリームにはコエンザイムQ10が入っています。最近、化粧品の世界でよくコエンザイムとかQ10とか言われるのは、こういう訳でした。でも女性の皆さんにこっそりお教えしますね。皆さんがお使いのナイトクリーム（これは高価でなくても構いません）にサプリメントのコエンザイムQ10を200〜

300mg 程度、中身だけ出してクリームによく混ぜるだけで、あ～ら簡単、シワ取りクリームの出来上がり！但し、使えるのはミセルという脂肪に溶けやすい分子構造をしているものである事と、天然のコエンザイムＱ10に限ります。翌日のお肌のハリが違う事を実感しますよ！（どっかの化粧品のコマーシャルみたい？）とは言っても、塗るよりは飲む方が効果的なのは言うまでもありませんよ、念のため。

第16章 植物性成分―1

リノレン酸（Linolenic Acid）

　リノール酸とよく似たこのフレーズ。実はリノール酸もリノレン酸も、人間に必要な必須脂肪酸です。必須脂肪酸というと、魚の油に含まれるEPAやDHAを思い浮かべる方も多いのではないでしょうか？　γ（ガンマ）リノレン酸やリノール酸は、植物に含まれる必須脂肪酸です。

　脂肪酸には飽和脂肪酸と不飽和脂肪酸があります。飽和は冷やすと固体化します。冷蔵庫で固まるやつ、と思って下さい。主に肉類に含まれます。最近はアイスクリームの代用品（アイスミルクとか区別されていますが、スーパーに行くと同じ売り場にあるから分かり難いかも知れません）や、お菓子などに使われるパーム油も飽和脂肪酸です。動物性より安く手に入るため、かなり多くの加工食品に使われています。

　不飽和脂肪酸にはω（オメガ）3系とω6系があります。ω3系はEPAやDHA、それにシソ油などに含まれるα-リノレン酸があります。ω6系はリノール酸、γ-リノレン酸、その他にはレバーや卵に含まれるアラキドン酸があります。

　この飽和と不飽和は分子構造の違いによって分けられています。二重結合が「ある」のが不飽和で、二重結合が「無い」のが飽和です。ωの後の数字は空の手の数です。空の手が「ある」と、そこに酸素がくっついて酸化しやすい性質があります。空の手が「ない」飽和脂肪酸は、酸化しにくい脂と言えます。逆に不飽和脂肪酸のω3系よりω6系の方が空の手の数が多いので、酸化が早い事になります。

　体内で造り出せないアラキドン酸やリノール酸、リノレン酸などの必須脂肪酸は、ホルモンの様な物質であるエイコサノイドという物質に変換され、体内で働きます。

　この脂肪酸はそれぞれの名前が違う様に、それぞれの働きも違います。どれかだけ食べていては、他の代わりにはなりません。何でも好き嫌い無く食べなさいと言ってくれたお母さんの教えは正しかった訳ですね。

健康維持には脂肪酸のバランスが重要

脂肪酸の主な分類

脂肪酸		一般名の一例	代表的な食品
飽和脂肪酸		パルミチン酸	肉類、乳製品、パーム油
不飽和脂肪酸	多価不飽和脂肪酸（ω3系）（必須脂肪酸）	α-リノレン酸	シソ油
		EPA、DHA	魚油
	多価不飽和脂肪酸（ω6系）（必須脂肪酸）	リノール酸	紅花油
		γ-リノレン酸	ボラージ草油
		アラキドン酸	肉類（特にレバー）、卵

該当する項目をチェックしてみよう！　多い人はω3系とω6系脂肪酸のバランスを直したい！

症状	症状や生活パターン
アレルギーで困っている	関節リウマチが痛む
アトピー性皮膚炎で困っている	血圧が高め
月経前症候群（PMS）がひどい	風邪を引きやすい
生理痛がひどい	母乳ではなく人工調整乳で育った

α-リノレン酸

　紅花油や大豆油といった植物油や、マーガリンに多く含まれるリノール酸は長い間、身体に良いと言われて来ました。確かに、冷やすと固まるバターやラードは、見た目で"あの脂の固まりが、あのまま私のお腹に…"というイメージになりますが、それはあくまでイメージです。実際には牛を食べても牛にならない様に、そのままお腹にくっつく訳がないのですが、人間の思い込みとは怖いものです。

　最近、この植物性油脂を摂り過ぎると、血液凝集作用を持つアラキドン酸を体内で沢山作ってしまう事が分かりました（Dwyer J.H. et al. (2004) The New Engl J Med. 350 (1) 29-37）。身体に良いと思っていた物が、真逆?!　という訳ですから、天動説が地動説、みたいですよね。この事が発表されてから、何とまだ10年余りしか経っていないのです。

　現代人は、気付かない内に加工食品からかなりのリノール酸を摂取しています。アラキドン酸を造り過ぎない為にも、ω3系の脂肪酸を摂取し、バランスを取る事が重要になります。

脳の健康に

　α-リノレン酸は、脳神経細胞に多く分布するDHAや、血流改善や抗炎症作用のあるEPAの前駆体です。

γ-リノレン酸

　母乳に含まれるγ-リノレン酸。赤ちゃんはγ-リノレン酸を体内で作り出す力がないため、母乳中からしっかり摂れる様になっています。しかし、何らかの理由で母乳をしっかりもらえなかった赤ちゃんは、γ-リノレン酸が不足してしまいます。それはつまり、アトピー性皮膚炎などの病

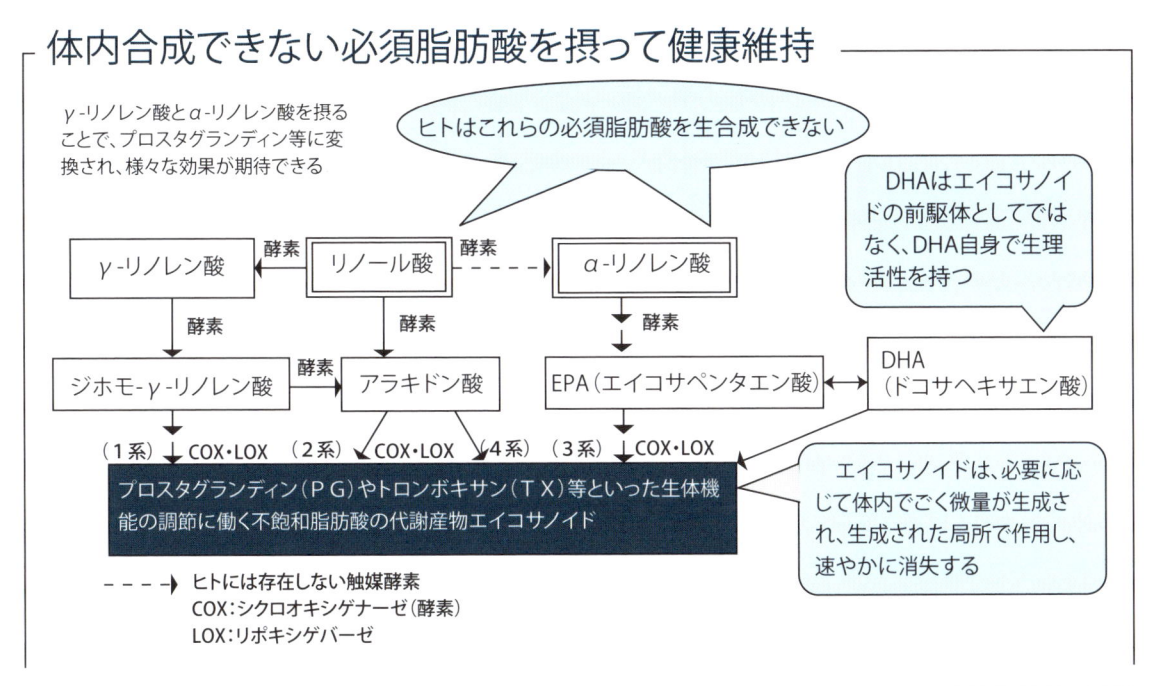

体内合成できない必須脂肪酸を摂って健康維持

γ-リノレン酸とα-リノレン酸を摂ることで、プロスタグランディン等に変換され、様々な効果が期待できる

ヒトはこれらの必須脂肪酸を生合成できない

DHAはエイコサノイドの前駆体としてではなく、DHA自身で生理活性を持つ

```
γ-リノレン酸 ← 酵素 ─ リノール酸 ─ 酵素 ─ ─ → α-リノレン酸
    │酵素            │酵素              │酵素
    ↓                ↓                  ↓
ジホモ-γ-リノレン酸 →酵素→ アラキドン酸   EPA(エイコサペンタエン酸)   DHA(ドコサヘキサエン酸)
   (1系) COX・LOX    (2系) COX・LOX     (4系) (3系) COX・LOX
```

プロスタグランディン(PG)やトロンボキサン(TX)等といった生体機能の調節に働く不飽和脂肪酸の代謝産物エイコサノイド

エイコサノイドは、必要に応じて体内でごく微量が生成され、生成された局所で作用し、速やかに消失する

─ ─ → ヒトには存在しない触媒酵素
COX:シクロオキシゲナーゼ(酵素)
LOX:リポキシゲバーゼ

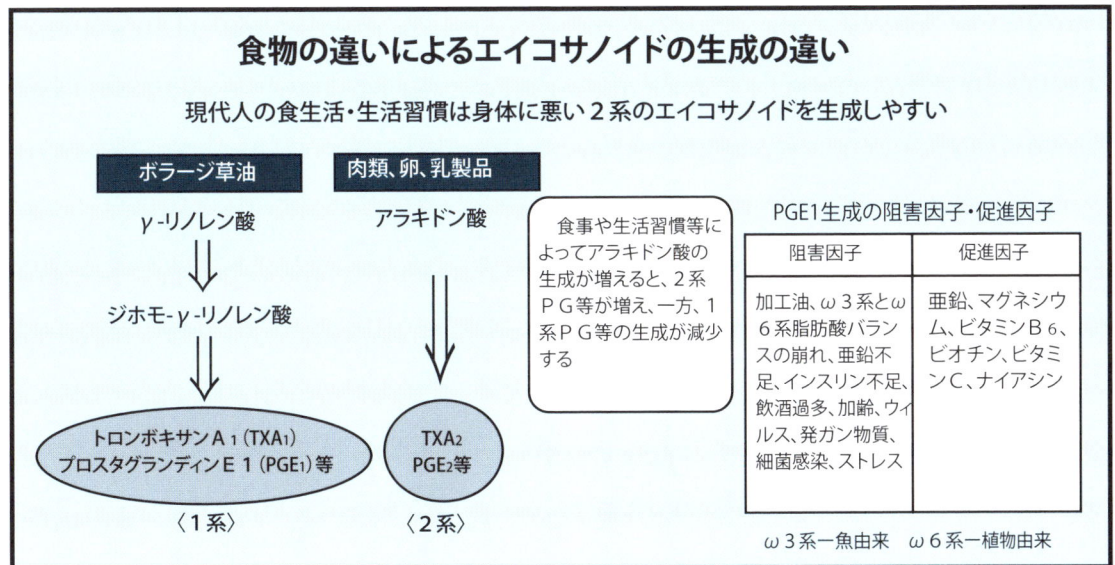

食物の違いによるエイコサノイドの生成の違い

現代人の食生活・生活習慣は身体に悪い2系のエイコサノイドを生成しやすい

ボラージ草油
γ-リノレン酸
⇓
ジホモ-γ-リノレン酸
⇓
トロンボキサンA1(TXA1)
プロスタグランディンE1(PGE1)等
〈1系〉

肉類、卵、乳製品
アラキドン酸
⇓
TXA2
PGE2等
〈2系〉

食事や生活習慣等によってアラキドン酸の生成が増えると、2系PG等が増え、一方、1系PG等の生成が減少する

PGE1生成の阻害因子・促進因子

阻害因子	促進因子
加工油、ω3系とω6系脂肪酸バランスの崩れ、亜鉛不足、インスリン不足、飲酒過多、加齢、ウイルス、発ガン物質、細菌感染、ストレス	亜鉛、マグネシウム、ビタミンB6、ビオチン、ビタミンC、ナイアシン

ω3系−魚由来　ω6系−植物由来

気にかかり易くなると言えるのではないでしょうか。

女性ホルモン様作用

γ-リノレン酸は、肉類に多く含まれるアラキドン酸が体内でたくさん代謝されない様に調整・抑制して、月経前症候群(PMS)の色々を緩和してくれます(Horrobin D,F. et al (1992) Prog in Lip Les.31 (2) 163-194)。最近は食のバランスがω3系(魚油系)からω6系(肉系)に偏ってきているために、サプリメントなどでのバランス調整が必要です。

また、子宮筋を収縮させるPG(プロスタグランディン)E2を抑制して、生理痛を緩和してくれる事にも効果が期待されています。鎮痛剤の宣伝を見ても分かる通り、多くの女性は痛みと戦っています。生理の度に悩んでいる方は、薬に頼るよりも健康的なこの方法を一度お試しあれ。

γ-リノレン酸はこの他に、更年期障害の改善や閉経後の骨粗鬆症の予防なども期待されています（Kruger M.C. et al.(1998) Aging. 10(5)385-394）。

抗炎症作用

γ-リノレン酸は色々な炎症に効果を示す事が分かっています。関節リウマチなどの炎症性疾患に利用され、症状の改善が見られています（Lawrence J. et al. (1993) Lev Ann Intem Med. 199(9)867-873）。

また、アトピー性皮膚炎の患者さんは、体内でリノール酸をγ-リノレン酸に変換する酵素が作られにくいことが分かっています。リノール酸をγ-リノレン酸に変換出来ないと、免疫細胞を活性化させたり、血管を拡張させて血流を良くしたり、気管支の拡張を調節して喘息を抑えたりといった仕事が出来ません。この、リノール酸をγ-リノレン酸に変換する酵素を、δ（デルタ）6デサチュラーゼといいます（名前が難しいものばかりですみません）。

δ6デサチュラーゼの活性を促進するには、他にビタミンB6、ナイアシン、亜鉛、マグネシウム、ビタミンCなどを一緒に摂取すると更に効果的です。

カロチノイド（Carotenoids）

カロチノイドとは、自然界に約600種類存在する、赤や黄色の鮮やかな美しい色素の総称です。人参のキャロット（carrot）に由来して命名されました。カロチノイドは、体内の脂質の酸化を防ぐ働きをします。

カロチノイドは、大きく2つに分類されます。
① カロチン類：α-カロチン、β-カロチン、リコピン等 炭化水素のみ
② キサントフィル類：ルテイン、クリプトキサンチン、ゼアキサンチン、アスタキサンチン等 酵素を含む炭化水素

◎ルテイン・ゼアキサンチン

ヒトの水晶体や網膜に存在する物質で、ルテインは必要に応じてゼアキサンチンに変わります。眼の中で特に黄斑部というところにたくさんあり、網膜を酸化から守る働きを持ちます。網膜の黄斑部という部分は、活性酸素を活性させる紫外線や、照明、テレビなどから発せられる青色光（細胞を酸化させる）を吸収する働きをします。ルテインにより、活性酸素は消去され、酸化による細胞の損傷を防ぐ事が出来ます。また、喫煙や老化、ストレスなどによってルテインの貯蔵量が減少すると、白内障や加齢性黄斑変性症などが発症すると言われています。

ハーバード大学のセッドン博士は、診療所の患者876名を対象に食事調査を行いました。すると、ルテインとゼアキサンチンを摂取した患者と殆ど摂取していない患者とでは、病気にかかる率に43％もの差がある事を報告しました（Seddon J.M. et al. (1994) JAMA. 272. 1413）。

ゼアキサンチンは、物を正確に見る為に働きます。そして、光による酸化を防ぐと共に、酸化による損傷を防止すると考えられています。

◎リコピン

リコピンは、トマトやスイカ等に含まれる色素で、β-カロチンよりも強力なラジカル（ガンの元になる物質）消去作用がある事が分かっています。

眼の健康に役立つ働き以外にも、種々のガン（Le Marchand et al. (1989) J Natl Cancer inst. 81. 1158）や胃潰瘍に対する効果も報告されています（Mirani C et al. (1970) Phamacology. 4,334）。

◎β-カロチン

β-カロチンは、活性酸素から眼を守り、白内障のリスクを抑えてくれます。また、ビタミンAの前駆体で、各種抗ガン作用も知られています。

◎アスタキサンチン

アスタキサンチンは、サケ、イクラ、カニ、エビ、藻類などの赤い色素で、強力な抗酸化作用を持ちます（長木泰典他、(2006) 臨床医薬、22 41）。ガンの元となる活性酸素の中でも特に毒性の強い「一重項酸素」が身体を酸化させていくのを防ぎます。

暗順応とロドプシン

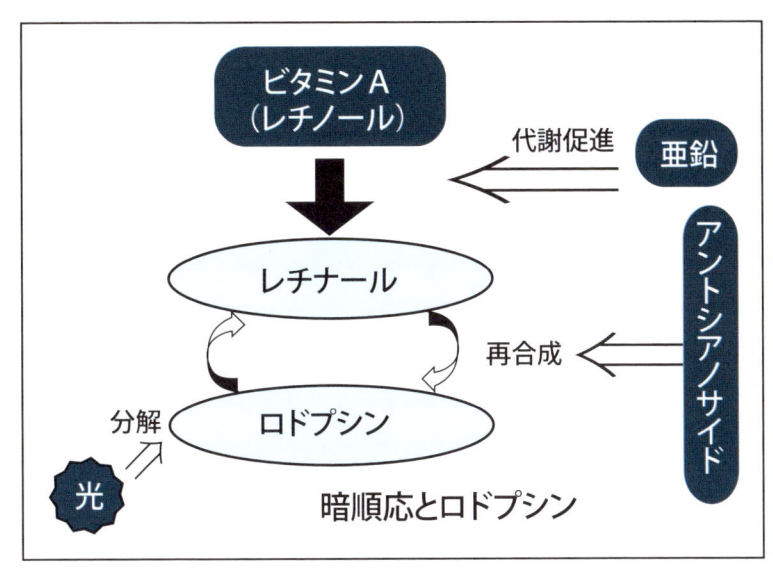

また、身体の組織を次々に壊して行く「過酸化脂質」を作らせない様に働きます。

その他には血行を改善し、眼精疲労や白内障、黄斑変性症に効果を発揮すると言われています。また、焦点を調節する毛様体筋の疲労改善作用があります（新田卓也他、(2005) 臨床医薬、21 534）。

このような働きを見て行くと、中高年になると大体起こる眼のトラブルは、ビタミンAでかなり遅らせられるのでは、と思いますね。

◎クリプトキサンチン

クリプトキサンチンは、温州ミカンに多く含まれる抗酸化成分で、抗ガン作用も期待されています（Mannisto S. et al. (2004) Canc Epidemiol Biomark Prev. 13. 40-48）。

アントシアノサイド（Anthocyanoside）

アントシアノサイドは、ビルベリーに多く含まれ、アントシアニジンと糖が結合した物です。ビルベリーは、北欧や北米、カナダに生育する野生の植物です。この地方では、ビルベリーが実を付ける夏、産地の北欧は白夜の時期に入り、夜が無くなります。大量の紫外線から実を守ろうとするために、果皮が厚くなり、抗酸化物質のアントシアニンが豊富に含まれる果実が出来ると言われています。更にビルベリーは、ブルーベリーとは異なり、果肉自体にもアントシアニンが豊富に含まれています。アントシアノサイドは中性pHで紫色、酸性で赤色を現す色素です。抗酸化物質ポリフェノールの一種で、強い抗酸化作用を持ちます。ストレスで酸化する眼を守ったり、視力機能改善、暗順応（明るいところから暗いところに行った時に、すぐに眼が慣れて見える様になる事）(Kalt W (2001) Horticult Rev. 27, 269-315)、紫外線などにより発生する活性酸素を消去する等、多くの報告があります。

現在報告されている主な作用は…

● ロドプシンの再合成促進作用（暗順応促進、眼精疲労改善など）

ロドプシンとは眼の網膜にある色素の事です。ロドプシンは、光の刺激を受けると分解されますが、すぐまた再合成されます。この、再合成の連続作用によって、光を信号に変え、脳に伝達し「物を見ている」のです。

ロドプシンの再合成能力が衰えると、眼精疲労、暗順応低下などが起こり、眼の疲れ、かすみ、眼痛など様々な症状が出現します。若い頃には感じませんが、ロドプシンが減って来た中高年になると、日によって物の見え方が変わる事があります。私が小さい頃、祖母が「今日は良く見えるわ」と言っていた意味が今ひとつ分かりませんでしたが、最近になってそれが自分の眼にも起こっているのを感じます。アントシアニンの摂取により、

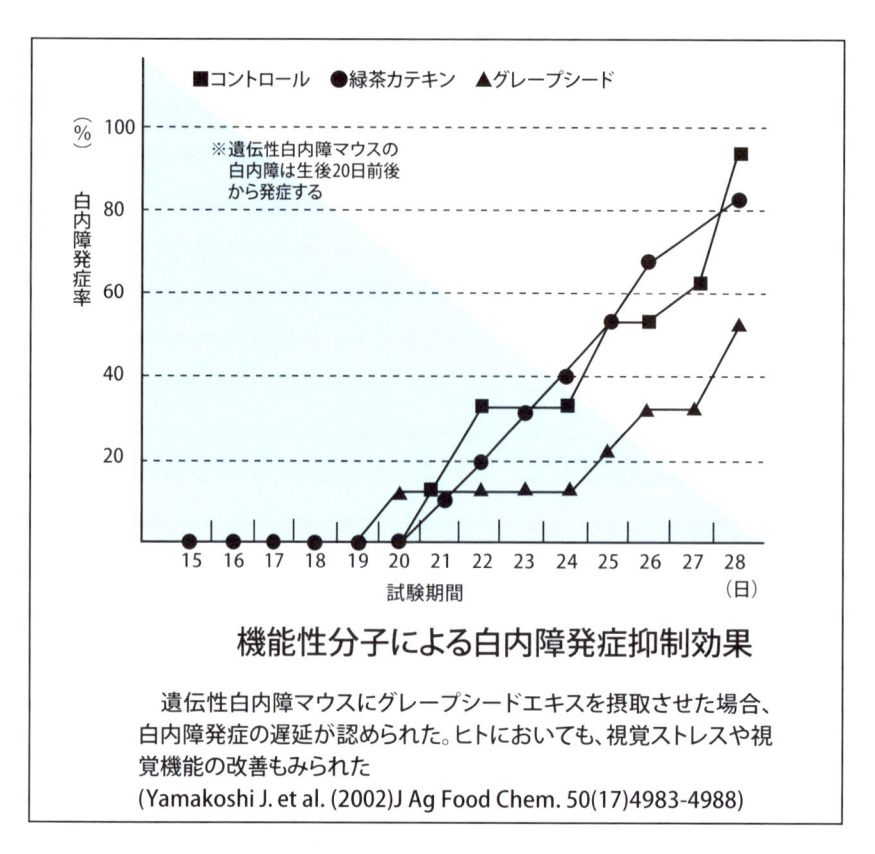

機能性分子による白内障発症抑制効果

遺伝性白内障マウスにグレープシードエキスを摂取させた場合、白内障発症の遅延が認められた。ヒトにおいても、視覚ストレスや視覚機能の改善もみられた
(Yamakoshi J. et al. (2002) J Ag Food Chem. 50(17)4983-4988)

ロドプシンの再合成が促進され、症状の改善が見られます。

- 老人性白内障の進行抑制作用
- 糖尿病性網膜症の網膜障害の改善作用
- 血流改善作用、血小板凝固抑制作用

毛細血管がたくさん集まっている眼の血流が悪くなると、酸素や栄養素が運べません。血流改善により、眼圧低下がみられ、緑内障の改善が期待されています。

- 毛細血管の透過性、抵抗性の改善作用
- 結合組織の強化作用
- 視力低下（近視、遠視、老眼）の改善作用

眼の網膜にあるロドプシンという物質は、暗順応に関与する栄養素です。タン白質とビタミンAから生合成されます。ビタミンAやタン白質が不足していると、ロドプシンが十分供給出来なくなってしまい、暗順応低下による夜盲症（夜になると著しく視力が落ちてしまう症状）や、眼精疲労（眼がよく疲れる、かすむなどの症状）を引き起こしてしまいます。最近、少し暗くなっただけで本や書類が読みにくくなったと感じる様なら、それは眼のロドプシンが減っているのかも知れません。

また、亜鉛は血中ビタミンA濃度を上昇させ、暗順応の回復に関与します。そして、アントシアノサイドは、ロドプシンの再合成を促進させる働きがあります。

現代人は、テレビやパソコンなどの人工的な光、紫外線などの酸化ストレスにさらされています。日の出と共に働き、日が暮れたら床に休む、テレビは殆ど観ない、パソコンもしない、なんて生活をしている現代人は殆どいないでしょう。当然ながら眼精疲労や白内障など、眼のトラブルを引き起こし易くなっています。

プロアントシアニジン

プロアントシアニジンはグレープシード（ブドウの種）に多く含まれる栄養素です。最近ではグレープシードのオイルが、オリーブオイルなどと並んでスーパーマーケットの棚にあるのをよく見かける様になりました。アントシアニジンとはポ

該当する項目をチェックしてみよう！　多い人はカロチノイドを摂ろう！

項目	項目
近視や老眼、遠視がある	糖尿病が気になる
パソコン、テレビ画面をよく見る	ガン家系である
眼精疲労がひどい	皮膚・粘膜が弱い
暗いところでは見えにくい（夜盲症）	ストレスが多い
眼のちらつきやかすみがある	飲酒、喫煙が多い
長時間運転することがある	野菜や果物を毎日は食べない
白内障や加齢性黄斑変性症が気になる	LDLコレステロールが高い

リフェノールの一種で、ワインを飲む人が動脈硬化になりにくい事から研究が進められた有効成分です。アントシアニジンの前駆物質でもあるプロアントシアニジンは、それ自体にも独自の作用があります。

①水溶性のラジカル消去作用
　プロアントシアニジンは抗酸化力が強く、分子1個当たり8個のラジカル（身体を酸化させてしまう物）を消去することが出来ます。特に光による酸化に対する働きが強いと言われています。水溶性のため体内への吸収が早く、硝子体、水晶体など水分を多く含む眼の組織では、光による障害、フリーラジカル（酵素による障害）を強力に消去してくれると考えられています。

②毛細血管保護作用
　コラーゲンやエラスチンなどの弾性繊維（伸び縮みする組織）を分解して壊してしまう酵素の働きを抑えてくれます。眼には多くの細かい血管がありますが、血管の壁を強化し血管の弾力をアップしてくれるので、血流が確保されます。その為、酸素や栄養成分がたくさん運ばれ、眼細胞を活性化させてくれます。

③光分解抑制作用
　ビタミンB2、β-カロチンなどのビタミン類が、光によって分解されて壊れてしまうのを抑制する作用があります。

コンプレックスで‼

　ここでご紹介している植物性成分の殆どが抗酸化物質です。でもお読み戴いてお分かりの通り、それぞれの働きは少しずつ違います。それは人間の個性みたいな物です。一人で仕事をするよりも、個性の違った人達がチームを作って、協力し合って行動すると大きな仕事が出来る様に、それぞれのカロチノイドをコンプレックス（複合体）で摂り、種々のストレスを退治しましょう！　ビルベリーエキスとグレープシードエキスを両方摂取する事で、相乗効果が期待出来ます。

第17章 植物性成分―2

ノコギリヤシエキス（Saw Palmetto）

　ノコギリヤシエキスは、ノコギリヤシの果実エキスの抽出物で、古くからネイティブ・アメリカンや欧米人に強壮薬として愛用されてきました。夜中に何度もトイレに行きたくて目が覚めたり、排尿後にすっきり感がないなどの排尿障害は、加齢（年を取る事）によるものだけではなく、前立腺肥大による症状の1つです。

　男性は50歳を過ぎた頃、前立腺が肥大してきます。これは自然な加齢変化です。しかし、前立腺の肥大が進行し過ぎると、尿道への圧迫がひどく、日常生活に支障をきたす様になります。これは異常な加齢変化と言えるでしょう。

　前立腺は膀胱の下に位置する器官です。精子が活発に運動する為の前立腺液という液を作り、分泌しています。

　前立腺は思春期に成熟し、20代〜30代で完全な形になり、そのまま大きさは変わりませんが、熟年期になると再び前立腺が肥大します。これが種々の症状を引き起こすのです。

前立腺が肥大する原因は…

①テストステロン（男性ホルモン）は血液に送り込まれると共に、前立腺に取り込まれます。
②前立腺内のテストステロンは、5-αリダクターゼという酵素によってジヒドロテストステロンという物質に変化します。
③タン白質の合成や細胞分裂を誘発するタン白質誘導体（レセプター）に結合し、前立腺が肥大します。

　前立腺が肥大すると以下の様な症状が起こります。
・頻尿（トイレへ行く回数が増えること。特に夜間）
・排尿困難（尿のキレが悪い、腹部に力を入れないと出ないなど）
・尿流速（尿の出方）の低下
・排尿時の痛み
・残尿感
・切迫性尿失禁（例：前触れもなく尿がしたくなり、

排尿障害は年齢だけのせいではない！

最近このような症状が気になっていませんか？

- □ 夜中に何度もトイレに行きたくなる
- □ トイレが近い
- □ 力を入れないと排尿しにくい
- □ 排尿に勢いがない
- □ 排尿後すっきりしない
- □ トイレに行ってもまたすぐに行きたくなる

トイレが近くて安心して外出や旅行も出来ない…。歳を取ると誰でもこうなるのかな？

トイレまで間に合わず漏らしてしまう、など）

ノコギリヤシエキスの働き
① 酵素5-αリダクターゼを阻害し、ジヒドロテストステロンの生成を抑制します。
② ジヒドロテストステロンとレセプターとの結合を阻止します。

女性にも！

女性も、更年期頃から排尿障害、腹圧性尿失禁（くしゃみや咳などで漏らしてしまう）、膀胱過敏症（トイレが近い）などの症状が現れ出します。これも女性の体内のホルモンバランス（男性ホルモンと女性ホルモンのバランス）から起こるものなのです。女性でこのような症状が出現してきた方は、是非、ノコギリヤシエキスを試してみて下さい。

同様な働きをするもので、ペポカボチャ種子エキスも効果的です。

大豆イソフラボン（Soy Isoflavone）

大豆の成分に含まれるイソフラボン類は、女性ホルモンに似た作用を持つことから、ファイトエストロゲン（＝植物エストロゲン）とも呼ばれ、更年期障害の緩和に関与しています。最近この、ファイトエストロゲンという名称をよく聞くようになりましたが、ここで言うファイトとは、"頑張れ！"の時に使っているのとは違います。

エストロゲン（女性ホルモン）は、骨の形成を促進し、骨の溶出を抑制する働きを持ちます。溶出とは、骨から大事な栄養成分（カルシウムなど）が溶け出すことをいいます。カルシウムの項で「骨吸収」とお話ししたのも、同様の症状です（骨から出てくるのに「吸収」という、一見正反対に聞こえる使い方をしている、とご説明しましたね）。

カルシウムのときにもお話しましたが、もう一度おさらいの意味でご説明しましょう。

人間は口から食べたカルシウムを骨に貯金します。カルシウムの一番の働きは、「動かす」。これはあなたが起きている時も、寝ている時も、生きている限りです。意識して動かす時も、意識しないで動かしている時も、両方ともです。食べたら勝手に消化してくれる、寝ている時も心臓を動かしてくれる、これらは全てカルシウムの働きです。ですから、カルシウムの血中濃度を一定にしておかないと正しい働きができません。摂取量が多かろうが少なかろうが、血中濃度を一定に保っておかなければなりません。これも生体恒常性の大切な働きです。

しかし、摂取量が少ない日々が続いたら、どうでしょう。血中濃度を一定にするために、どこかからカルシウムを調達して来なければなりません。そこで、口からカルシウムが入ってくるまでの辛抱と、骨からカルシウムを出し続ける事にな

ペボ・カボチャ種子エキスの主成分と効果

成分	効果
δ－7－ステロール	抗炎症、利尿、前立腺肥大の阻害
セレン	抗炎症
リノール酸	排尿管の筋肉を調整する作用を持つホルモンの前駆物質
トコフェロール	結合組織と筋肉の強化
マグネシウム	神経筋機能の改善

中南米が原産地であるペボ・カボチャ種子の抽出物の活性成分に、δ－7－ステロールという配糖体（糖類が結合した複合体）が含まれる。この配糖体は、ノコギリヤシエキスに含まれるステロール類に似ているため、前立腺肥大による排尿障害の改善作用を持つ。
(Carbin B.E.et al.(1990)British J of Urology 66.639-641)

さらに、ペボ・カボチャ種子に含まれる主成分は、女性の尿失禁や排尿障害諸症状に種々の効果を示すことが報告されている（表2）
(Griffiths D.et al.(1989)Neurourol Urodyn.8.17-27)

テストステロンとジヒドロテストステロンの働き

テストステロン	ジヒドロテストステロン
●性器の発達	●体毛とヒゲの増加
●精子の産生	●ニキビの増加
●筋肉増大	●前頭部の抜け毛
●性欲の増強	●前立腺の肥大

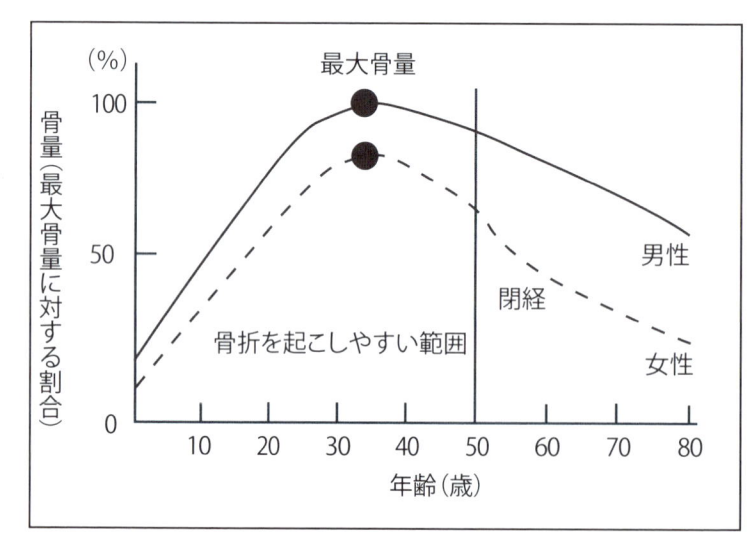

場合は子宮の活動がある有経の時期だけ。閉経時期になると出にくくなります。

骨量は30代半ば頃をピークにして、男女ともに少しずつ減っていきます。しかし女性は、エストロゲンの出なくなる50代の閉経を境に、骨量はがっくんと激減します。

もちろん、骨はカルシウムだけで作られている訳ではありません。骨の事を考えたらマグネシウム、ビタミンD、ビタミンKやイソフラボンの摂取も欠かせない、という事になります。

更年期とは閉経の50歳を中心とした前後の5年間頃、だいたい45歳頃から55歳頃の事を言います。この頃に卵巣機能が低下しますので、ホルモンのバランスが乱れ、更年期障害と呼ばれる症状が色々と出始めます。

エストロゲンと非常に化学構造式が似ている大豆イソフラボンには、エストロゲンに似た作用があるので、この時期にイソフラボンを摂取することで、更年期症状が緩和され、閉経が先送りされる方も多い様です（家森幸男他編、(2002) 大豆イソフラボン (幸書房)、Godin B.(1992) Lancet.339,1233)。

ります。

でも、余り使いすぎると骨の強度を保てなくなるので、エストロゲンが"少し使い過ぎを控えるようにしなさい"と、調節してくれるのです。

しかし、エストロゲンが出ているのは、女性の

更年期障害は、大豆をよく食べるアジアより、余り食べない欧米の地域の方がひどく症状が現れると言われています。欧米では最近まで、大豆は家畜の飼料で人間の食べ物じゃないと考える人もいた様ですが、この大豆イソフラボンの働きが注目される様になってからは、少しずつ大豆や大豆食品の摂取が増えている様です。

また、更年期の症状は、血液検査データには余りはっきり現れません。でも症状は人によって強く現れる事もありますので、なかなか周囲の人にその辛さが分かってもらえない事がある様です。症状も多彩で、今日と明日では違う症状が現れる、なんて事も良くあります。そうなるとご本人も周りの方々も混乱しますよね。私の経験則では、症状が現れてから大豆イソフラボンの摂取を始めても、余り改善しなかったり、改善に時間が掛かったりする方が多い気がします。やはり栄養素の働きはリンクしていますから、その他の栄養素も一緒に摂取し、体内の栄養バランスが改善されなければイソフラボン効果も出にくい、というのもあるのでしょう。

現代の女性に取って更年期という時期は、子育ても一段落し自分の時間が持てる、人生でとても充実した時期だとも言えます。その大切な時期に、更年期障害と言う症状に悩まされて楽しい人生を遅れないのは、もったいないと言えるでしょう。人生設計をする時に、この対策も是非入れておいて戴きたいと思います。

男性にも！

ここまでお話ししますと、イソフラボン摂取を考えるのは女性だけと思う方もいらっしゃるかも知れません。実はイソフラボンはホルモン依存性のガン予防に効果的と言われています。ホルモン依存性？ つまり、ホルモンバランスの乱れによって起こりやすいガンです。女性でいえば子宮

〜このような症状で困っていませんか？〜

☐ 月経不順
☐ 頭痛が多い
☐ 身体がほてる
☐ 不眠が続く
☐ 動悸がする
☐ イライラする
☐ なんとなく不安
☐ 腰痛がする
☐ 肩こりが治らない
☐ めまいがする
☐ 手足が冷える
☐ 蟻走感がある

※蟻が足を這うような感覚

これらは更年期障害（女性）の自覚症状であり、不調の度合いは人それぞれである

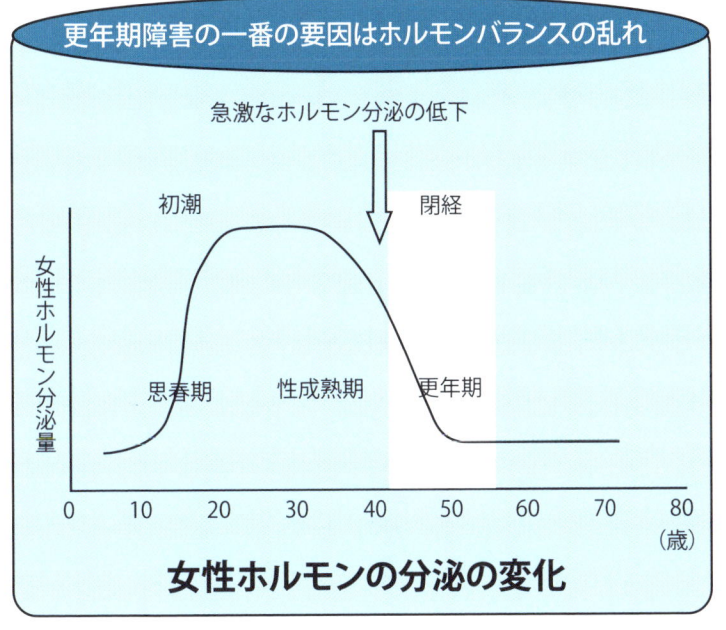

更年期障害の一番の要因はホルモンバランスの乱れ

急激なホルモン分泌の低下

初潮　　　　閉経

思春期　性成熟期　更年期

女性ホルモン分泌量

0　10　20　30　40　50　60　70　80（歳）

女性ホルモンの分泌の変化

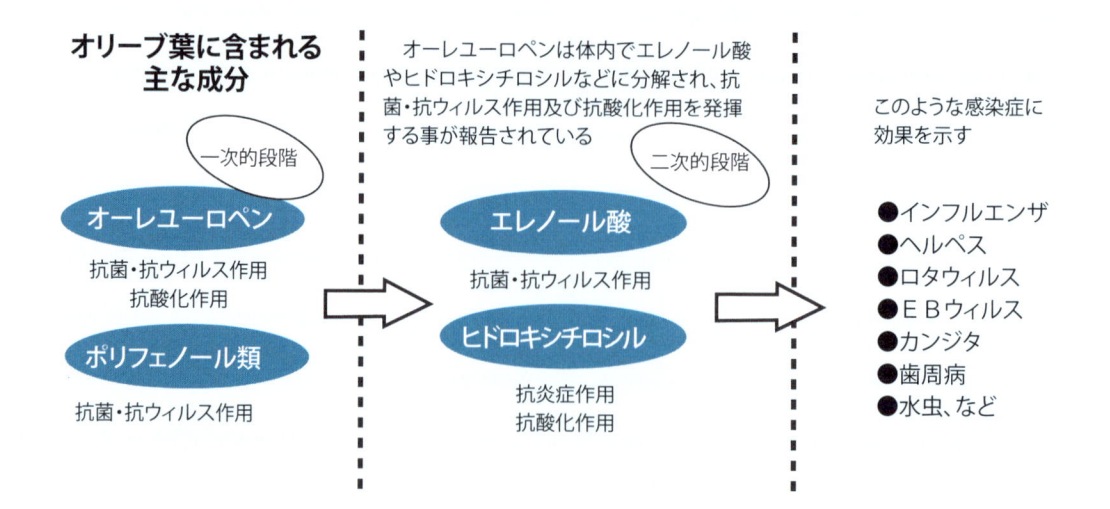

オリーブ葉に含まれる主な成分

一次的段階
- オーレユーロペン：抗菌・抗ウイルス作用、抗酸化作用
- ポリフェノール類：抗菌・抗ウイルス作用

オーレユーロペンは体内でエレノール酸やヒドロキシチロシルなどに分解され、抗菌・抗ウイルス作用及び抗酸化作用を発揮する事が報告されている

二次的段階
- エレノール酸：抗菌・抗ウイルス作用
- ヒドロキシチロシル：抗炎症作用、抗酸化作用

このような感染症に効果を示す
- インフルエンザ
- ヘルペス
- ロタウイルス
- ＥＢウィルス
- カンジタ
- 歯周病
- 水虫、など

ガン、卵巣ガン、乳ガンなどです。男性は最初のノコギリヤシエキスの時にお話ししました、前立腺ガンです。ですから女性だけでなく、ある程度の年齢になったら、男女ともに積極的に摂取を心がけて戴きたい栄養素です。

日本の昔からの食生活には、大豆そのものを調理する他に、豆腐、納豆、醤油、味噌など、大豆をたくさん食べる日常がありました。今一度、食生活の見直しをしたいものです。

また、筋肉の肥大だけを優先的に考えたら、乳プロテインや卵プロテインを選ぶ方も多いでしょうが、大豆プロテインもこのような働きの一端を担っているのですから、いろいろ使い分けて摂取するのが良いでしょう。

オリーブ葉エキス・エキナセア
（Olive Leaf Extract・Echinacea）

私たちの体は、皮膚や粘膜によるバリアと、体内に細菌やウイルスが侵入した際に働き始める白血球によって、守られています。

白血球にはいろいろな種類があり、それぞれが連携をして、侵入してきた細菌やウイルスを退治しようと働きます。

しかし、体が弱って免疫力が低下している時は、白血球の力がしっかり発揮されません。皆さんの周りにも、１年間に何度も風邪を引いたり、治りかけたらまた引き直したなんていう人がいませんか？　同じ地域に住んで同じ空気を吸っているのに、その違いは何でしょう？　そう、免疫力の違いですね。

また、若い頃はすぐに治った風邪も、歳を重ねていくと治りにくいと感じる事がありますね。これも同じです。

免疫力を強化

オリーブ葉エキスには様々な成分が含まれていますが、特にオーレユーロペンという、ちょっと聞き慣れない成分が含まれています。このオーレユーロペンは、抗菌・抗ウイルス作用が注目されています。オーレユーロペンは、マクロファージや好中球という種類の白血球の働きを活性化させるだけでなく、直接細菌やウイルスを攻撃して不活性化するという優れた働きがあります。それで免疫力を強化すると考えられています。

現在、以下のウイルスや細菌に効果が期待されています。
・インフルエンザ
・ヘルペス
・ロタウイルス
・EBウイルス
・カンジタ
・歯周病
・水虫、等

耐性菌という敵

第17章：植物性成分-2

該当する■をチェックしてみよう。多い方は免疫力低下に要注意！

風邪をよく引く	皮膚のトラブルを起こしやすい
毎年インフルエンザにかかる	歯周病になりやすい
風邪をこじらせて肺炎・気管支炎になることがある	アトピー性皮膚炎で皮膚がガサガサしていたり、炎症を起こしている
口内炎・口角炎になりやすい	水虫になりやすい

　風邪の症状があるときに病院へ行くと、抗生物質を処方される事があります。しかし抗生物質は、一度使うとその人の体に耐性菌が出来てしまう事があります。

　どういう事かと言いますと、細菌が抗生物質で殺されて死ぬ時に、生き残った菌に"次に同じ抗生物質が来た時に、お前は殺されるなよ"と、情報を伝えるのです。残った細菌は、同じ抗生物質にやられない様に形を変化させます。これにより、同じ抗生物質は二度とその人に効かなくなってしまうのです。もし抗生物質を3日間飲んでも効かなければ、その抗生物質は以前に使った時に耐性菌が出来てしまった証です。この様にして、細菌は抗生物質によってだんだんと強くなってしまうのです。もちろん、それに対してまた別の抗生物質を発明するのでしょうが、それではいたちごっこです。

　そんな訳で抗生物質は、むやみやたらには使うべきではないのですが、この事をよく理解していない医師は、日本だけでなく海外にもいらっしゃるとの事です（抗生物質の多剤乱用によって生まれてしまった超強力な耐性菌がSARSだと言われています）。

　オリーブ葉エキスは、このような抗生剤やワクチンの過剰投与によって耐性を持ち始めた細菌やウイルスにも効果的だと言われています。

エキナセア

　エキナセアは、キク科の植物で、数百年前からネイティブ・アメリカンの間では万能薬として利用されていました。（日本で言えば正露丸みたいな？）

　エキナセアの有効成分は、フコガラクトキシログルカンと酸性アラビノガラクタンという多糖です。とても名前が長くて、一度では覚える事も発音する事も出来なそうです。これらの多糖が免疫細胞を活性化し、細菌及びウイルス性の感染症に対する効果が報告されています。特に、オリーブ葉エキスとエキナセア、グレープフルーツエキスの併用（一緒に飲む）で、インフルエンザなどに対する感染抑制効果が確認されています（鶴純明、金子雅俊著、(2001)［感染症と栄養］分子栄養学研究所）。

「何回読んでも難解」…だじゃれを言ってる場合じゃありませんが、特に前回のプロスタグランディンに関するところは、誰に話しても「難しい」と言われます。今回は、少しは理解して戴けましたか？

第18章 植物性成分—3

フコイダン（Fucoidan）

　トロロ昆布の一種であるガゴメ昆布から抽出されるフコイダンという成分には、免疫活性を強化させる様々な作用が報告されています。

　フコイダンとは、昆布類等の褐藻類や、ひじき等に含まれる"とろみ"や"ヌメリ"成分の一種で、特にガゴメ昆布は、他の海草類に比べて有効成分（U-フコイダン、F-フコイダン）が多く含まれます。U-フコイダンには、ある種のガン細胞の細胞死を誘発させる作用が認められています。この「細胞死」をアポトーシスと言います。アポトーシスとは、個体（ここでは人間の事）をより良い状態に保つ為に引き起こす、プログラム化された細胞死の事です。身体の中で不良な細胞（ガン細胞）が出来てしまった時には、それを殺して処理するシステムが身体の中に最初からプログラムされている、という事です。アポトーシスによって死んでしまったガン細胞は自動的に除去されるのです。

　また、F-フコイダンには、組織を修復させる作用が認められています。これを HGF（hepatocyte growth factor ＝肝細胞増殖因子）と言います。HGF は、強力な増殖因子作用を持つ再生因子で、肝臓のみならず、腎臓、血管、皮膚などの組織障害に対して治癒効果を持つ生体修復因子の１つとして考えられています。ですから、ガンのような強くて怖い細胞が出来てしまっても、修復をしてくれる可能性が高いのです。

　厚生労働省によると、日本人の死因の第一位は 1980 年からずっとガンなんだそうです。人口動態統計によると、年間 30 万人以上がガンで亡くなっているそうです。そして今後、更に高齢化が進む事から、ガン発症率も増加して行く事が予測できます。

　更に、ガンのみならず、急激な社会の変化に伴って、現代人のライフスタイルは急変しています。その分、ストレスも増加し、様々な症状や疾病に悩む人も増加し続けています。

　そんなストレス社会には、免疫力の強化や生活習慣病の改善が重要なカギを握る事になりますね。

フコダインとβ-グルカンによる機能

機能	フコイダン	β-グルカン
免疫機能の向上	○	○
がん細胞の細胞死（アポトーシス）誘導作用	○	○
組織再生の促進（HGFの活性化）	○	○
抗アレルギー作用	○	
ヘリコバクター・ピロリ菌の感染抑制	○	
腸内環境の調整		○

このような症状でお悩みの方はフコダインやβ-グルカンを！

- ☐ がん家系である
- ☐ 風邪などの感染症にかかりやすい
- ☐ 肝硬変や肝炎が気になる
- ☐ 怪我の治りが遅い
- ☐ ストレスが多い
- ☐ 粘膜が弱い
- ☐ いつまでも健康で健やかに過ごしたい

β‐グルカン（β-Glucan）

　大麦から抽出されるβ‐グルカンにも、フコイダン同様、免疫活性を強化させたり、ガン細胞を殺す働きがあります。フコイダンは海の恵み、β‐グルカンは大地の恵みという事になりますね。

　この事から、前述のフコイダンとβ‐グルカンを一緒に摂る事で、更に強力な修復機能が期待されます。

　これからの高齢化・ストレス社会を快適に過ごすには、本来人間に備わっている免疫機能を強化しておく事が第一優先だと言えるでしょう。以前にも言いましたが、ストレスなどで失われる栄養素の量は、もの凄く大量です。でも、減っていく栄養素の量はなかなか目で量れません。食べる時は目で見る事が出来ますから、体内に沢山蓄積されている様な気分になりますが、ガソリンメータの様に目で見えないと"足りないぞ、補給しなきゃ"とは気づきにくいと言えますね。

イチョウ葉エキス（Ginkgo Biloba）

　イチョウ葉エキスは、銀杏の黄色になる前の緑葉から抽出したもので、40種類のフラボノイドやテルペンラクトン（ギンコライド等）、その他250種類以上もの有効成分が含まれています。最近では、フラボノイド24に対して、テルペノイド6のバランスが最も良いという事まで分かって来ています。

　イチョウ葉エキスの主成分であるフラボノイドには、血管の拡張、傷の修復、弾力性等の働きがあります。これらの働きによって、脳と身体全体の血液の流れが良くなり、脳神経疾患や心疾患の

該当する項目をチェックしてみよう！　多い人はイチョウ葉エキスを摂りたい！

項目	項目
物忘れが気になる	ストレスを感じている
仕事や勉強で頭を酷使している	慢性的な炎症を起こしている
冷え症である	むくみがなかなか取れない
肩こりがひどい	メタボリックシンドロームが気になる
疲れやすい	老後を健やかに過ごしたい

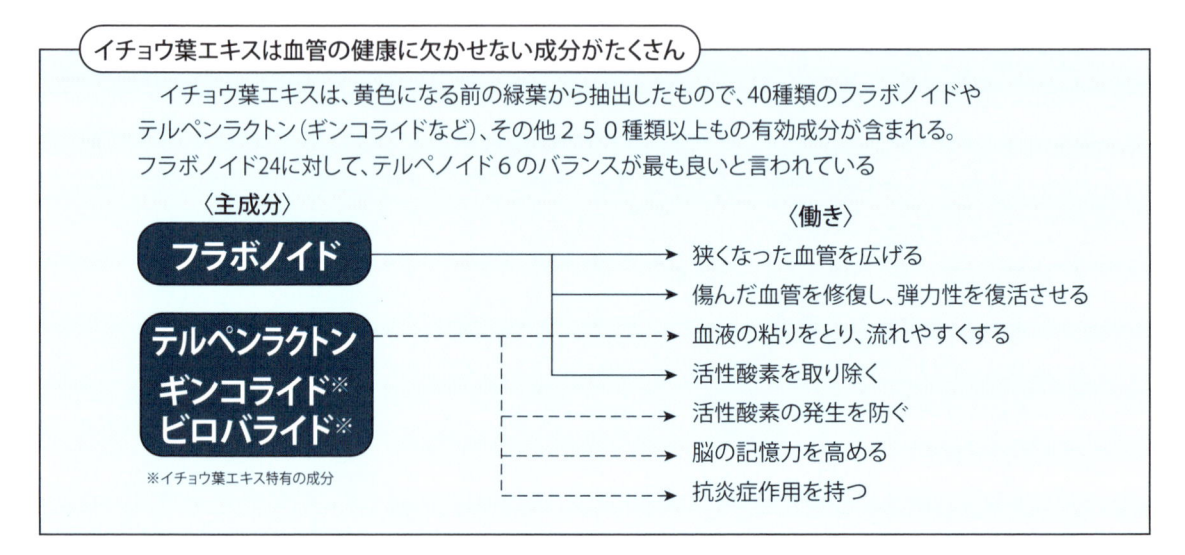

イチョウ葉エキスは血管の健康に欠かせない成分がたくさん

イチョウ葉エキスは、黄色になる前の緑葉から抽出したもので、40種類のフラボノイドやテルペンラクトン（ギンコライドなど）、その他２５０種類以上もの有効成分が含まれる。フラボノイド24に対して、テルペノイド6のバランスが最も良いと言われている

〈主成分〉
- フラボノイド
- テルペンラクトン　ギンコライド※　ビロバライド※

※イチョウ葉エキス特有の成分

〈働き〉
- 狭くなった血管を広げる
- 傷んだ血管を修復し、弾力性を復活させる
- 血液の粘りをとり、流れやすくする
- 活性酸素を取り除く
- 活性酸素の発生を防ぐ
- 脳の記憶力を高める
- 抗炎症作用を持つ

改善や予防が期待されます（Witte S. et al. (1983) Clin Hemorheol. 3291）。

　しかし、この有効成分の抽出は、単に銀杏の葉を煮出した程度では出来ません。以前このイチョウ葉エキスが話題になった時に、イチョウ葉のお茶というものが出回り、問題になった事があります。注意が必要です。
「人は血管と共に老いる」と言われます。35歳を過ぎる頃から、加齢による血管の弾性が低下し始め、血液の流れは悪くなります。これが動脈硬化の始まりです。着実に老化は進みます。

活性酸素を退治する！

　正常な細胞の分子は、電子を２個持っています。この状態の分子は安定しています。ところが何らかの原因で電子が１個欠けてしまうと、たちまち分子は不安定になります。春は旅立ちの時と言いますが、家族が一人いなくなると、急に寂しくなって不安になる人間と似ていますね（心当たりのある方はすぐ親に電話をするべし！）。不安定な電子を持つ活性酸素は、何と脳細胞から電子を奪って自分は安定し、電子を奪われた脳細胞は酸化してしまいます。何とワガママな、と思うなかれ。不安定な活性酸素には自分が生き延びる事しか見えて無く、理性など無いのです。この酸化が原因で、脳の老化が進むと言われています。

　また、ストレスが掛かると免疫力が更に低下し、感染症やアレルギー等、様々な疾患を引き起こす事になります。引っ越しや転職など、環境が変わると今まで無かった筈のアレルギーがいきなり起こる、なんて経験をされた事はありませんか？それにはこんなメカニズムが有ったのです。

　イチョウ葉エキスの働きには、最近では、脳神経作用以外にもアレルギーや炎症に対する作用、

該当する項目をチェックしてみよう！　多い人は血栓に要注意！

項目	項目
中高年である	メタボリックシンドロームである
デスクワークが多い	運動不足である
頭脳労働をしている	睡眠不足である
ストレスが多い	あまり水分を摂らない
飲酒・喫煙が多い	責任感が強い
食生活が不規則である	負けず嫌いである

心疾患等の疾病の予防・改善も期待されています。

脳の血流を改善

「生きた化石」とも言われるイチョウは、現存する世界最古の樹木です。古くからイチョウ葉エキスの薬効が認められ、脳の健康の為に親しまれて来ました。特に脳梗塞の初期治療に有効な報告がいくつもあります。

　脳の大脳皮質という所には、フォスファチジルセリンという物質が沢山あります。あれ？　どこかで似た様な名前の物質がありましたよね？

　…で思い出した人は、しっかり勉強されている方ですね。よく似た、というのはフォスファチジルコリン。これは卵黄に含まれるレシチンという栄養素の時にお話ししました。

　話しはそれましたが、脳は極細の血管が縦横無尽に走っている所です。細い血管と言えば、他に心臓や膵臓、腎臓、眼の網膜など色々ありますが、脳がストップしたら人間は生きていられませんから、心臓から脳への道（血管）には、4本もの大通り（大動脈）があります。左右頸部と、首の後ろです。頸部は、サスペンスドラマで、犯人が刃物を突きつける所ですね。表皮からの距離が短いので、ちょっと切ると大量の血液が噴出し、出血多量で死に至る、という場所です（また少々話しがそれました）。

　そういう訳で大通りから脳に流れた血液は、今度は筋道だらけの細かい血管を通って行くわけですが、大型トラックが細い道を走るのは大変です。

普通なら小回りの利く軽トラにでも乗り換えたいところですが、血球は乗り換える訳ではありません。そのまま形を変形させて、体を折りたたんだ状態にして、細い血管に入っていくのです。

　その為には血球の変形能（変態能じゃありませんよ、漢字が似ているからって間違えないで下さいね）と血管の柔軟性が要求されます。どちらもモチモチプリンの若い頃は問題ありませんが、お肌の水分が減ってしわが出来るのと同じ様に、身体の中でも水分を保つ事がだんだん出来なくなり弾力が失われて行き、どこかの血管で詰まったり（脳梗塞、心筋梗塞等）、血管が壊れて出血したり（脳内出血、くも膜下出血等）という事が起こります。

イチョウ葉エキスの働き
・赤血球の変形能を高め、赤血球の凝集を阻止
・血管拡張作用を促進させるホルモン様物質（プロスタグランディン）の合成を促進
・血管透過性の低減によるむくみの予防や血流の改善
などが上げられます。

認知症の改善

　アルツハイマー病、多発性脳梗塞認知症の外来患者約200人を対象に実施した研究があります。患者を2つのグループに分けて、一方にイチョウ葉エキスを1日120mg、もう一方にプラセボ（偽薬）を服用させ、1年間観察しました（この調査

血栓のできる仕組み

血小板凝集

血管内に血小板が凝集し、ここに血液凝固の仕組みが働くことにより、血栓（フィブリン）が作られます。

凝固（血栓形成）

方法が人道的にどうかと言われる意見もございますが…）。

その結果、記憶力、動作、判断力を評価した指数である老年性評価指数が、イチョウ葉エキス投与により改善しました。この他の指標を含め、認知能力と社会的機能を改善する効果が認められました（Le Bars P.L. et al. (1997) JAMA.278 (16) 1327-1332）。

老化は避けては通れない自然現象です。平均寿命が80歳を超える今日、脳の老化や認知症は、深刻な社会問題となっているのが現状です。

最近では、遺伝や環境以外に生活習慣病が原因で認知症が生じるとも言われています。そこで、アルツハイマー病や認知症を、単なる老化現象ではなく、身近な病気として捉える事が、予防や進行抑制につながると考えられています。

栄養はリンクしている

いつも私が繰り返し言っている事ですが、では脳の老化を食い止める為に、イチョウ葉エキスと一緒に摂りたい栄養素は何でしょう？
ざっと上げてみました。
① DHA（ドコサヘキサエン酸）

DHAは脳と網膜組織の抗生物質です。イチョウ葉エキスと摂る事で学習能力向上が期待されます。EPAとDHAは二重結合が多い（＝酸素と結びついて酸化するスピードが速い）ので、ビタミンEを一緒に摂りましょう。
② フォスファチジルセリン

フォスファチジルセリンは、脳の神経細胞膜に多く含まれ、神経伝達物質の放出や、シナプス活動等の情報伝達及び神経細胞の機能発現に深く関与しています。

また、記憶力、集中力、学習能力の改善や甲状腺ホルモン作用の増進などに関与しています。
③ ビタミンB1

脳がエネルギー源として使うブドウ糖を、食物から代謝するにはビタミンB1が不可欠です。脳がエネルギー不足を起こすと疲労感や精神不安等の症状を起こしやすくなります。
④ ビタミンB12

脳神経、脳機能の活動に不可欠な物質です。情報伝達を担う神経繊維であるシナプスは、老化と共に、或いは認知症等によって減少しますが、ビタミンB12は、それを修復してくれます（山津清実他、（1976）日本薬理学雑誌、72,269）。

ナットウキナーゼ（Natto-kinase）

現在の日本の高齢化社会では、認知症は深刻な問題となっています。世界一の長寿国である日本で問題という事は、世界中でも同様の問題が起こりつつある、と言えるでしょう。日本人に多い「脳血管性認知症」の原因には、記憶力の低下を伴う場合がある「ラクナ梗塞」や、症状を殆ど感じない「無症候性脳虚血」等があります。これらは、脳の細かい血管に小さな血栓（血のかたまり）が形成され、徐々に血管が詰まる事によって起きます。

ラクナ梗塞

ラクナとは、小さい空洞や穴を意味するラテン

語です。脳の血管が詰まる脳梗塞は、即、重篤な状態や命の危険に繋がったりしますが、「ラクナ梗塞」や「無症候性脳虚血」というものは、それほど大きい血管が詰まっている訳ではありません。脳の奥深くに生じる数ミリ程度の脳梗塞をラクナ梗塞と言います。日本人に最も多く、脳梗塞患者の40～50%を占めています。ラクナ梗塞は、歩行障害や痴呆などの明らかな症状を伴う場合もありますが、無症状の場合も多く、見逃される事も多いのです。「人の名前が思い出せない」とか「今まで書いていた漢字の書き順を間違う事がある」「昨夜何を食べたか思い出せない」等といった、生活の中で「老化現象じゃないの？」と言われる様な小さな症状が起こります。詳しくは、ラクナ梗塞のチェックリストを用意しましたので、やってみて下さい。5項目以上当てはまる場合は、ラクナ梗塞の心配があります。

納豆に含まれる成分

納豆は日本を代表する伝統的な食品の1つです。古くから疲労回復などの効果が知られていました。

1980年に、シカゴのロビンス研究所（血栓症研究の世界的権威）で研究していた須見博士は、納豆の中に血栓を溶解する作用を持つ酵素を発見し、「ナットウキナーゼ」と命名しました。名前の由来は、血栓溶解剤として臨床で使われているウロキナーゼという薬に因んでいて、納豆中にある血栓溶解酵素というところから命名されました。不思議な事に、この酵素は通常の大豆には含まれず、納豆を作る過程において発酵中の納豆菌が作り出す事も分かりました。

肥満は要注意！

現代人は血栓が出来易い環境にいると言えるでしょう。

思い付く要因を挙げてみます。

・病態、症状
高血圧　肥満　高脂血症　糖尿病　低HDLコレステロール血症　高尿酸血症(痛風)　動脈硬化症　甲状腺機能低下症　頸動脈に肥厚のある(血管が厚い)方

・生活
座りがちな生活　偏った食生活　運動不足　睡眠不足　ストレス
過度の飲酒・喫煙　発汗等による脱水

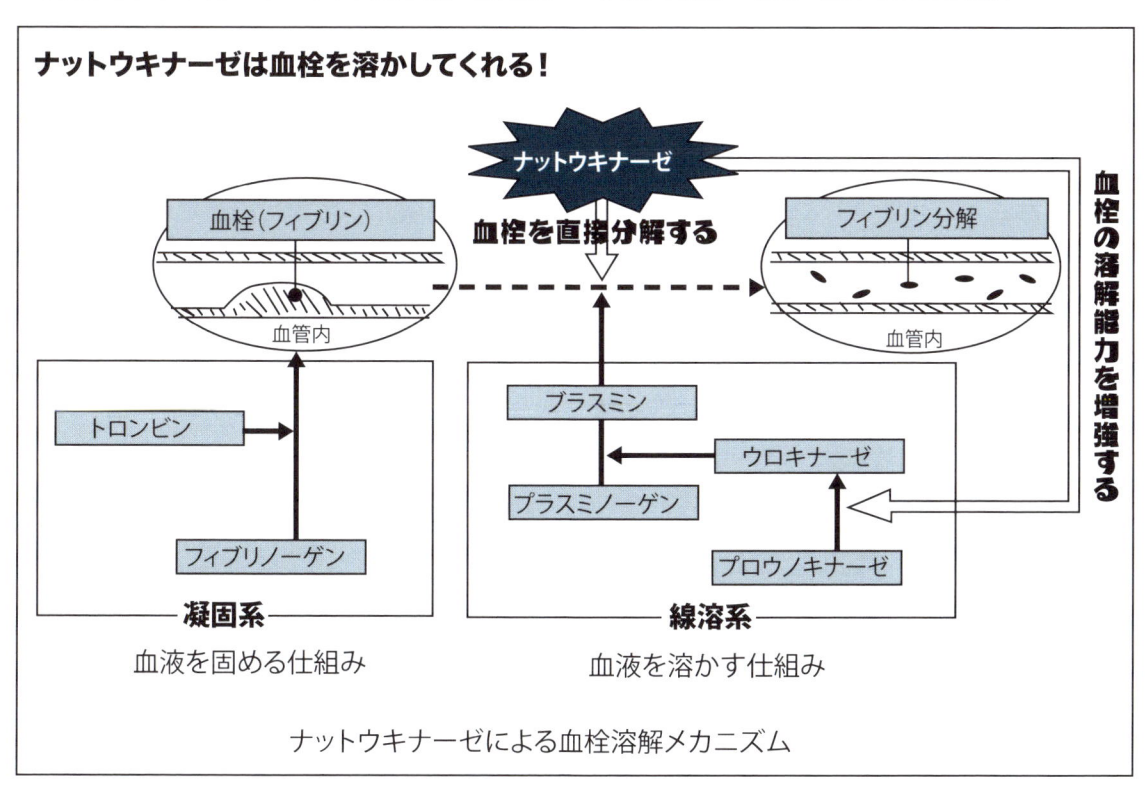

ナットウキナーゼは血栓を溶かしてくれる！

ナットウキナーゼによる血栓溶解メカニズム

ラクナ梗塞チェックリスト

～5項目以上当てはまる場合はラクナ梗塞の心配があります～

Dr. Koichi Ishikawa

☐ 最近、字を書くのが下手になった
☐ 不器用になった
☐ 手が震えることがある
☐ 細かい仕事、例えばネジを締める、針仕事をするといったことが苦手になった
☐ ゴルフをする方で、スコアが良くなったり悪くなったりする
☐ 車の運転をしていて、加速や減速、駐車等がスムーズにできなくなった
☐ 歩いていて、知らないうちに右か左に歪んでしまうことがある
☐ 歩く速度が遅くなった
☐ 歩いていてつまずくことがある
☐ 歩いていてフラフラすることがある
☐ 走ることが難しくなった
☐ 目を閉じて真っ直ぐ立っていることができなくなった
☐ 手足がしびれることがある
☐ 寝ていて、足が冷たくなることがある
☐ 食べ物を飲み込みにくいことがある
☐ 水を飲んでいて、気管に入ってむせることがある
☐ 食べていて、舌を噛んでしまうことがあ

☐ 時々目がかすんで遠くのもの（交通標識など）が見えにくいことがある
☐ 耳鳴りがする
☐ 人の名前など固有名詞がなかなか思い出せないことがある
☐ 身近な人や友人の電話番号を忘れることがある
☐ 今まで書いていた漢字の書き順を間違うことがある
☐ 昨夜、何を食べていたか思い出せないことがある
☐ テレビや映画を見たり新聞を読んだりして感激して涙を流してしまうことがある
☐ 最近頑固になったと言われることがある
☐ 時々ぼんやりしていて、何か大事なことをするのを忘れてしまうことがある
☐ 何でもない小さいことが気になって仕方がないことがある
☐ いつも乗っている電車の駅で降りるのを忘れてしまうことがある
☐ 道に迷うことがある
☐ 寝付きが悪く、夜中に目が覚めてしまうことがある

・性格
交感神経優位型（A型性格）　行動的　攻撃的　責任感が強い　負けず嫌い
・職業
頭脳労働　管理職
・年齢
中高年

　いかがですか？　全くどれも当てはまらない人は少ないと言えるでしょう。特に社会的に成功しているとか、有能とか言われている人ほど、当てはまる項目が多いかも知れません。

　血管の内部に、コレステロールや脂肪で出来たドロドロの粥状の物質が溜まります。すると、血管内の血栓抑制作用が失われ、血流の乱れなどによって血栓が形成されます。肥満の方や高コレステロールの方は特に注意が必要です。

　「心筋梗塞の曜日別の発症率」というデータを見た事があります。何曜日が一番多いと思いますか？　それは月曜日なのです（Willich et al. (1994) Circulation. 90, 87-95）。仕事を楽しんでいるという方には縁のない話なのでしょうが、週末は様々なストレスから解放される日ですが、週明けの月曜日は、「また憂鬱な一週間が始まる」日なので

しょう。余り考えたくない話ですが、線路に飛び込む自殺者数も、月曜日が一番多いそうです。

現代人は、ストレスを受け易い環境にあると言えるでしょう。ストレスにより血管の収縮が続くと、虚血になり、うっ血や浮腫が起こり、血栓が作られ易くなります。

「凝固系」と「線溶系」

身体の中には血液を固める「凝固系」という物質と、血栓を溶かす「線溶系」という物質があり、いつもこの両方が血管の中を流れています。特に「凝固系」は血管壁の近くを流れ、怪我などで万が一血管が壊れて血液が漏れそうになったら、すぐさま集まって穴を塞ぐ働きをしてくれます。ヒトの身体内では、常に血栓（フィブリン）が作られたり分解されたりしています。通常、血栓は止血されて役目を終えると、プラスミンという物質によって溶かされ、なくなります。

同様に「線溶系」は血管の中心近くを流れ、血管内の流れを良くしています。「凝固系」と「線溶系」は、常にバランスを保っています。

しかし、先程の様々な環境因子（特にストレスと加齢）があると、この分解の働きが弱まり、血栓が出来易くなります（Sumi H. et al. (1990) Acta Haematol. 84, 139-143）。そうすると「凝固系」と「線溶系」のバランスが崩れ、「凝固系」に傾いてしまいます。

ナットウキナーゼは、このバランスを整えてくれる働きがあります。これは、大豆イソフラボンの時にも言いましたが、「凝固系」が多すぎる人には「線溶系」を増やしてくれますが、凝固系が正常値または少ない人にはそのようには働きません。沢山摂ったら出血が止まらなくなる訳ではないのです。その絶妙な調節機能は、薬には無い素晴らしい働きだと言えます。そして、食品として血栓を溶解出来るものは、ナットウキナーゼだけなのです。

ナットウキナーゼの働きは・・・

① 既に出来ている血栓を直接分解
② プロウロキナーゼに作用し、ウロキナーゼを活性化させる事により、血栓の溶解作用を高める

朝起きた時の血圧の変動を morning surge（モーニングサージ）と言います。動脈硬化等を発症している人は、血圧の急激な変動により、心筋梗塞や脳梗塞を発症しやすい状態にあります。「状態にあります」と言っても、自覚症状がある訳ではありませんから、発症した時＝命の危険です。

以前、早朝に愛犬の散歩をしていると、救急車が止まっている家を見た事がありました。"きっとmorning surge（モーニングサージ）で脳梗塞か心筋梗塞になった方がいらしたのね･･･"と思いました。昨日何もなかったから、今日も大丈夫とは限りません。起きる時は"ある日突然に！"なのです。このような、急な血圧の変動にも対応出来る様に、ナットウキナーゼを摂って血栓の出来にくいサラサラの血液を維持したいものです。

ナットウキナーゼは、脳の細い血管の詰まりが原因とされている脳血管性痴呆症や、長時間同じ姿勢でいると血栓が出来やすくなるロングフライト症候群の対策にも効果が期待されています。

第19章 植物性成分—4

MSM(メチルスルフォニルメタン Methyl Sulfonyl Methane)

　関節痛など痛みのトラブルは、非常に多くの人が抱える悩みの種です。厚生労働省の最近の国民生活基礎調査によると、何らかの自覚症状を持っている人の主な症状は、
男性①腰痛②肩こり
女性①腰痛②肩こり③手足の関節が痛む
となっています。
　関節のトラブルは、加齢（年齢が増える事）と共に増加します。60歳以上の人で見てみると、肘、膝、股関節及び脊柱などに痛みを感じる方が、何と80％以上に見られると言われています。テレビを点けてみれば、毎日の様に「関節軟骨に○○を！」の様なコマーシャルを観ます。それだけ、肩、膝や股関節にトラブルを抱える方が多いという事でしょう。
　特に女性は、更年期障害により骨量の減少や骨の軟化（骨折し易くなる）が起こる為、関節などに痛みを感じる人が多く見られます。
　また、年齢が若くても、過度な運動や立ち仕事、肥満などが原因で関節に過大なストレスを与えます。痛みは身体への影響も大きく、慢性的に精神的ストレスも与えるため、悪循環に陥る事も少なくありません。早めの対策が重要となります。

痛みや炎症に届くMSM

　MSMの最も重要な働きは、抗炎症・鎮痛作用です。アメリカでは、数年前から関節の痛みや、炎症の緩和に単独で役立つ栄養補給食品として注目されています。日本では2001年10月に、栄養補給食品としての利用が認められました。

MSMとは

　MSMは、針葉樹の樹皮から精製抽出された天然有機硫黄で、自然の動植物にも多く存在しています。ヒトの体内にも、結合組織（関節、粘膜、皮膚、血管、爪、髪など）に多く含まれ、これらを形成する上で必要な栄養成分です。

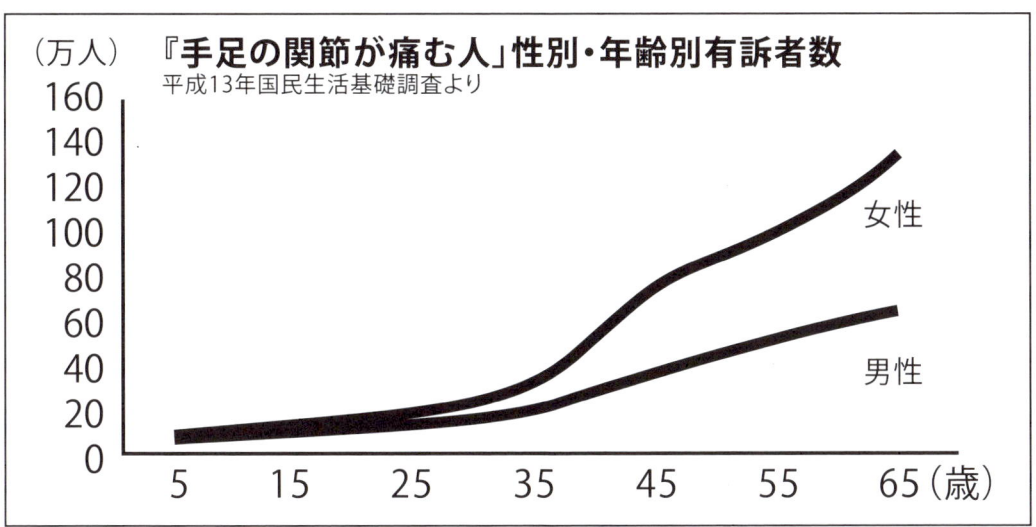

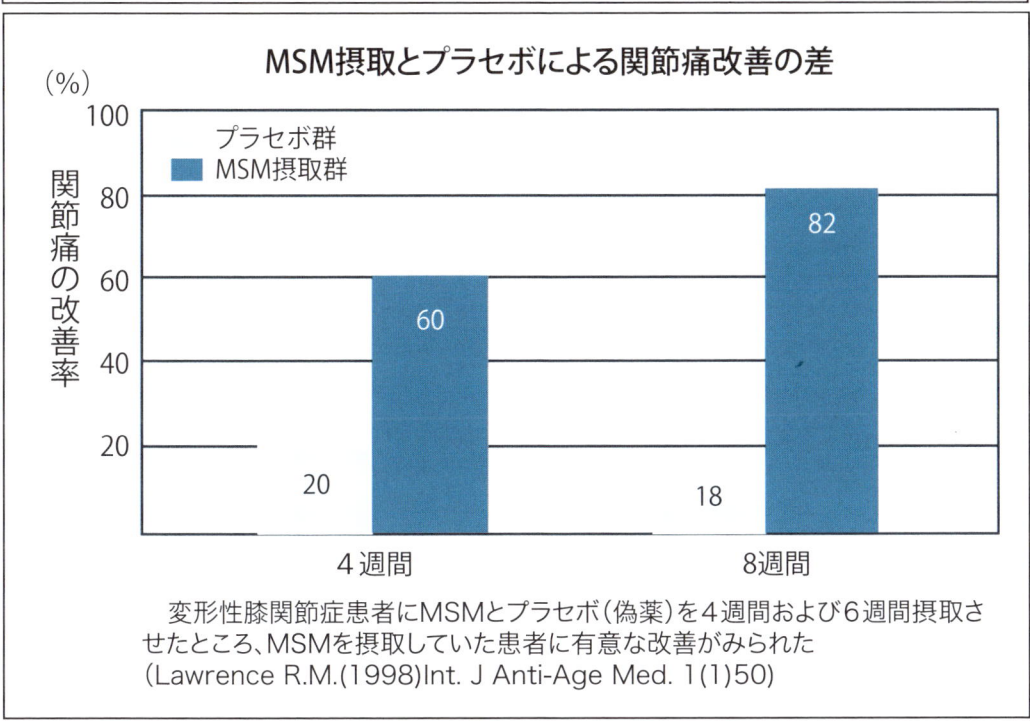

『手足の関節が痛む人』性別・年齢別有訴者数
平成13年国民生活基礎調査より

MSM摂取とプラセボによる関節痛改善の差

変形性膝関節症患者にMSMとプラセボ(偽薬)を4週間および6週間摂取させたところ、MSMを摂取していた患者に有意な改善がみられた
(Lawrence R.M.(1998)Int. J Anti-Age Med. 1(1)50)

老化と共に減少

MSMは、肉、魚、卵、牛乳、葱、ニンニク、トマト、キャベツなどに含まれていますが、その量は微量で、更に調理によって大部分が失われてしまいます。

また、老化に伴い、MSMの体内への吸収率や代謝により作り出される量も減少します。

MSMは、体内の含硫アミノ酸(硫黄を含むアミノ酸)などに取り込まれ、必要な組織への硫黄成分の供給源となります。硫黄は、タン白質、ビタミン、酵素、ホルモンなどの合成に必要であるため、不足すると様々な組織の働きや機能が低下します。

- メチオニン
開始アミノ酸として体タン白の構成に不可欠
- コンドロイチン硫酸
結合組織の主成分
- システイン
グルタチオン(抗酸化作用・解毒作用)の生成
- ケラチン
髪の毛や爪を作る成分

最近このような症状が気になっていませんか？

□ 関節が痛む
□ よく頭痛がする
□ 顎関節症である
□ リウマチによる痛み
□ 筋肉がよく痙攣する
□ 腰痛がひどい
□ 手根管症候群による痛み
□ 外傷（急性・慢性）による痛み

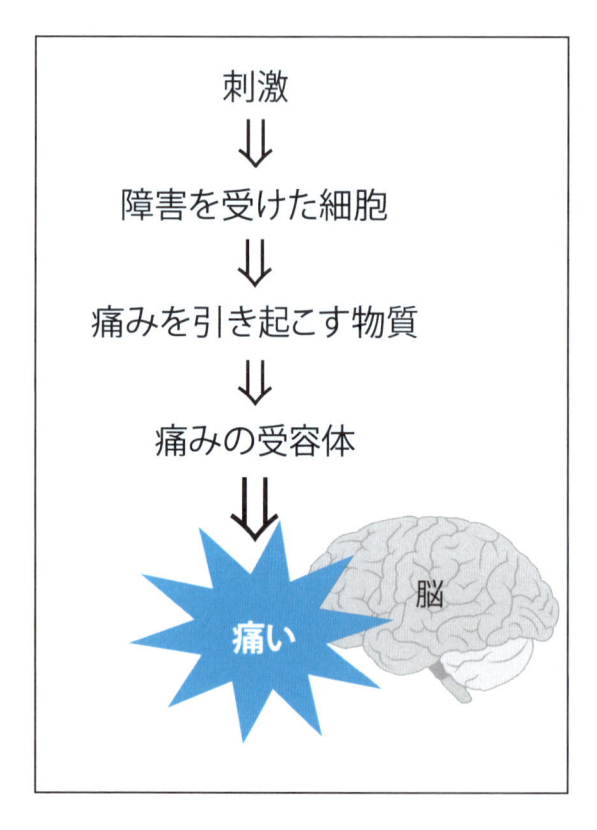

```
刺激
 ⇓
障害を受けた細胞
 ⇓
痛みを引き起こす物質
 ⇓
痛みの受容体
 ⇓
痛い     脳
```

メチオニンが開始アミノ酸という、ちょっと変わった名前になっているのには、理由があります。牛を食べても牛にならないのは当たり前ですが、それは何故なのでしょう？

牛には牛の、魚には魚の、それぞれを形作るアミノ酸の配列があります。この配列の設計図が遺伝子です。遺伝子（設計図）は、両親から半分ずつもらって、その人独自の配列になっています。これは牛も魚も同様です。

食べ物を食べると、消化の段階でこの配列の長い長い鎖をまず切ります。何十万個と繋がっている長い鎖を、最終的には3個以下の短い鎖、または単体のアミノ酸の状態にまでして、それを今度はその人の遺伝子（設計図）の配列順通りに並べ替えをします。

この時、人間用に並べ替えをすると、使える部分と余る部分が出ます。この、使える部分を表すのがプロテインスコアです。

さて、この「人間用に並べ替え」をした時、必ず配列の最初に来るのが「メチオニン」というアミノ酸です。つまりメチオニンが沢山あると、人間は身体の中で必要な沢山のものを作り出す事が出来る訳です。開始アミノ酸はメチオニンですが、それ以外の配列順がそれぞれ異なる事で、違う物質に形を変える訳です。

食べたタン白質は、吸収されて後、必ず肝臓に運ばれ、ここで自分用に作り直しされます。肝臓の病気があったり、手術や怪我などで身体のダメージが大きく、修復に沢山のタン白質が必要な時などに、プロテインの他にメチオニンを摂ると、回復が早くなります。

痛みへの複合作用

MSMは様々な痛みを改善する作用があります。

アルカロイドの種類と働き

アルカロイドの種類	働き
イソリンコフィリン	神経節のブロック作用に鎮痛作用が認められ、リウマチや関節炎に効果的
リンコフィリン	抗血小板凝集作用があることから、血栓の予防、脳梗塞、心筋梗塞のリスク軽減や予防、発熱の抑制などが期待できる
イソプテロボディン	免疫力を高める
プテロポディン	免疫細胞の貪食作用を促進する
イソミトラフフィリン	感染症の予防・改善
ミトラフィリン	利尿作用

・関節痛などの慢性的な痛みの伝達に関与している神経繊維（C繊維）を経由する痛みの伝達を遮断する作用 → 痛みの信号の一部が届くのを遅らせます。
・炎症の引き金となる活性酸素を消去し、炎症を抑える作用
・末梢血管拡張により、炎症部位の血流量を増やす作用
・痛みや機能障害が連動する筋肉の痙攣を和らげる作用
・瘢痕組織（傷が治った後で固くなった場所）を柔らかくする作用

不思議な事にMSMの鎮痛・抗炎症作用は、単一のはっきりした成分によるものではなく、多数の複合した作用によるものと考えられています。関節においては、関節液の補充不足、軟骨の摩耗などにより、変形性関節炎が発生します。

MSMは、関節の細胞が柔軟性を回復し、炎症を鎮め、関節液を補充します。また、軟骨を強化することで、関節の痛みが改善されると考えられています。

キャッツクロー エキス
(Cat's Claw Extract)

「キャッツクロー」はペルーの熱帯雨林地帯の高地山林地部のみに生息する蔓（つる）性の植物です。また、蔓の部分に猫の爪に似た棘（とげ）が

- キャッツクロー：痛みや炎症の緩和
- MSM：関節軟骨や関節液を作る材料
- コンドロイチン硫酸 グルコサミン

〈同時に摂りたい栄養素〉
●MSM（メチルスルフォニルメタン）
　…関節の痛みや炎症、頭の痛みに効果的
●コンドロイチン硫酸
　…関節の痛みに効果的

あることから、「キャッツクロー（猫の爪）」と呼ばれる様になりました。
「キャッツクロー」の樹皮から抽出したエキスには、6種類のアルカロイドという成分があります。これは、様々な痛みや炎症を和らげる効果が期待されます。

ペルーや中南米の原住民は、2,000年も前からキャッツクローを炎症、感染症、傷の回復、疼痛、腫瘍などの治療薬として使っていました。

アルカロイドの他にもキャッツクローに含まれる有効成分には、キノビック酸グルコシド（抗ウィルス作用）、トリテルペン（抗酸化、抗炎症作用）などがあります。

ボスウェリア セラータ
（Boswelia serrata）

ボスウェリア・セラータとは、インドの高地に自生するカンラン科の落葉樹で、別名「インド乳香」と呼ばれています。インドの伝承医学では、その樹脂をリウマチ、関節炎等の治療に使って来ました。近年、この樹脂に含まれるボスウェリン酸が、抗炎症作用を持つことが発見され、炎症に関連する様々な用途での利用が期待されています。

その他の作用としては・・・
・ガン細胞の増大を抑制。

神経膠腫（こうしゅ＝グリオーマ）を移植した雌のウィスター系ラットに通常食餌、ボスウェリア・セラータ 60mg/kg、120mg/kg、240mg/kgを、それぞれ14日間投与した実験があります。投与後、脳を摘出、ヘマトキシリン及びエオジンで染色、画像解析し、ガン細胞を測定した結果、ボスウェリア・セラータ 120mg/kg、240mg/kg投与群で、ガン細胞の増大の有意な抑制が確認されました（$P < 0.05$）（Winking M. et al. (2000) J Neurooncol.46(2),97-103）。
・潰瘍の発生を抑制 (Singh S. et. al. (2008) Phytomedicine. 15(6-7), 408-415)。
・様々な皮膚症状を改善。

女性50名に0.5％のボスウェリア・セラータ含有クリームを使用してもらった実験があります。30日後、抗老化スコアの改善、皮膚の弾力性の増加、皮脂分泌の減少、小じわ・キメ・肌触りの改善、エコー画像所見の改善が見られたと報告されています（Calzavara-Pinton P. et al. (2010) Dermatol TTher.. 23 (Suppl 1), S28-32)。

関節痛などの痛みの軽減、そしてお肌の潤いなどと関係する栄養素としては、コンドロイチン硫酸があります。ボスウェリア・セラータはそういう意味ではとてもよく似た働きがあると思いますが、どれかだけではなく、複合で摂る事がお勧めです。

50歳を過ぎた私も最近、"お肌がつるつるだけど、その秘訣は何？"と聞かれる事が良くあります。でも、一口で"これです"とは言えないので、答えに困ります。コラーゲンならタン白質、鉄、VC。コンドロイチン硫酸もタン白質と結びついてお肌の保湿に関わっているし、シワ取りならコエンザイムQ10でしたよね。あら、全部摂ってるワよ。えっへん！えっ?!・・・お世辞？・・・（汗）。

シリマリン・クルクミン・ピペリン
（Silymarin・Curucumin・Piperine）

肝臓は、身体の中で一番大きな臓器です。そして多種多様の生理学的、生化学的役割を果たしています。
●肝臓の主な働き
①解毒・排泄機能・・・細菌が放出した毒素や、ア

【身体のこと】
□関節が痛い
□リウマチの罹患歴がある
□炎症を起こしている
□潰瘍がある
□ガンの罹患歴がある
□腫瘍がある

【肌のこと】
□脂性肌でテカリが気になる
□肌荒れが気になる
□小じわが気になる
□肌に張りがなくなってきた
□きめ細かい肌を目指している
□アンチエイジングに取り組んでいる

シリマリンで肝炎マーカーの改善

アルコール性肝炎患者とウィルス性肝炎患者合計60名にシリマリン(360mg)を毎日2週間連続経口投与したところ、肝臓酵素などの値が有意に改善を示した(Vatiati A. et at. (1993)Fitoterapia.64(3)219-228)

シリマリン投与による肝炎マーカーの改善

	GPT	GOT	γ-GPT	T-BIL
摂取前	101.1±4.6	98.1±6.3	138.4±18.7	1.38±0.09
摂取後	53.3±6.1	39.3±5.0	88.1±7.6	1.18±0.08
基準値	5〜45	10〜40	(男)80 (女)30	0.2〜1.1

ルコール、薬物などの解毒
②胆汁生成機能・・・脂肪が小腸から消化吸収されるには、胆汁と混ざって乳化されないと吸収出来ません。その脂肪の乳化に不可欠な胆汁は、肝臓で合成されます。
③合成能力・・・吸収されたアミノ酸や脂肪酸から、タン白質や脂質を合成
④貯蔵機能・・・吸収された糖質は、グリコーゲンとして肝臓に貯蔵されます。また、ビタミン、ミネラルは、新しい細胞を作る為に、肝臓に貯蔵されます。

　肝機能が何らかの原因により低下する事を、肝機能障害と言います。しかし肝臓は沈黙の臓器と言われ、仮に障害が起こっても多少の事では自覚症状が出にくく、分かりません。ですから、肝臓の健康維持の為には、普段から健康状態を把握し、肝機能の改善を助ける栄養を補給し、ストックしておかなければなりません。
　肝臓は様々な機能を持つため、肝臓の状態を表す検査項目は、沢山あります。
　肝臓の状態を知る検査項目を、ざっと上げてみますと…
① GOT
② GPT
③ ALP（アルカリフォスファターゼ）
④ LDH（乳酸脱水素酵素）
⑤ γ-GTP
⑥ T-BIL（総ビリルビン）
⑦ D-BIL（直接ビリルビン）
⑧ ChE（コリンエステラーゼ）
⑨ TP（総タン白質）
⑩ ALB（アルブミン）
⑪ T-C（総コレステロール）

それぞれの項目が基準値の中にあるからと言って、必ずしも健康とは言えません。数値の現れ方の特徴などにより、体内の状況をすぐに反映するデータもあれば、かなり減ってしまってからでないと数値に表れないデータもあります。

　例えば、⑨TPは、血中のタン白質濃度で、体内のタン白質の量と比例します。口から食べたタン白質が足りなくなって、身体の他のどこかからやりくりしてタン白質を持って来て、TPの数合わせをしている事があります。その場合は、タン白分画を見て、βグロブリンという数値が上がって来ます。βグロブリンは、口から食べる以外のタン白質の数値を表します。

　この様に、数値を深く読み取らなければならない事があります。数値のウラに隠された本当の意味を知る事も、分子整合栄養医学の醍醐味です。普通の検査でTP(総タン白)だけ見ていたのでは、βグロブリンの事は分かりません。

シリマリン

　シリマリンは、マリアアザミというキク科の植物の種子から抽出・精製した成分です。有効成分

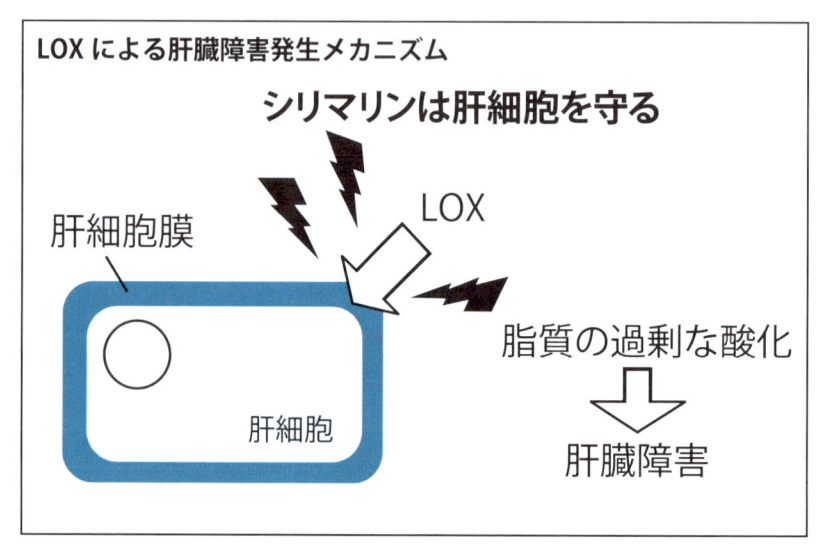

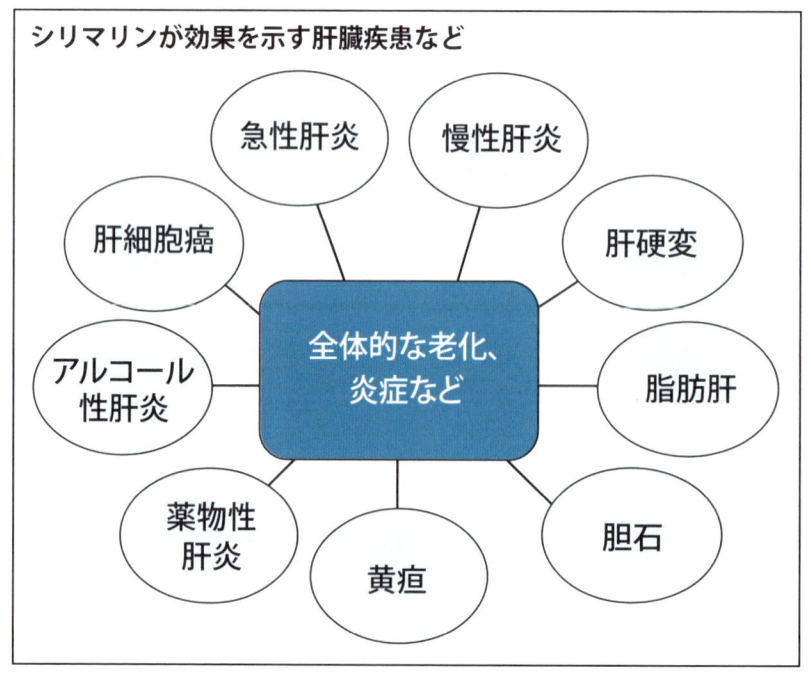

LOXによる肝臓障害発生メカニズム

シリマリンは肝細胞を守る

肝細胞膜 / LOX / 肝細胞 / 脂質の過剰な酸化 → 肝臓障害

シリマリンが効果を示す肝臓疾患など

全体的な老化、炎症など
- 急性肝炎
- 慢性肝炎
- 肝硬変
- 脂肪肝
- 胆石
- 黄疸
- 薬物性肝炎
- アルコール性肝炎
- 肝細胞癌

あなたの肝臓疲れていませんか!?

該当する項目をチェックしてみよう！　多い人は肝臓が疲れています

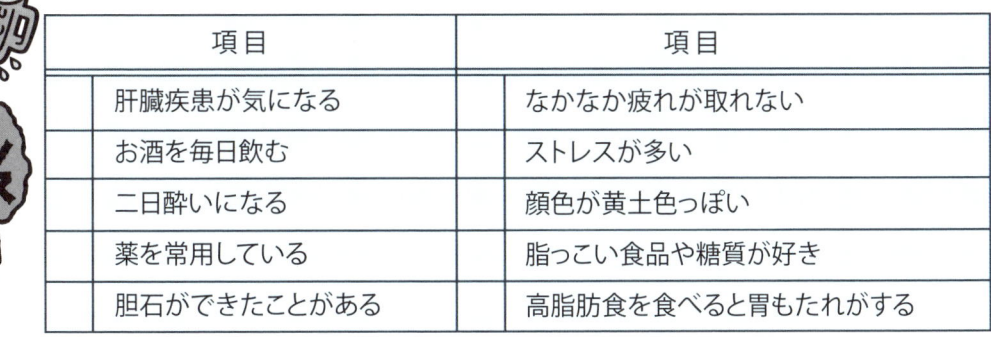

項目	項目
肝臓疾患が気になる	なかなか疲れが取れない
お酒を毎日飲む	ストレスが多い
二日酔いになる	顔色が黄土色っぽい
薬を常用している	脂っこい食品や糖質が好き
胆石ができたことがある	高脂肪食を食べると胃もたれがする

は、ポリフェノールを総称したシリマリン（シリビン、シリジアニン、シリクリスチン）です。一世紀には、ローマの植物学者が肝臓薬として使用していた事が記されています。

シリマリンは肝臓細胞膜を守る

肝臓障害の多くは、リポオキシゲナーゼ（LOX）という酵素によって、肝細胞膜の脂質が過剰に酸化され、引き起こされます。

シリマリンには、このLOXに対する阻害作用及び細胞膜の安定化作用がある為、酸化による細胞膜の脂質変性と、それによる肝細胞の変性や壊死を抑制すると考えられます（Mourelle M. et al. (1991)Life Scl. 48(11)1083）。

クルクミン

ショウガ科ターメリックという香辛料（カレー等に入れる。カレーの黄色い色は、このクルクミンの色）から得られるフラボノイドの一種で、有効成分はクルクミンと呼ばれています。身体の中の酸化と炎症を抑制する働きを持ちます。沖縄県でも昔から、ウコンと呼ばれ食べられてきました。お酒を飲む前にウコンを飲むと悪酔いしにくい、などと言われています。

クルクミンの働き
・肝機能改善作用
・抗酸化作用
・脂質異常症抑制作用
・抗炎症作用

・抗ガン作用
(Kuo M.L. et al. (1996) Biophys Acta. 1317(2)95-100)

ピペリン

ブラックペッパーの辛みの元となっている成分で、エネルギー産生増強作用等によって、クルクミン等の栄養素の吸収・体内利用効率を促進します（Shoba G. et al. (1998) Planta Medica. 64(4)353-356）。

ピペリンの働き
・胃腸への血液供給を増加させる
・胆汁を増加させる
・能動輸送系を活性化させる

※能動輸送とは：組織や細胞間を移動するのに、エネルギーを要する運搬方法の事です。加齢と共に、能動輸送はなかなか活発に出来なくなって行きます。ピペリンは、このような細胞活動を活発にしてくれます。

肝臓保護の為には、シリマリンとクルクミンやピペリンを一緒に摂ると良いでしょう。

このように、香辛料などに含まれる成分には、まだまだ私達の知らない様々な働きがあります。しかし、香辛料という性質上、沢山摂取するのは難しいといえます。サプリメントの形で摂取するのが効果的だと言えるでしょう。

第20章 植物性成分—5

ギムネマ (Gymnema Sylvestre)

　ギムネマ・シルベスタは、インド原産の蔓（つる）科の植物で、インドでは2,000年もの昔から薬草として愛用され続けています。

　舌には、口にした物の味覚を感じる「味蕾（みらい）」という機能があります。味覚には、「甘い」「塩辛い」「酸っぱい」「苦い」の、代表的な4種類があります。味蕾の発達は年齢と共に変わります。特に「苦い」という味は最後に発達すると言われ、その為、昔の人は、子供の頃に苦くて食べられなかったサンマのはらわたが、ある時期から美味しく感じたりすると、「大人になったね」なんて言いました。

　ギムネマの有効成分は、ギムネマ酸といいます。ギムネマ酸は大きな分子で、ブドウ糖に似た分子構造をしています。ですからギムネマ酸が口に入ると、味蕾の甘み受容体は糖が来たのかと勘違いしてギムネマと結合してしまいます。するとその直後に来た砂糖分子は受容体に寄りつけなくなってしまい、甘みを感じなくなります。

　実際にギムネマを噛んでみてから、チョコレートを食べてみると、バターの様な脂の味しかしません。角砂糖を食べてみると、砂を噛んでいる様な味です。いかに甘みが、毎日の食事を美味しくしてくれているのかが、分かります。

　この、甘みを寄りつかせない現象は、実際に小腸の上皮細胞でも似た現象が起こり、ブドウ糖の吸収を阻害する事が分かっています。

　このような働きから、ギムネマは血糖上昇の抑制や、インスリン分泌の抑制など、現代の飽食時代にはとても便利な仕事をしてくれると言えるでしょう。

グアバ葉エキス（Psidium Gujava）

　グアバは、亜熱帯地域に生息する植物で、古くから糖尿病の薬として用いられています。東南アジアやグアム、ハワイなど南の外国に行くと、生のグアバの実を食べたり、ジュースを飲んだりした経験はありませんか？　亜熱帯地方では、ごく

該当する項目をチェックしてみよう。多い人は要注意!

項目	項目
甘いものをよく食べる	肥満が気になる
炭水化物を(お菓子、果物)をよく食べる	メタボリックシンドロームが気になる
糖尿病家系である	

ギムネマ酸による血糖値・インスリン分泌の変化 （日地康武、(1999) Food Style 21.3(5)58-60より改図）

糖の吸収率（血糖値変化）

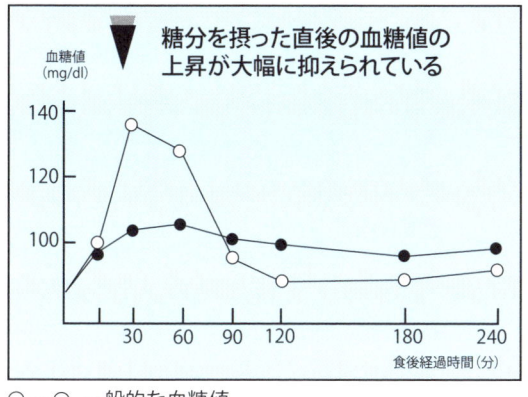

糖分を摂った直後の血糖値の上昇が大幅に抑えられている

○─○ 一般的な血糖値
●─● ギムネマ酸を一緒に摂ったときの血糖値

インスリン分泌の比率

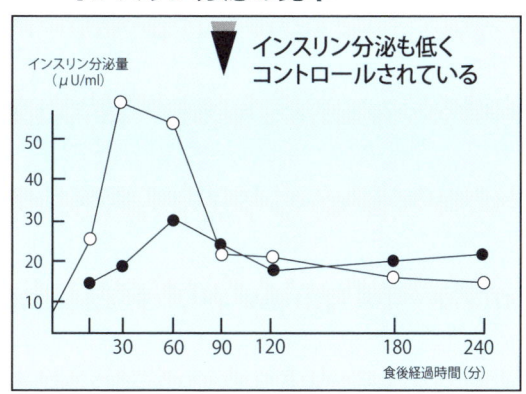

インスリン分泌も低くコントロールされている

○─○ 一般的なインスリン分泌量
●─● ギムネマ酸を一緒に摂ったときのインスリン分泌量

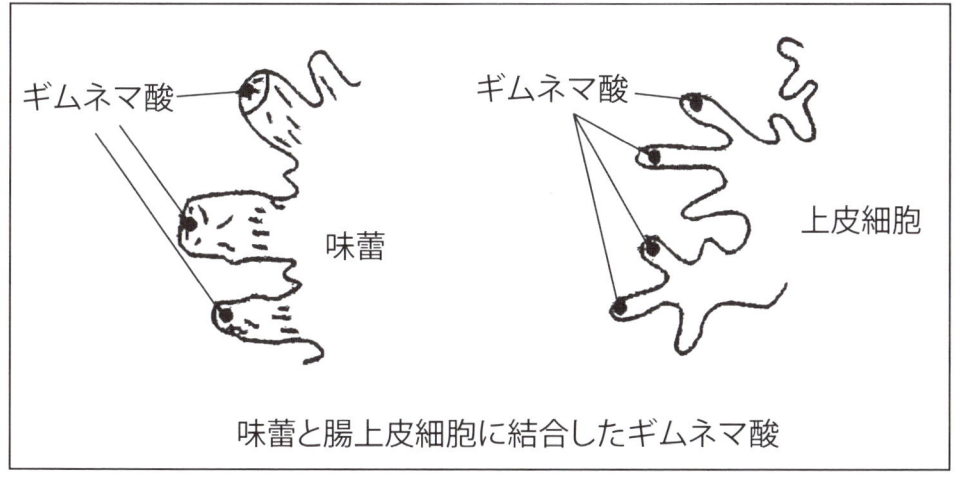

味蕾と腸上皮細胞に結合したギムネマ酸

当たり前に食べられているフルーツです。私の住む沖縄では「ばんしる」と呼ばれていて、とてもポピュラーな果物です。庭木に植えている家も多く、実が付いた木の近くを通るとグアバ独特の甘い香りが漂ってくる事があります。東京では高級フルーツとして売られている果物ですが、沖縄では県民のたいていの方が「ばんしる」の形と味を知っている、とてもなじみの深いフルーツです。

グアバ葉エキスの働き

・抗糖尿病作用

食べた食物中の糖が血中にやって来ると、脳から

"糖を吸収しなさい"という命令が来ます。すると、膵臓から糖のキャッチャーであるインスリンという物質を出し、糖をキャッチし、体内に糖を吸収します。糖が吸収されて血中の糖がいなくなると、血糖値は下がって安定します。

しかし、何らかの原因で糖が上手く取り込めないと、血糖値は血中から出て行けず、高いままを示します。これが「高血糖」と言われる状態で、体の中でこの状態が慢性的に起きている事を「耐糖能異常」といいます。

グアバ葉エキスは、このインスリンと似た働きをしてくれるので、上がったままの血糖値を低下させる作用があります。

・抗肥満作用

デンプンの消化酵素にα-アミラーゼという酵素とα-グルコシダーゼという酵素があります。グアバ葉エキスは、この酵素に作用して食物の分解を阻害し、エネルギーの吸収を抑制します。

・抗アレルギー作用

体の中で異物（敵）が侵入すると、防御機能が作用して敵を体外に排出させようとします。これが反応し過ぎている状態をアレルギーと言います。肥満細胞という細胞から放出されるヒスタミンという物質が、アレルギー反応の原因になる事がよくありますが、グアバ葉エキスは、肥満細胞からヒスタミンが放出され過ぎないように抑制する作用があります。

・抗酸化作用

ガンの元になる物質が体で作られると、それがどんどん増えては困るので、体内では必ず消去システムが働きます。ガンの元になる物質の1つにSO（スーパーオキサイド）というのがありますが、それを消去する物質をSOD（スーパーオキサイドジスムターゼ）といいます。グアバ葉エキスは、このSODの様な活性を持つ強い抗酸化作用があります。

・美白効果作用

シミの元となるのは、メラニンが作られるからだというのは、皆さんもよくご存じでしょう。グアバ葉エキスは、このメラニンの産生を抑制し、チロシナーゼ活性を抑制します。

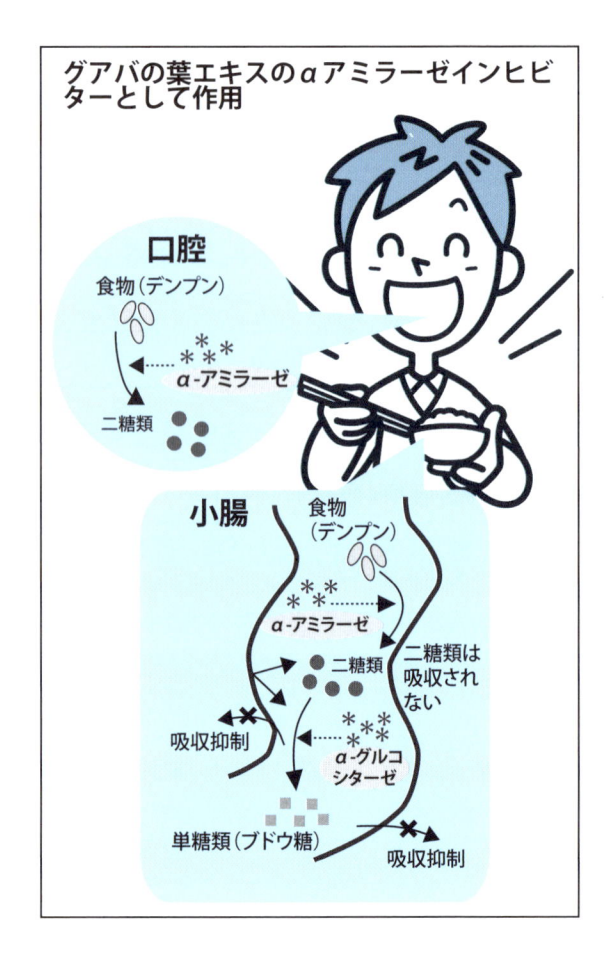

グアバの葉エキスのαアミラーゼインヒビターとして作用

ガルシニア・カンボジア
（Garcinia Cambogia）

ガルシニア・カンボジアは、インド原産の植物です。果実部分から抽出した成分ハイドロキシクエン酸（HCA）が有効成分です。

HCAによるエネルギー代謝の促進

TCAサイクルというエネルギー代謝の過程で発生したクエン酸は、エネルギーとして利用されないと脂肪として貯蔵されます。HCAは、この脂肪の蓄積を抑制してくれます（図-① Lowenstein J.M. et al. (1971) J Biol Chem .246,629-632）。

図①の様に脂肪の蓄積が抑制されると、

→ 細胞のミトコンドリア内のクエン酸濃度が増加し

→ 糖質からグリコーゲンへの変換が促進され

→ 貯蔵グリコーゲンが増加するので

→ 血糖値が安定し、空腹感が抑制され、過食防

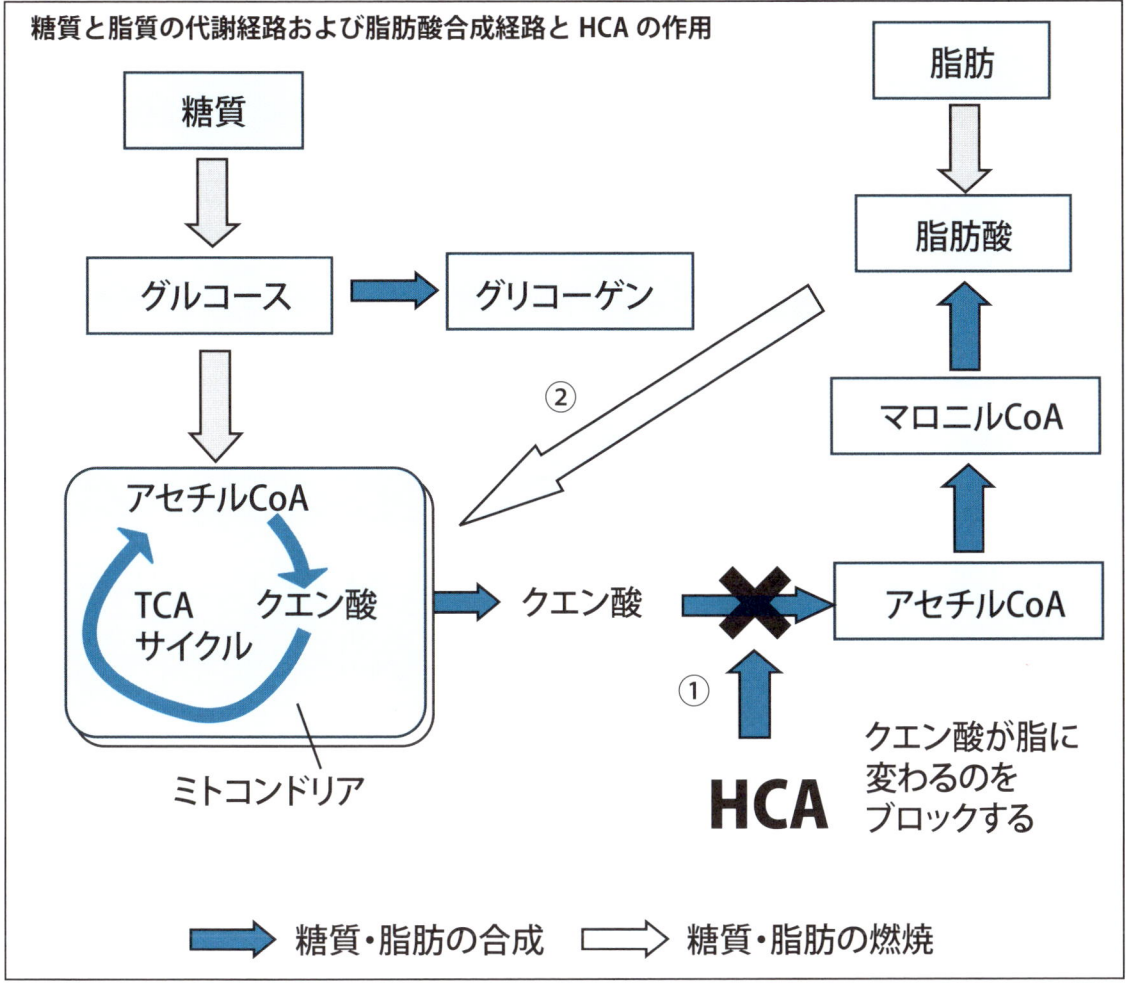

糖質と脂質の代謝経路および脂肪酸合成経路とHCAの作用

糖質 → グルコース → グリコーゲン
グルコース → アセチルCoA（ミトコンドリア内）→ TCAサイクル ⇄ クエン酸
クエン酸 → クエン酸 →✗→ アセチルCoA → マロニルCoA → 脂肪酸 ← 脂肪

① HCA：クエン酸が脂に変わるのをブロックする
②（燃焼経路）

→ 糖質・脂肪の合成　⇨ 糖質・脂肪の燃焼

止にもなります。

採点制や体重制の競技をしている人は、体重を落としながらパフォーマンスを上げなければなりません。しかし体重を落として行くと、必ずと言っていい程起こるのが低血糖と"食べたい"という欲求。これを上手くコントロール出来た人が試合を制するのかも知れませんね。

HCAはその他には、脂肪酸の燃焼に抑制的に働くマロニルCoAの濃度が低下する事により、脂肪の燃焼が促進され、エネルギー源としても使われます（上図）。

食物繊維

食物繊維は、「ヒトの消化酵素で消化されない、食物中の難消化性成分」と定義されています。植物由来及び動物由来のものがありますが、不溶性（水に溶けない）食物繊維、高分子（分子が大きいもの）と低分子（分子が小さいもの）の水溶性（水に溶ける）食物繊維に分類されます。

厚生労働省の調査に因りますと、日本人の食物繊維の摂取量は年々減少しています。2002年の調査では、摂取量は摂取目安量よりも平均で1日6g以上も不足しています。

以前には、余り美味しくないし、体に必要のない物だからと考えられていた時代があり、食物繊維はその頃の加工食品から除外される事がよくありました。

しかし、栄養が吸収する事で体の働きを良くしてくれるのに対して、食物繊維は吸収されない事で体の働きを良くしてくれる事が分かり、この事からタン白質、糖質、脂質、ビタミン、ミネラルの5大栄養素に次いで、「第6番目の栄養素」などと呼ばれる様になりました。正に食物繊維の「モ

食物繊維の分類

	不溶性食物繊維（高分子）	高分子水溶性食物繊維	低分子水溶性食物繊維
主に植物由来	セルロース（小麦ふすま等） ヘミセルロース リグニン 海藻多糖	ペクチン グァーガム、ヘミセルロース グルコマンナン 難消化性デンプン 海藻多糖（アルギン酸、フコイダン）	グァーガム分解物 ポリデキストロース
主に動物由来	キチン キトサン	コンドロイチン硫酸 ヒアルロン酸	

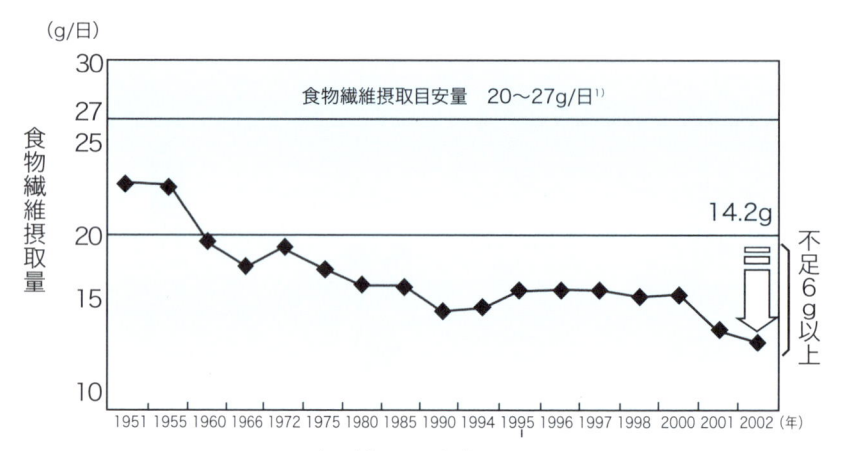

減り続ける食物繊維摂取量

1）日本人の食事摂取基準（2005年版）18～49歳男女目安量を参照
2）国民栄養調査から池上が計算（2001年、2002年は国民栄養調査より）

テ期」がやって来たのです。

　食物繊維が便かさを増やしてくれたり、腸内環境を整えてくれたりする事は、よく知られています。特に、植物に含まれる高分子不溶性食物繊維や高分子水溶性食物繊維には、腸内環境の正常化以外にも、インスリン抵抗性の改善など、様々な症状に対しても有効性が確認されています（辻啓介、(2006) Food Style 21.10(4)38-41、森豊・池田善雄、(2006) Food Style 21.10(4)46-48）。

食物繊維の主な作用は…

① 満腹感を増やし、総エネルギーを制限、胃内滞留時間を延長してくれる
② 中性脂肪、コレステロール、胆汁酸をからめて外に出してくれる、胆汁の再吸収を抑えて高脂血症、動脈硬化、胆石を予防する
③ インスリンを節約して食後の血糖値を急に上げ過ぎない
④ メタボリックシンドロームの改善・予防
⑤ 腸内環境を整えてくれる、毒物の体外排出
⑥ 体内に不要なものの入った便がさっさと外に出て行ってくれる事で、発ガン物質が出来にくい
⑦ 大腸の蠕動（ぜんどう）運動を促進してくれるので便秘の予防になる
⑧ 便の重量・かさ（容積）を増加させてくれるので、痔や憩室症の予防になる

　このような事から、食物繊維は
① 糖尿病の改善、予防
② 血中コレステロール・中性脂肪の低下
③ 大腸疾患（便秘、大腸憩室症、大腸ガン）の改善、予防
④ 痔、裂孔ヘルニア、いきみによって発症する静脈瘤の改善、予防
⑤ 肥満の改善、予防
に効果的だと言えます。

不溶性食物繊維

○セルロース

セルロースは、植物の細胞壁を構成する主成分で、ヒトにとって不溶性食物繊維として重要です。

セルロースの様な不溶性食物繊維は、水を保持する性質により、便の重量やかさが増加されます。

食物を摂取し、消化管で分解・吸収され、肛門まで辿り着くまでの通過時間は、便の重量と大きさに反比例します。便が大きくかさばるほど、腸内を容易に通過する為、腔内圧力は少なく、腸の緊張も少なくなります（Cummings J.H. et al. (1978) Dietary Fiber.83）。

逆に、便の重量が少ないと、腸内、特に結腸での滞留時間が長くなり、腸壁に加わる圧力が増し、痔、憩室症、過敏性腸症候群の発症率の増加が見られます。しかも、便秘を続けると腸の長さは伸びていくと言われ、慢性便秘の人は大腸疾患にかかる確率が上がる事になります。

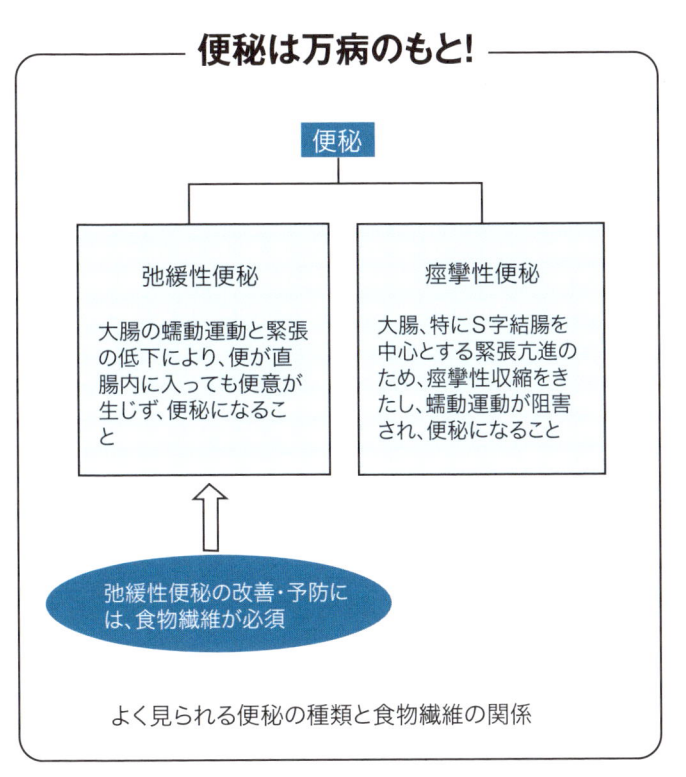

便秘は万病のもと！

便秘

弛緩性便秘
大腸の蠕動運動と緊張の低下により、便が直腸内に入っても便意が生じず、便秘になること

痙攣性便秘
大腸、特にS字結腸を中心とする緊張亢進のため、痙攣性収縮をきたし、蠕動運動が阻害され、便秘になること

弛緩性便秘の改善・予防には、食物繊維が必須

よく見られる便秘の種類と食物繊維の関係

（中村治雄他、(1980) 臨床栄養 ,57,753-755）。

水溶性食物繊維

○フェヌグリーク

フェヌグリークは、マメ科コロハ種子から抽出したエキスで、ガラクトースとマンノース（1：1）からなるガラクトマンナンを主成分とした、水溶性食物繊維です。

腸内に溜まり、糖の吸収を抑制するため、2型糖尿病の血糖値をコントロール（特にLDLコレステロール、VLDL）したり、中性脂肪を低下させ、HDLコレステロールを増やしてくれる作用が報告されています（Basch E. et al. (2003)Alterm Med Rev.8(1):20-27）。

○サイリウム（オオバコ）

サイリウムは、オオバコ科の植物の種子外皮部（ハスク）から得られる、超膨潤水溶性食物繊維です。便のかさを増やす事で、適度な硬さにし、スムーズな便通をもたらします。

また、フェヌグリーク同様、血清脂質や血糖の改善及び尿酸値の改善効果が報告されています

○グァーガム

マメ科グァーガム種子の胚乳部から得られる水溶性のガラクトマンナンからなる食物繊維です。特に過敏性腸症候群に対する効果が顕著です（Giannini E. G. et al. (2006) Nutrition. 22,334-342）。

腸は第二の脳と呼ばれるほど、体の中で重要な働きをしています。しかし、年齢と共にトラブルが起きやすくなる場所でもあります。腸内環境を整える為には、今回の様な食物繊維を摂取する他に、直接菌を飲む方法もあります。

第21章 腸内環境について

　2012年の夏は、4年に一度のスポーツの祭典、オリンピックがありました。毎日繰り広げられる素晴らしいドラマを観るために、眠い目をこすってテレビを観ました。

　…なんて方も多かったのでは？　夏はそれでなくても夜更かしをし易い環境にあります。体内時計をすっかり狂わされて、体調を崩してしまった方もいらっしゃるのではないでしょうか。体調を整える、と言えば腸内環境もその1つですね。実は、腸は第二の脳と言われるくらいの、大きな働きがあるんです。

　今回は、その腸についてお話します。

プロバイオティクス（Probiotics）

　腸は細菌のお花畑と言われています。腸内には、主に回腸から大腸にかけて約100兆個もの腸内細菌が生息しています。これは重さにして約1kgにもなります。

　これらの細菌は、同じ種類の物がまとまって分類し、まるでお花畑のように腸壁を覆っている為、腸内フローラ（flora= 植物相）・腸内細菌叢（ちょうないさいきんそう）と呼ばれています。綺麗な「お花畑」には、沢山の善玉菌が住んでいる、という事になりますね。

　腸から吸収された物質は、血管やリンパ管を通り、全身で代謝されます。体にとって悪い影響が出る物質が運ばれてくるリスクもありますが、消化管の粘膜など、消化管の様々な機能が侵入を防御してくれています。

　中でも消化管バリアの一端を担うのが、腸内細菌叢です。私達にとって有用な作用をもたらす菌（有用菌）で腸内環境を整えることにより、消化管粘膜の健康が保たれ、全身の健康へと繋がって行きます。

　胎児は、母胎にいる時は、無菌状態です。出産時に産道を通って外の世界に出てくる事で初めて菌と接触します。

　母乳栄養の新生児の腸は、生後3～4日で、ビフィズス菌で覆われます。

　離乳食の摂取と共に、様々な菌が体内に入り込み、それらによって個々の腸内フローラが決まっ

腸内フローラの変化

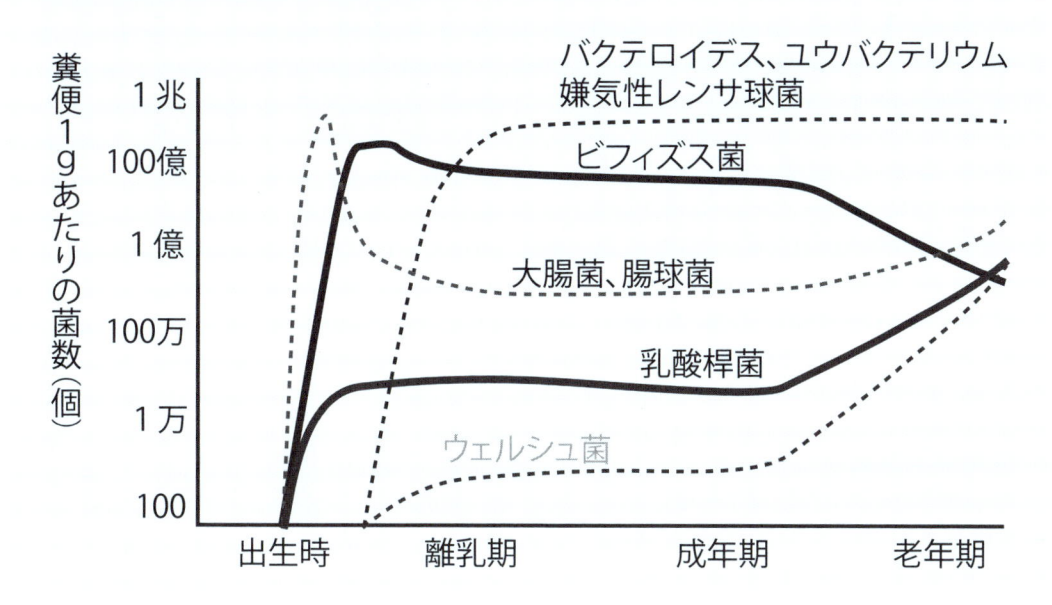

グラフ：糞便1gあたりの菌数（個）の年齢変化
- 縦軸：100、1万、100万、1億、100億、1兆
- 横軸：出生時、離乳期、成年期、老年期
- バクテロイデス、ユウバクテリウム、嫌気性レンサ球菌
- ビフィズス菌
- 大腸菌、腸球菌
- 乳酸桿菌
- ウェルシュ菌

光岡知足（1986）「腸内細菌糞の分類と生態」
中央公論事業出版、東京より引用

て行きます。年齢を重ねるごとに、ウェルシュ菌（悪玉菌）が増加し、ビフィズス菌（善玉菌）が減少します。

腸内細菌は個体差がある

善玉菌の他に腸に存在するのは、悪玉菌、中立菌です。これらの比率は、健康な人なら一定に保たれています。また、腸内フローラは人それぞれで異なります。

腸内細菌は陣取りゲームをしている

善玉菌と悪玉菌は、常に生存競争をしています。様々な原因で腸内フローラのバランスが崩れると、腸内環境が悪化して体調が崩れます。

中立菌は日和見菌とも呼ばれ、いつもなら善玉菌の味方をしていますが、ひとたび腸内環境が悪化すると悪玉菌の味方をしたりします。そうすると腸内環境は急に悪い方向に傾いてしまいます。普段から善玉菌の餌となる食品を沢山摂って、腸内環境の改善に努めましょう。

腸内細菌と人は、共生関係にある

ヒトは腸内細菌に「食」と「住」を提供していますが、一方腸内細菌は、ヒトにとって様々な有益作用をもたらしてくれます。

プロバイオティクスとプレバイオティクス

プロバイオティクスとは、ヒトに体に良い影響を与える微生物（生菌）の事です。例えば、有胞子性乳酸菌、ビフィズス菌、納豆菌等の善玉菌の事です。

プレバイオティクスとは、善玉菌を増殖させる働きを持つ食品成分の事です。例えば、オリゴ糖、食物繊維などです。

善玉菌の主な働き
- 病原菌の感染を防ぐ
- 腸内の腐敗を防ぐ
- 免疫を刺激し、抵抗力を高める
- 有毒ガスの発生を抑える
- ビタミンB群、ビタミンKを作る

プロバイオティクスとプレバイオティクス

プロバイオティクス	プレバイオティクス
人の身体に良い影響を与える微生物（生菌） 例）有胞子性乳酸菌、ビフィズス菌などの善玉菌	善玉菌を増殖させる働きを持つ食品成分（オリゴ糖、食物繊維など）

● 腸の蠕動（ぜんどう）運動を促進し、便秘を防ぐ
● 下痢の予防・治療に効果的

悪玉菌の増加による影響
● 有害な病原菌が増殖し、感染症を引き起こす
● 腸内で有毒ガスが発生し、おならや便が異常に臭くなる
● 有毒ガス成分は血液中に運ばれ、全身に広がる
● 便秘・下痢を引き起こす

悪玉菌が増える、主な原因

・食生活の乱れ
悪玉菌は、高タン白質、高脂肪食を餌にして、インドールやアンモニアといった有害物質を発生させます。プロテインパウダーを上手く消化出来ないと臭いガスが出るのは、こういう訳です。
・感染（ウイルス、細菌、寄生虫など）
・栄養欠損
・食物アレルギー
・環境の変化
・アルコール
・消化酵素の減少
・疾病
・衛生状態
・低繊維食
・加齢
　加齢（年齢が増える事）と共に、善玉菌、有用菌のビフィズス菌は減少し、代わりに悪玉菌のウェルシュ菌などが増加して行きます。

・ストレス
　善玉菌はとてもデリケートで、少しのストレスでも減少します。
・薬物の服用（抗生物質、ステロイドホルモン剤、制酸剤、抗炎症剤、抗ガン剤など）
　抗生物質などの薬物は、悪玉菌のみならず、善玉菌も殺してしまいます。
　多くの人たちが、何かの折に抗生物質を処方される事が多いですが、その時に「善玉菌が減ってしまう」なんて心配をする方は少ないでしょう。特に胃カメラや大腸カメラの準備などで腸内細菌をすっかり流してしまった時には、少しでも残っている善玉菌がなるべく早く増える様に、プロバイオティクスやプレバイオティクスの食品を多く摂取する様に心がけて下さい。
・治療
手術・放射線治療・抗ガン剤
　病気になった多くの方に、このような治療を受

このような症状が気になる人は…

・便秘をしている
・腸が張る
・おならが臭い
・便が異常に臭い
・便の色が黒っぽい
・便が便器の底に沈む
・肌荒れが気になる

プロバイオティクスで腸内環境を改善しよう！

腸内細菌の種類

細菌の種類	特徴	代表的な菌類
善玉菌	人の身体に有益な働きを持つ菌	有胞子性乳酸菌、ビフィズス菌
悪玉菌	腸内の内容物を腐らせたり、有毒物質を作る菌	ウェルシュ菌、ブドウ球菌
中立菌（日和見菌）	善玉とも悪玉とも言えず、体調悪化時に悪玉菌として働く菌	大腸菌

一般的に腸内細菌は働きによって大きく3つにわけられる

ける機会があります。実はその時、腸内細菌が大量に減ってしまい、腸内環境が乱れる事で、その後の栄養の吸収が悪くなって体力を落とし、次の治療まで進めない事が良くあります。この事は余り知られていないので、治療を途中で断念する方や、治療半ばで命を落とす方もいらっしゃいます。もし、身近にこのような方がいたら、是非教えてあげて下さい。

せっかく摂った善玉菌も腸まで届かないと意味がない

一般的な乳酸菌は、乾燥や熱に弱く、酸素が多い所では死滅し易いです。食物は、口から摂取された後、胃で胃酸（弱酸性）によって殺菌消化され、その後は主に小腸で吸収されます。その為、殆どの菌は胃で死滅してしまいます。様々な乳酸菌の入った食品がありますが、食べた菌の数と、腸に届いている菌の数は全くと言っていい程、一致していません。私は、この事は余り皆さんに知られていない様な気がします。

胃酸で死滅せず、しっかり腸まで到達するには、有胞子性乳酸菌が有用です。有胞子性乳酸菌は、芽胞（殻）を形成し、腸管に辿り着いた時に発芽増殖します。

消化管の機能が低下していませんか？

腸から吸収された物質は、血管やリンパ管を通り、全身で代謝されます。体にとって悪い影響が出る物質が運ばれてくるリスクもありますが、消化管の様々な機能、例えば消化管粘膜などが、侵入を防御してくれています。

中でも、消化管のバリアの一端を担うのが、腸内常在細菌叢です。私達にとって有用な作用をもたらす菌（これを有用菌と言います）で、腸内環境を整える事により、消化管粘膜の健康が保たれ、全身の健康へと繋がって行きます。

消化管粘膜の機能低下と関与する疾患・症状

・消化管への影響
　消化機能の低下・ビタミン合成能力の低下・便秘・下痢・消化不良・ガス・乳糖不耐症（乳製品を食べるとお腹がゴロゴロする、など）・胃炎・過敏性腸症候群（食中毒でもないのによく下痢をする、など）・潰瘍性大腸炎・クローン病など

・肝臓への影響
　有害物質（アルコール・薬物など）の処理能力低下・肝疾患の増悪（ウイルス性肝炎・アルコール性肝炎など）・肝性脳症（炎症時の血中アンモニア上昇）など

・代謝への影響
　肥満・脂質代謝異常・脂肪肝・糖尿病など

・免疫機構への影響
　免疫機能の低下（風邪・感染症など）・免疫異常（アレルギー・アトピー性皮膚炎・花粉症・喘息など）自己免疫疾患（リウマチ・膠原病など）

・精神・神経への影響
　うつ症状・自閉症・慢性疲労症候群など

・骨への影響
　骨粗鬆症など

負のスパイラル

　腸内環境が乱れると、腸の粘膜が薄くなり、本来吸収されない有害物質が体内に吸収されてしまいます。有害物質は、体内に悪影響を与え、最終的に肝臓で処理されますが、その過程で炎症物質が作られ、肝臓やその他の臓器に炎症をもたらします。また、有害物質を処理し腸管に排出したとしても、腸内環境が乱れていると、有害物質はまた再吸収されてしまいます。

　このように、腸内環境の乱れによる腸管透過性が変わり、臓器障害が起こる事を「負のスパイラル」と言います。

消化管の健全化

　分子整合栄養医学を実践している医療機関では、テーラーメイドで消化管環境の改善アプローチに取り組んでいます。
　簡単に説明しますと、
①除去（身体にとって有害な菌を除去する）
　体内に存在する腸内細菌叢（有用菌・有害菌・日和見菌）のバランスを整える為にハーブやエッセンシャルオイル、機能性分子を用いて、有害な菌を除去します。
②補填（消化酵素を補填して、消化吸収能力を高める）
　病態、体調、加齢、ストレスの影響で消化酵素の産生や分泌は低下します。消化不良が続くと病原菌が食物を異常発酵させ、身体全体に悪影響を及ぼします。消化酵素を補填する事により、消化吸収力を高めます。

③植菌（腸内細菌叢のバランスが崩れたら、良い菌を植える）
　腸内細菌叢のバランスを整える為には、症状や疾患、抗生物質由来の副作用などに対応する有用菌（生菌）の品質と量、組み合わせを考えて補給する事が大切です。個人に適した有用菌を補給し、消化管を健康に導きます。
④再生（消化管粘膜を再生して、バリア機構を丈夫にする）
　有用菌のエサとなる食物繊維や消化管粘膜再生の為の栄養素を摂取します。また、抗炎症作用のある機能性分子なども用いて、炎症の沈静化を促します。

　このような取り組みは、まだ始まったばかりですが、一度減ってしまった腸内善玉菌が増えたり、悪玉菌を減らしたりするには、一朝一夕では上手く行きません。しかし、長年やってきた食習慣を急に変える事は困難です。こういったアプローチで、若く元気な腸を取り戻すきっかけになるのなら、是非取り組んでみたいですね。

第22章 コンディショニングと競技パフォーマンス

貴方は週に何回トレーニングをしていますか？3回？ 2回？ それとも1回？

何回が正解という訳ではありません。それぞれ目的が違いますから。大会に出る選手、健康管理の人、病気のリハビリの人。その目的に応じて、また、年齢や体格、性別、ストレスの状態、栄養状態など、様々な条件でトレーニングの頻度や強度は変わって当然です。

時々、有名選手のトレーニング法を、内容だけでなく強度までそっくり真似ている方が居ますが、そのままのトレーニング法が当てはまる事はまれですね。恐らく、暫く続けてみたら分かる事でしょう。

トレーニング効果を上げる

この本の最初の方で、ドーズレスポンスのお話しをしました。覚えていますか？

ドーズは量、レスポンスは効果の事です。通常、栄養の量が増えたら効果は比例して上がる、と思いますね。つまり、正比例の関係です。ところが実際は、ある程度の量に達するまで効果はゼロに等しく、その人に必要な量に達すると急にスイッチが入った様に効果が出る、というのがドーズレスポンスです。

その人の、その時々の条件・環境によって、ドーズレスポンスの位置も変わります。成長期、ストレスが多い時、病気に感染した時、試合が近づいて練習量が増えた時、などなど。ですから本来は、栄養は多めに摂って、効果を感じなかったら増量、感じたら維持しつつ、少しずつ減らし調節するさじ加減が必要です。

私の友人のY子さんは、最近、白内障の手術をしました。手術前、栄養素の摂取量を普段の3倍量にしたところ、身体が楽になるのを感じたそうです。そこで暫くその量のまま摂取を続け、術後数週間してから少しずつ減らしているそうです。彼女の感想は"今までが少なすぎたのかしら？"この体感を身体で覚える事は大切です。

人間は環境に順応する生き物です。だから多少体調が悪くても、"今日はたまたま。"と思いがちです。それが数週間、数ヶ月、数年と続けば、"こ

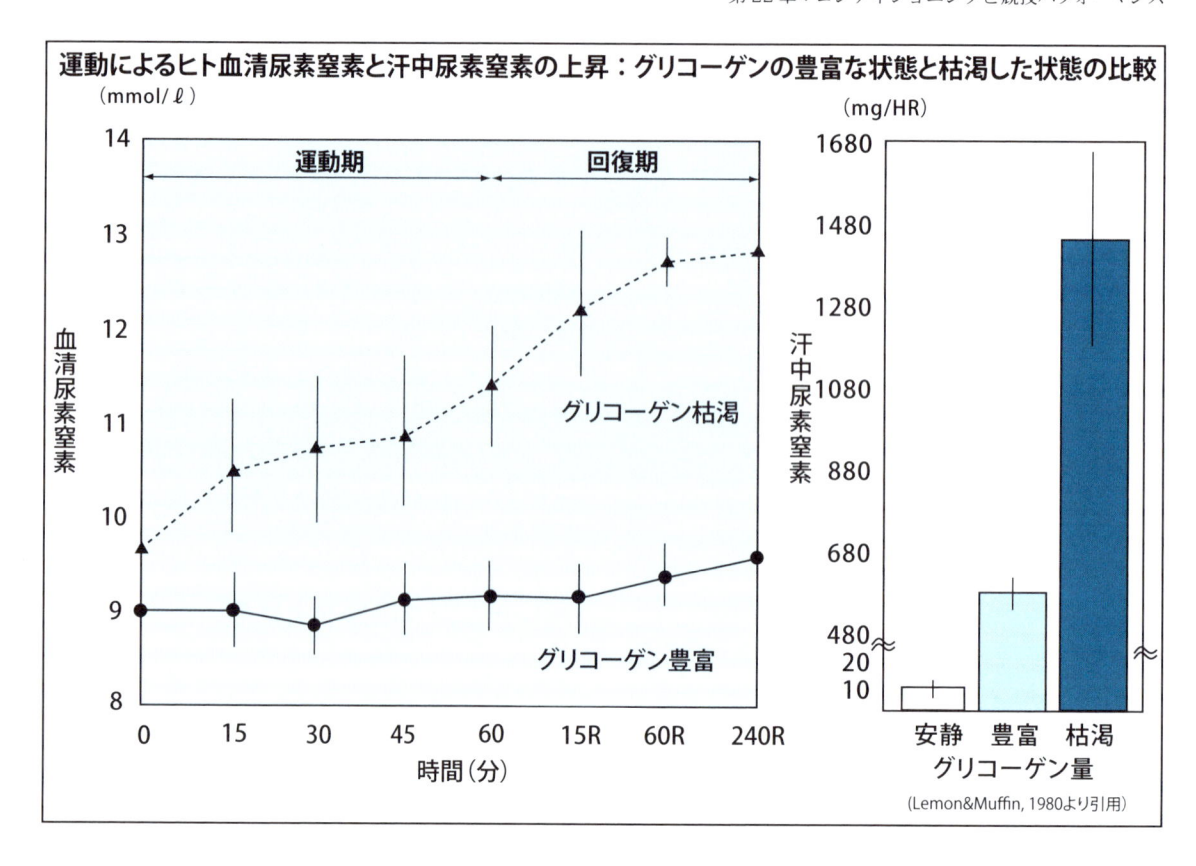

運動によるヒト血清尿素窒素と汗中尿素窒素の上昇：グリコーゲンの豊富な状態と枯渇した状態の比較

(Lemon&Muffin, 1980より引用)

れが私の普通なんだ"と思うのは当たり前でしょう。しかし、改善して、良かった頃の体調に戻ると、「あれ？　本当の自分の普通は、これだった！」と思い出します。まるで、背負っていた自転車を下ろして、「あれ？　私、自転車を背負っていたの？」と気づくようなものです。そんな馬鹿な、と思いますか？　いいえ。私は20年以上この仕事に携わっていますが、関わってきた殆どの方がそうなんです。

カーボローディングって

カーボローディングは、練習前に炭水化物を摂取する事で、筋肉にハリを持たせたり、持久力を付けたりする方法です。数週間前から摂取を減らし、前日〜当日に増やすなど、幾つかの方法があります。

しかし、摂取した栄養がエネルギーに換わるには、ビタミンB群が必要な事を見逃しがちです。タン白質でも糖質でも脂質でも、それをエネルギーに換えるには、ビタミンB群が不可欠です。

カーボローディングの方法を語る記事に、この事を書いているものを余り見ないのを、私はいつも不思議に思います。カーボだけ調節しても、それだけでは決して上手く働かない事を知って下さい。

また、普段の練習では、タン白質と糖質を同時に摂取すると、タン白質の同化が促進される（つまり筋肉が作られやすい）事が分かっています。

栄養摂取してるのに脂肪肝？

タン白質のお話しの時に説明しましたから、どの体重だったらどのくらい必要なのかは、皆さん良くご存じでしょう。

しかし、もっと大切なのは、摂ったタン白質がエネルギーに換わる事です。つまり、ビタミンB群が欠かせない、という事ですね。

先日、あるボディビルダーの方に栄養摂取のお話しを聞く機会がありました。その方はプロテインパウダーだけで1日に25g×3回、つまり75g摂っているとの事でした。それプラス食事で

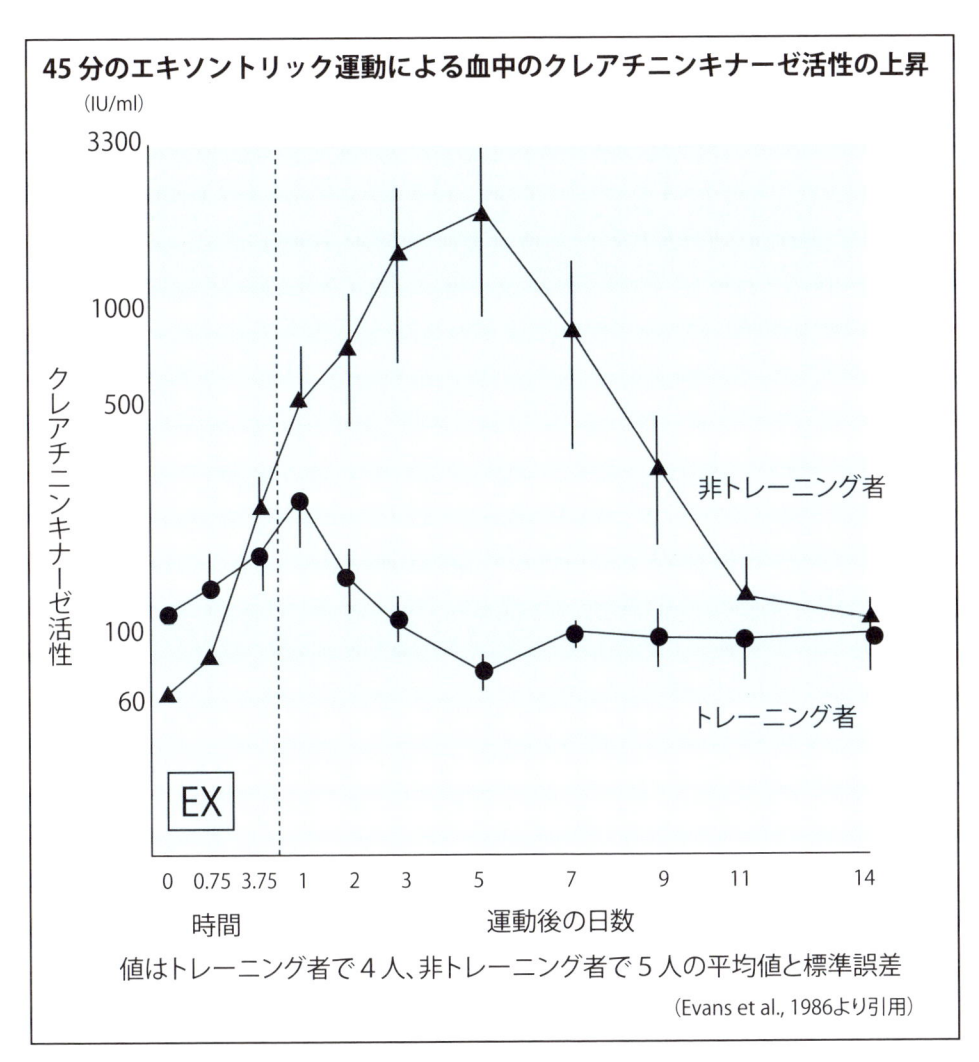

45分のエキソントリック運動による血中のクレアチニンキナーゼ活性の上昇

（IU/ml）

縦軸：クレアチニンキナーゼ活性（60, 100, 500, 1000, 3300）

横軸：時間 0, 0.75, 3.75／運動後の日数 1, 2, 3, 5, 7, 9, 11, 14

EX

非トレーニング者
トレーニング者

値はトレーニング者で4人、非トレーニング者で5人の平均値と標準誤差
（Evans et al., 1986より引用）

も肉や卵などを当然たくさん食べていて、1日に体重1kg当たり2g程度のタン白質を摂っていました。

ところが、ご本人は「思うように筋肉が増えている気がしない、疲れやすい」とおっしゃっていました。

この方はカーボも考えて複合炭水化物も積極的に摂取しています、との事でした。そこで血液検査をして戴きましたところ、何と脂肪肝がありました。

お酒も飲まない、肥満もない彼が、何故脂肪肝？これはNASHといい、アルコールが原因ではない脂肪肝を指します。食べた栄養を肝臓で必要なものに作り替え出来ないと、肝臓に脂肪が溜まってしまいます。この状態が続くと、溜まった脂肪が肝臓の働きを更に働きづらくし、脂肪肝になって

しまいます。ここに、ストレスなどによって身体が酸性になる条件が加わると、更に拍車を掛ける事になります。

3大栄養素（脂肪、タン白質、糖質）の中で一番脂肪に変わりやすいのは糖質でしたね。そして、忙しい時に一番食べやすい形をしている食品も、糖質。例えば、おにぎり、サンドイッチ、菓子パン、そば、うどん、ラーメン、肉まん、パスタ、丼もの、野菜ジュース、果物のジュース等々…。忙しい人ほど、摂取カロリーの大半が糖質栄養から、という事が多いのです。そして、肝臓は沈黙の臓器と呼ばれ、痛いとか苦しいとかは感じませんから、かなり脂肪が溜まって動きが悪くなってから、"あれ？　どうしたんだろう？"となる訳です。

私がいつも言っている、"栄養はリンクしている"です。タン白質や糖質をいくらしっかり摂っ

ても、それをエネルギーに換えられなければもったいないでしょう。

トレーニング効果がイマイチ上がらない、何だか疲れやすい、と感じたら、まずビタミンB群の不足を疑って下さい。そして、抗酸化ビタミンのビタミンEとビタミンCを一緒に摂って下さい。個人差はありますが、Eは800I.U/日以上、Cは6g/日以上を心がけましょう。

減量！

大会前の減量に限りません。ダイエットに挑戦中の方も同様です。脂肪が燃えるにはリパーゼという酵素が必要です。酵素の元はタン白質ですから、タン白質が無ければ、脂肪を燃やす酵素は作れないという事になります。ですから減量中のタン白質は、普段より増量しなければなりません。普段が体重1kg当たり2gなら、2.5g〜3gは摂らなければなりません。

もう一つ。減量中は摂取カロリーが減ります。という事は、同時に摂取栄養素量も減る事になります。しかし、それではエネルギー不足、栄養不足になります。この事からも、減量中の摂取栄養素は総量としても増量しなければなりません。食事からの摂取は当然難しいのですから、サプリメントの量を増やさなければなりません。

減量の為に有酸素運動の量を増やしたり、屋外練習が増えて日焼けをしたりすれば、発汗量も増えます。汗の中には沢山のミネラルが含まれています。カルシウムやマグネシウムが不足すれば、筋肉が痙攣を起こしたりするでしょう。それでなくても減量というストレスでイライラし易いのに、カルシウム不足で更にイライラがつのってしまいます。鉄が不足すれば、貧血になりエネルギー不足になるでしょう。先程のビタミンB群不足も同時に有れば、疲れやすさは倍増です。だるい、眠いなどの症状がひどく出るかも知れません。

普段から高糖質の食事をしている人が、減量になっていきなり低糖質の食事になれば、低血糖症になるかもしれません。ビタミンB群不足と、鉄欠乏性貧血と、低血糖症は、症状がとても似ている部分があります。イライラする、やる気が出ない、眠いなどです。

もう何十年も前ですが、私はボディビルの大会に出ようと、減量をした事があります。当時は栄養の知識なんて全くと言って良いほどありませんでしたから、だるい、眠いなどの症状はかなり強くありましたが、"減量なんてみんなこんなものなんだ、選手はみんなこんなつらさを乗り越えてるんだ"って思っていました。恐らく、元々鉄欠乏性貧血があったところに、低血糖症とビタミンB群欠乏が重なっていたに違いありません。当時は「味付けは厳禁だ」というのがスタンダードで塩も醤油も使いませんでしたから、ナトリウム欠乏まで起こっていたと思います。もちろん、脂も禁止で、脂溶性のビタミン（E、A、Dなど）も欠乏していたでしょう（何もかもやん）。

亜鉛不足が有れば、皮膚トラブルや味覚障害、アレルギーが起こるかも知れません。カリウム不足が有ればむくみが出るかも知れません。

ミネラルの時にお話しましたが、ミネラル同士もリンクしています。どれかだけ、ではなく総合的に摂取して下さい。

また、日焼けではビタミンCを大量に失います。夏の海水浴帰りの電車では、疲れた家族連れが沢山寝ています。沢山遊んだからというのも確かにそうですが、沢山陽に当たってビタミンCを使ったからかも知れませんよ。B群もCも、水溶性のビタミンです。こまめな摂取を心がけて下さい。

ストレス

減量の時は、普段と違う食生活になります。食べたい物を食べられない、少ししか食べられないなど、ストレスは増えるばかりです。目標があっても、そこまでのモチベーションを維持するには、根性だけでは続きません。やる気ビタミンといえば、ビタミンB群です。コンプレックス（複合）の形で多めに摂取する事をお勧めします。

また、意外なのは、ビタミンCをしっかり摂っているとストレスに強くなる、というのがあります。寝る前にビタミンCを摂ると、よく眠れたりします（だからと言って、寝る前に果物は厳禁ですよ！）。

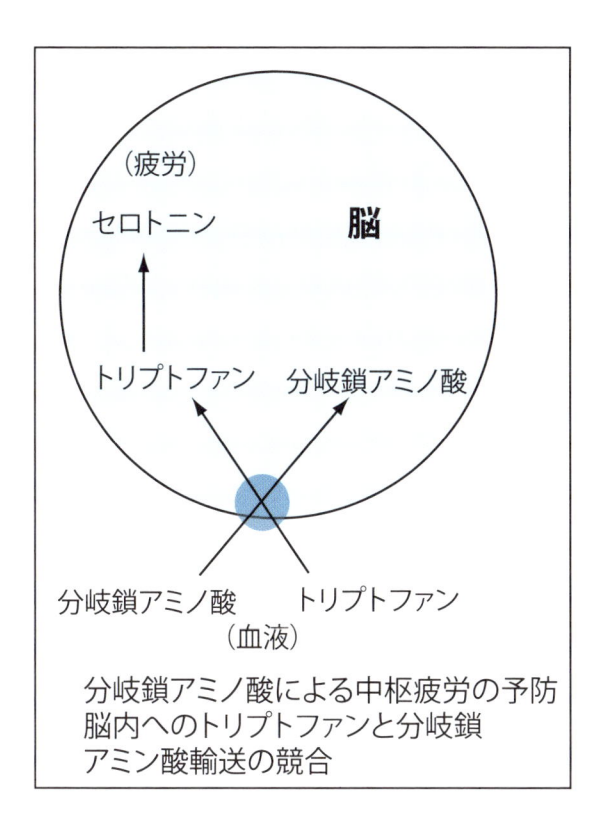

分岐鎖アミノ酸による中枢疲労の予防
脳内へのトリプトファンと分岐鎖
アミン酸輸送の競合

アミノ酸の使い方

しつこいですが、普段の練習ではタン白質の摂取を減らさない様に心がけましょう。でも、アミノ酸を併用するのも1つの方法ですね。運動直後に摂取するのが良い、という説と、運動直前が良いという説があります。どっちが正しいかを判定するのは、実は今のところ難しいくらい、どちらも有効を示すデータがあります。ですから、ここは良いとこ取りで、直前と直後の両方で摂取するのが良いでしょう。

また、中枢神経性の疲労にはBCAAが有効と言われています。脳は疲れると、血中から脳内にトリプトファンというアミノ酸を取り込むのですが、BCAA量が低下するほど、トリプトファンの取り込み量が増えます。集中力が切れる後半戦にはBCAAを摂取してみましょう。ゴルフ、テニス、野球、サッカー、マラソン・・・。どんなスポーツでも、時間が長引く時や、集中が切れそうな時には、BCAAを補給すると良いでしょう。

運動量が増える時（大きな大会前など）は、筋肉は免疫細胞の活性に深く関与しているグルタミンを十分に供給できなくなり、そうなると免疫系統は弱くなります。試合が近づくと体調を崩したり、風邪を引いたり、傷が治りにくくなったりする方は、グルタミンの不足を疑って下さいね。

運動後にグルタミンを摂取すると、筋肉中のグリコーゲン回復も早めてくれますので、スタミナの回復にも有効です。

最後になりましたが、ローマは一日にしてならず、です。十分な栄養摂取があなたの日常となり、素晴らしいパフォーマンスに繋がりますように。

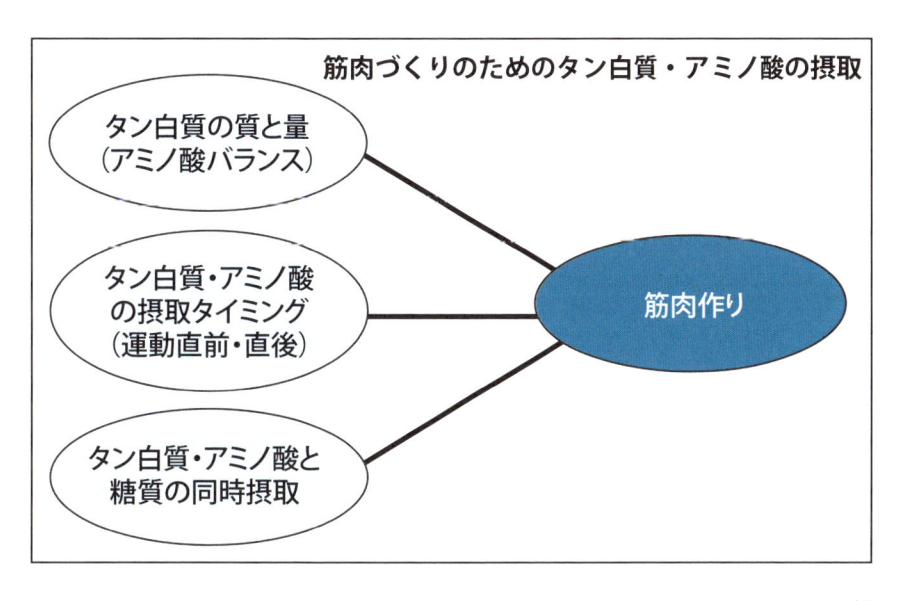

筋肉づくりのためのタン白質・アミノ酸の摂取

おわりに

　私が分子栄養学と出会ったのは、もう20年以上も前の事でした。大会前のハードなトレーニング中に顔や首に出来るアザの原因が分からず皮膚科に行ったところ、"ひきつけを起こした赤ちゃんに出来る症状"と診断され、治したいなら競技をやめなさい、と医師に言われショックを受けました。競技を続けたいから受診したのに本末転倒です。

　ところがあるセミナーで知り合った女性から紹介されて出会った分子栄養学で、それはコラーゲンの破綻による微細血管からの出血で、原因は背景に鉄欠乏性貧血が考えられる、という事が分かったのでした。練習前にコラーゲンを強化する為にビタミンCを多めに摂取し、普段から貧血改善の為のタン白質やヘム鉄をしっかり摂取するという、シンプルで明快な答えが得られた事は、私にとって暗闇を照らす灯りのようでした。

　本書では、分子栄養学の中の、本当に伝えたい事の一部しか伝えられていませんが、皆さんの一隅を照らせるお手伝いになれば幸いです。

参考文献

P.12	KYBガイドブック 4-4 / 分子栄養学研究所	
P.15	分子整合栄養学概論 上巻 P.50 図1・図2 / 分子栄養学研究所	
P.16	やさしい栄養読本 P.14 / 分子栄養学研究所	
P.17	栄養ナビ タン白質 図1 / 分子栄養学研究所	
P.18	栄養ナビ タン白質 / 分子栄養学研究所	
P.21	KYBガイドブック 1-8 / 分子栄養学研究所	
P.25	分子整合栄養学概論 上巻 P.141 図74・図75 / 分子栄養学研究所	
P.26	分子整合栄養学概論 上巻 P.144 図78・表13 / 分子栄養学研究所	
P.30	栄養ナビ ビタミンB群 / 分子栄養学研究所	
P.31	栄養ナビ 核酸 / 分子栄養学研究所	
P.32	栄養ナビ コエンザイムQ10 / 分子栄養学研究所	
P.33・129	栄養ナビ ガルシニア・カンボジア 図4 / 分子栄養学研究所	
P.36	分子整合栄養学概論 上巻 P.230 図6 / 分子栄養学研究所	
P.37	分子整合栄養学概論 上巻 P.230 表3 / 分子栄養学研究所	
P.38	栄養ナビ 機能性アミノ酸 図1 / 分子栄養学研究所	
P.41	貧血チェック / KYBメディカルサービス	
P.43	分子栄養学研究所だより 2000 December / 分子栄養学研究所	
P.44	分子栄養学研究所だより 2000 December / 分子栄養学研究所	
P.48	分子整合栄養学臨床応用＜栄養代謝障害編＞ P.6 図8 / 分子栄養学研究所	
P.49	分子整合栄養学臨床応用＜栄養代謝障害編＞ P.6 図7 / 分子栄養学研究所	
P.50	分子整合栄養学臨床応用＜栄養代謝障害編＞ P.119 図72 / 分子栄養学研究所	
P.51	分子整合栄養学臨床応用＜栄養代謝障害編＞ P.114 図64 / 分子栄養学研究所	
	分子整合栄養学臨床応用＜栄養代謝障害編＞ P.117 表26・27 / 分子栄養学研究所	
P.52	分子整合栄養学臨床応用＜栄養代謝障害編＞ P.115 表25 / 分子栄養学研究所	
P.55	栄養ナビ ビタミンC 図1・図2 / 分子栄養学研究所	
P.56	栄養ナビ ビタミンC / 分子栄養学研究所	
P.57	αリポ酸チラシ / 分子栄養学研究所	
P.58	栄養ナビ イノシトール・ナイアシン図2 / 分子栄養学研究所	
	栄養ナビ イノシトール・ナイアシン図4 / 分子栄養学研究所	
P.60	栄養ナビ ビタミンA 表2 / 分子栄養学研究所	
P.62	はじめての分子栄養学1 P.30 / 分子栄養学研究所	
P.63	栄養ナビ ビタミンE 表1・図2 / 分子栄養学研究所	
P.64	栄養ナビ トコトリエノール 図2 / 分子栄養学研究所	
P.67	栄養ナビ カルシウム / 分子栄養学研究所	
P.69	栄養ナビ カルシウム / 分子栄養学研究所	
P.70	栄養ナビ カルシウム 図1 / 分子栄養学研究所	
P.72	栄養ナビ カルシウム 図3 / 分子栄養学研究所	
P.74	栄養ナビ マグネシウム 図2・図4 / 分子栄養学研究所	
P.75	栄養ナビ カリウム / 分子栄養学研究所	
P.76	栄養ナビ カリウム / 分子栄養学研究所	
P.77	栄養ナビ カリウム 図2 / 分子栄養学研究所	
P.80	栄養ナビ 亜鉛 / 分子栄養学研究所	
P.81	栄養ナビ 亜鉛 表1 / 分子栄養学研究所	
P.82	栄養ナビ 微量ミネラル類 表1 / 分子栄養学研究所	
P.83	栄養ナビ 微量ミネラル類 図1 / 分子栄養学研究所	
P.85	栄養ナビ EPA・DHA 図3 / 分子栄養学研究所	
P.88	栄養ナビ コンドロイチン硫酸・グルコサミン / 分子栄養学研究所	
P.91	栄養ナビ レシチン 図2・図4 / 分子栄養学研究所	
P.92	栄養ナビ レシチン 図1・図4 / 分子栄養学研究所	
	York Lecithin チラシ / 分子栄養学研究所	
P.93	栄養ナビ コエンザイムQ10 / 分子栄養学研究所	
P.94	栄養ナビ コエンザイムQ10 / 分子栄養学研究所	
P.95	York Lecithin チラシ / 分子栄養学研究所	
P.98	栄養ナビ リノレン酸 表1 / 分子栄養学研究所	
P.99	栄養ナビ リノレン酸 図1・図2 / 分子栄養学研究所	
P.101	栄養ナビ カロチノイド・アントシアノサイド 図2 / 分子栄養学研究所	
P.102	栄養ナビ カロチノイド・アントシアノサイド 図3 / 分子栄養学研究所	
P.103	栄養ナビ カロチノイド・アントシアノサイド / 分子栄養学研究所	
P.105	栄養ナビ ノコギリヤシ・カボチャ種子エキス / 分子栄養学研究所	
P.106	栄養ナビ ノコギリヤシ・カボチャ種子エキス 表2・表1 / 分子栄養学研究所	
	栄養ナビ 大豆イソフラボン 図7 / 分子栄養学研究所	
P.107	栄養ナビ 大豆イソフラボン 図3 / 分子栄養学研究所	
P.108	栄養ナビ オリーブ葉エキス・エキナセア / 分子栄養学研究所	
P.109	栄養ナビ オリーブ葉エキス・エキナセア / 分子栄養学研究所	
P.111	栄養ナビ フコイダン・βグルカン 表1 / 分子栄養学研究所	
P.112	栄養ナビ イチョウ葉エキス / 分子栄養学研究所	
P.113	栄養ナビ ナットウキナーゼ / 分子栄養学研究所	

P.114	ナットウキナーゼチラシ / 分子栄養学研究所	
P.115	栄養ナビ ナットウキナーゼ 図2 / 分子栄養学研究所	
P.116	ナットウキナーゼチラシ / 分子栄養学研究所	
P.119	MSM チラシ / 分子栄養学研究所	
	栄養ナビ メチルスルフォニルメタン 図2 / 分子栄養学研究所	
P.120	栄養ナビ メチルスルフォニルメタン 図1 / 分子栄養学研究所	
P.121	栄養ナビ キャッツクローエキス 表1 / 分子栄養学研究所	
P.122	栄養ナビ ボスウェリア セラータ / 分子栄養学研究所	
P.123	栄養ナビ ボスウェリア セラータ / 分子栄養学研究所	
	栄養ナビ シリマリン・クルクミン・ピペリン 表1 / 分子栄養学研究所	
P.124	栄養ナビ シリマリン・クルクミン・ピペリン 図3・図4 / 分子栄養学研究所	
P.125	栄養ナビ シリマリン・クルクミン・ピペリン / 分子栄養学研究所	
P.127	栄養ナビ ギムネマ・グアバ葉エキス・ガルシニア図1・図2 / 分子栄養学研究所	
P.128	栄養ナビ ギムネマ・グアバ葉エキス・ガルシニア図3 / 分子栄養学研究所	
P.130	栄養ナビ 食物繊維 表1・図1 / 分子栄養学研究所	
P.131	栄養ナビ 食物繊維 図3 / 分子栄養学研究所	
P.133	栄養ナビ プロバイオティクス 図2 / 分子栄養学研究所	
P.134	栄養ナビ プロバイオティクス 表1 / 分子栄養学研究所	
P.135	栄養ナビ プロバイオティクス 表2 / 分子栄養学研究所	
P.137	ORTHOGENIX / KYB Medical Service,inc.	
P.142	分子整合栄養学概論 別巻 P.33 図20・P.34 図21 / 分子栄養学研究所	

星 真理（ほし・まり）
1961年　神奈川県出身
20代の時にダイエット目的で始めた筋トレにハマる。ユニコーン池袋に所属中、パワーリフティングの大会に出場したのがきっかけでパワーリフティングを始める。
'94アジアパワーリフティング選手権大会出場
'94ベンチプレス大会で当時の女子56kg級日本新記録85.5kgを樹立
'96アジアベンチプレス選手権大会（於：台湾）で銀メダル獲得
'95から沖縄県に移住。'01から'06まで沖縄県パワーリフティング協会事務局長を務める。
分子栄養学とは27歳の時に出会う。
現在
特定非営利活動法人
分子整合栄養医学協会認定分子整合栄養医学管理士
分子整合栄養医学健康指導士
血液栄養診断士
株式会社BELLz 取締役

アスリートのための分子栄養学

定価：2,130円＋税

発行日：2019年10月27日 初版第3刷発行

著　者：星　真理

発行人：橋本雄一

発行所：（株）体育とスポーツ出版社

〒101-0054　東京都千代田区錦町1-13 宝栄錦町ビル3F

電話03-3291-0911 eigyobu@taiiku-sports.co.jp

製　作：株式会社M.B.B. 月刊ボディビルディング編集部

〒179-0071　東京都練馬区旭町3-24-16-102

電話03-5904-5583 bb-h@mbbmag.co.jp

印刷所／図書印刷株式会社

Ⓒ 2014　M.Hoshi

落丁本・乱丁本は弊社営業部宛にお送りください。送料弊社負担にてお取り替えいたします

Printed in Japan